武汉理工大学本科教材建设专项基金项目

海洋平台建造工艺学

李培勇　主编

武汉理工大学出版社
·武　汉·

图书在版编目(CIP)数据

海洋平台建造工艺学/李培勇主编. —武汉:武汉理工大学出版社,2021.6
ISBN 978-7-5629-5681-5

Ⅰ. ①海… Ⅱ. ①李… Ⅲ. ①海上平台 Ⅳ. ①TE951

中国版本图书馆 CIP 数据核字(2021)第 121039 号

项目负责人:陈军东 陈 硕
责任编辑:陈 硕
责任校对:陈 平
排 版:芳华时代
出版发行:武汉理工大学出版社
地 址:武汉市洪山区珞狮路 122 号
邮 编:430070
网 址:http://www.wutp.com.cn
经 销:各地新华书店
印 刷:武汉市洪林印务有限公司
开 本:787 × 1092 1/16
印 张:9.75
字 数:281 千字
版 次:2021 年 6 月第 1 版
印 次:2021 年 6 月第 1 次印刷
定 价:38.00 元

凡购本书,如有缺页、倒页、脱页等印装质量问题,请向出版社发行部调换。
本社购书热线:027-87384729 87391631 87165708(传真)

前　　言

海洋工程装备是人类开发、利用和保护海洋活动中使用的各类装备的总称，是海洋经济发展的前提和基础。海洋工程装备制造业是战略性新兴产业的重要组成部分，也是高端装备制造业的重要方向，是发展海洋经济的先导性产业。

结合生产经营工作和实际工程项目的需要，有针对性地开展建造技术研究和项目管理技术研究，加强产业技术创新，掌握海洋工程装备特有的建造技术、安装调试技术，成为我国实施海洋工程装备制造业中长期发展规划的主要任务之一。

海洋石油平台是海洋工程装备的重要成员。海洋石油平台，尤其是移动式钢质平台，其设计原理、建造工艺技术等方面，均和船舶有很多相似之处。因此，许多国家都以造船工业为基础发展海洋工程装备制造业。海洋平台建造与船舶建造的工艺装备、建造方法和流程等是相似的，有些方面甚至是相同的。

教材在编写时力求反映海洋工程装备特有的建造技术、安装调试技术等。教材的主要内容包括：海洋工程装备概述，海洋工程装备材料与焊接，海洋平台构件加工、建造工艺、分段划分，以及导管架平台的海上安装工程等。

本书以海洋平台生产实践为基础，主要针对本科教学的要求和特点进行编写，由李培勇任主编。向祖权编写第三章，宋利飞编写第四、七章，王冲编写第五、六章。李培勇主持制定大纲，编写其余部分，并负责全书的统稿。本书的编写和出版得到了武汉理工大学本科教材建设专项基金资助，得到了船海与能源动力工程学院的支持，谨此表示衷心感谢。

教材中使用的素材除了参考文献外，还有一部分来自网络，在此一并表示感谢。

由于海洋工程装备制造中的新工艺、新技术不断发展，加之资料有限，认识不深，教材中不够完善、疏漏和谬误之处在所难免。我们恳请读者给予批评指正，以便在教学和教材重新编写时得以改正。

编　者

2020 年 5 月于武汉理工大学

目　　录

1 概　述

1.1　海洋工程概述

“海洋工程”这一术语是20世纪60年代开始提出的，其内涵则是在近40～50年以来随着海洋石油、天然气等矿产的开采，逐步发展充实起来的。海洋工程技术是指人类在开发和利用海洋资源的过程中，应用海洋基础科学和有关技术学科而形成的一门新兴的综合性科学技术。通常也指开发利用海洋资源的各种结构物或其他工程设施和技术措施。海洋开发和利用的内容主要包括：海洋资源开发（生物资源、矿产资源、海水资源等）；海洋空间利用（沿海滩涂利用、海洋运输、海上机场、海上工厂、海底隧道、海底军事基地等）；海洋能利用（潮汐发电、波浪发电、温差发电等）；海岸防护、潜水器技术、海上施工技术等。

按照开发利用海洋资源的海域地理位置可将海洋工程分为海岸工程、近海工程和深海工程。

1. 海岸工程

海洋工程始于为海岸带开发服务的海岸工程。早在公元前1000年，腓尼基人已开始建立海上船舶碇泊区；中国早在公元前306年～前200年就在沿海一带建设港口，东汉（公元25年～220年）时，开始在东南沿海兴建海岸防护工程；荷兰在中世纪初期也开始建造海堤，进而海涂围垦，与海争地。长期以来，随着航海事业的发展和生产建设的需要，海岸工程得到了很大的发展，其内容主要包括海岸防护工程、围海工程、海港工程、河口治理工程、海上疏浚工程、沿海渔业设施工程、环境保护设施工程等。

2. 近海工程

从20世纪后半期开始，世界人口和经济迅速膨胀，对蛋白质、能源的需求量也急剧增加，海洋资源开发和空间利用规模不断扩大，与之相适应的近海工程（或称离岸工程，offshore）成为近几十年来发展最迅速的工程之一。其主要标志是出现了钻探与开采油气的海上平台，作业范围已由水深10m以内的近岸水域，扩展到了水深300m的大陆架水域，现已发展为能在水深3000多米的海域钻井采油。

3. 深海工程

深海工程包括载人和无人深潜的潜水器和遥控的海底采矿设施等建设工程。海底采矿由近岸浅海向较深的海域发展，现已能在水深4000m的洋底采集锰结核，在水深6000m以上的大洋进行钻探。海洋潜水技术发展也很快，已能进行饱和潜水，载人潜水器下潜深度可达10000m以上，还出现了可进行潜水作业的海洋机器人。

“海洋工程装备”是人类开发、利用和保护海洋活动中所使用的各类装备的总称，主要是指海洋资源（特别是海洋油气资源）勘探、开采、加工、储运、管理及后勤服务等方面的大型工程装备和辅助性装备，是集信息、新材料、新能源和先进制造等技术为一体的高新技术装备。海洋工程装备产业已被我国列为重点支持发展的战略性新兴产业。为了开发利用海洋资源，海洋工程装备制造业应运而生，不仅是石油、天然气企业迅速进入并发展海上油气生产装备制造业，很多船舶企业也通过创新转型,纷纷进军海洋工程装备制造业。

2002年世界石油大会对海洋工程装备的工作水深进行了重新定义:确定小于400m水深为浅水,400～1500m为深水,大于1500m为超深水。随着陆地和海洋浅水区域石油储备的日益枯竭,深海石油勘探和生产已成为发展趋势。人类对石油的渴求导致了海洋石油的勘探和生产正快速地推进到更深的水域,人们在超深水区域不断发现新的石油/天然气田,许多深水海洋结构物已在世界各大洋海域安装和服役。由于工作海区的环境不同,很多结构物在许多方面是独一无二的。因此,高效、经济、安全地设计、建造和安装海洋工程装备,是人类在开发海洋资源和发展新兴的海工装备制造业的过程中面临的一个巨大挑战。

海洋工程装备是开发海洋油气资源的最重要的巨型海工装备,是典型的高技术、高投入、高效益、高风险的大型机电产品。海工装备要严格按照海洋工程项目管理的要求和方式进行投标、竞标,涉及采购、建造、质量控制、调试交付等各个环节的控制。在材料上大量使用大厚度板高强度钢,焊接变形控制难度大;结构紧凑,管线多而密集,安装困难;精度控制方面,海工装备结构庞大、形式复杂,分段、总段制造合拢精度控制不易。因此,海洋工程装备的研制对制造工艺技术提出了更高的要求。今后,在海洋油气开发装备的基础上将逐渐衍生出一大批用途各异的海洋开发工程装备,更需要先进制造技术的支撑。因此,海洋开发对制造工艺技术的发展和创新提出了要求。

1.2 海洋工程装备的设计建造标准

由于工作环境复杂,环境条件十分恶劣,海洋工程装备的设计建造要符合相应的规范要求,船级社则是主要的审核机构。船级社的作用是为船舶工业提供船舶设计、建造和维护的规范规则,可以为船东和保险公司提供船舶运营必须满足的最低标准。对于某些海洋工程装备而言,没有入级船级社的强制要求,船级社也没有相关的规范。某些情况下,可以将海洋工程装备的主体部分进行入级,比如将FPSO的船体入级某一船级社,而模块部分不入级。这是因为入级时涉及一系列的规定,入级要求有可能还将延伸到某些设备,业主需要在入级费用和入级后能带来的利益之间进行综合平衡后决定是否入级。

国际船级社协会(IACS)的主要成员单位对海洋工程装备需要达到的某些要求是一致的,包括稳性、强度和建造质量标准等,海洋工程装备相关的入级规范可以从IACS各成员单位的网站上下载。IACS的主要成员单位及其网址如表1-1所示。

表1-1 IACS成员单位列表

船级社	网站地址
美国船级社(ABS)	http://www.eagle.org
法国船级社(BV)	http://www.veristar.com
中国船级社(CCS)	http://www.ccs.org.cn
挪威船级社(DNV)	http://www.dnv.com
韩国船级社(KR)	http://www.krs.co.kr
英国劳氏船级社(LR)	http://www.lr.org
日本船级社(NK)	http://www.classnk.or.jp
意大利船级社(RINA)	http://www.rina.org
俄罗斯船级社(RS)	http://www.rs-head.spb.ru

在进行海洋工程装备的设计建造过程中，还需要考虑一些政府机构和工业协会颁布的工业标准和规章。

一般而言，海洋工程装备的业主会根据装备的工作海域在装备的设计建造规格书中详细规定需要满足的相关规范，列出建造规章的具体要求。承包商对相关规范规章的了解程度将直接影响项目执行过程中的设计、采办和建造工作。

另外，经过数十年的发展，国外主要的石油公司都逐步完善了公司自身的标准体系，石油公司甚至对结构疲劳强度的校核、外载荷的分析、吊装计算的安全系数等都有具体的规定，在这种情况下，海洋工程装备满足船级社的要求仅被视为最低要求，石油公司的相关规定明显高于船级社的要求。因此，参与相关项目投标时对此需要特别关注和重视。

1.3 海洋石油平台简介

海洋油气勘探开发技术通常包括勘探、钻井、采油、生产和储运技术，将这些技术按不同的方式进行组合，在海洋工程结构物上即可形成不同的功能组合，形成了不同种类、形式、功能的海洋工程装备。

海洋工程装备种类很多，形式各异，本书仅对几种典型平台进行简要介绍。

1. 导管架平台(Jacket Platform)

导管架平台是最常见的固定式生产平台，是导管型桩基固定平台，主要用于浅水海域钻探生产井和采油。

导管架平台通过管状钢结构连接形成三维桁架结构，固定于海底。这类结构通常有4～8条桩腿，以保持平台的稳定性。管状结构由钢管桩通过导管架固定于海底。平台的上层甲板一般为2～3层，用于布置钻探和采油设施，以及修井装置。

组成上，钢质导管架平台主要由导管架(Jacket)、桩基(Pile)、导管架帽和甲板模块等四大部分组成，见图1-1。但在多数情况下，导管架帽和甲板模块合二为一。其中，导管架、桩基属于基础结构(或称下部结构，Substructure)，甲板结构属于上部结构(Topside)。

(1)上部结构包括平台甲板、舱壁、围壁、甲板支柱以及桁架结构，甲板结构的主要作用是在海上为钻井或采油提供足够的平台场地，以便在其上布置钻井或采油设备、辅助设备、各种生活设施，并提供直升机升降平台。上部结构有整体式和组块式两种结构形式。

(2)导管架

导管架是由导管(桩腿)和连接导管的纵横撑杆所组成的空间桁架，各管状构件相交处形成了管状节点结构。一般管节点都采用弦杆(即管节点中直径较大的管构件)管壁加厚或其他措施进行加强。平台进行海上安装施工时，导管架的桩腿可用作打桩定位和导向。使用时，导管架还可以用来系靠船舶，便于供应船靠离平台。

导管架是由若干竖向立柱(圆钢管)和横向、斜向连接钢管焊接结成的空间框架结构，横向和斜向的钢管分别叫横撑和斜撑，也叫横拉筋或斜拉筋，竖向大直径圆管立柱称为导管。撑杆在建造和安装期间保持结构的完整性，防止安装导管架桩系统时发生扭曲运动；工作时则起到传递载荷、支撑牺牲阳极和油井导管的作用。

(3)桩

桩的作用是把平台固定于海底并承受横向载荷和垂直载荷。桩腿数量一般是4个、8个，早期也有10个、12个的。桩通过导管架打入海底土中，由单桩组成或群桩形成桩基础，上部结构和导管架的载荷通过桩基础传入地基。按施工方法分类，常见的桩基础有三种：打入桩基础、钻孔灌注

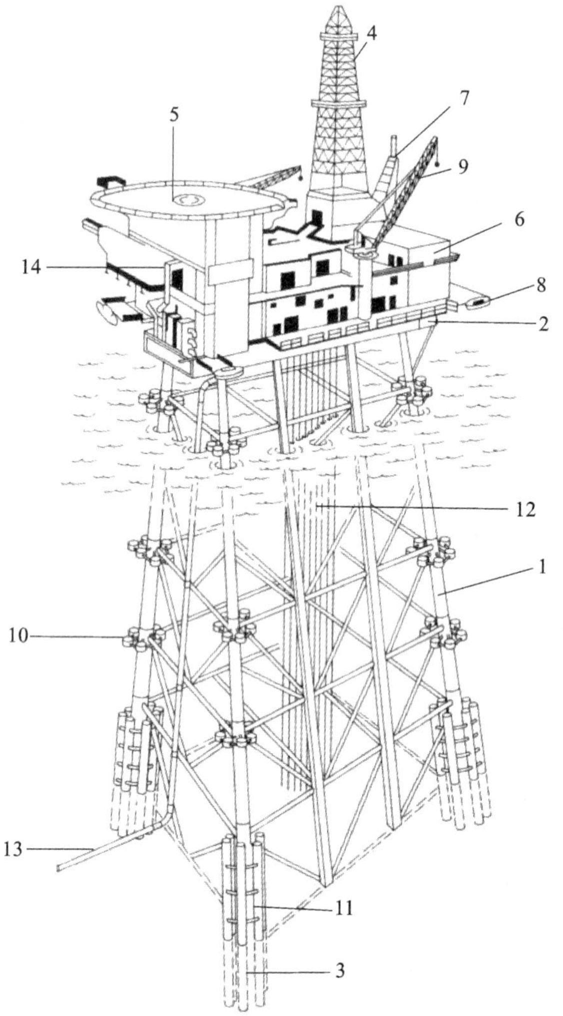

图 1-1 导管架平台示意

1—导管架；2—模块底座；3—桩；4—井架；5—直升机平台；6—钻井和生产设备；7—燃烧臂；8—救生艇；9—旋转吊机；10—导管架桩的导向；11—导管架桩套；12—隔水套管；13—外输管道；14—生活区

桩基础和钟形桩基础。

导管架平台的建造一般包括如下过程：导管架先在陆上预制，完成后通过浮运或驳船拖运方式运送到井位就位，然后打桩将导管架固定，甲板安装在导管架顶部，所有设备都安装在甲板上。

2. 半潜式海洋钻井平台(semi-submersible platform)

半潜式平台指用立柱将上部结构连接到下部浮体（沉垫）的平台，漂浮作业时下部浮体潜入水中，部分立柱露出海面，为半潜状态，又称柱稳式平台。半潜式钻井平台属于移动式海上油气勘探钻井装置。

半潜式钻井平台分为平台主体和钻井系统两个主要部分，平台主体为钻井系统提供载体，钻井系统由井架和钻台构成，实现其钻井功能。一艘典型的第六代半潜式钻井平台的主体结构，通常包括两个下浮体（又称下船体，Lower Hull）、四个立柱（Column）、两对撑杆（Bracing，也称横撑）以及一个箱形上平台体（又称上船体，Upper Hull）、钻台（Drilling Floor）和井架（Derrick），其中下浮体、立柱和横撑又可以合称为下平台体，见图 1-2。

(1)下船体

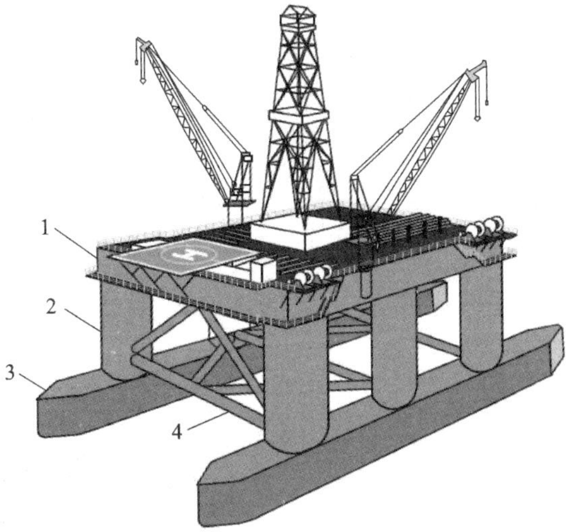

图 1-2　半潜式平台概貌

1—上船体；2—立柱；3—下船体；4—撑杆

是全封闭式的船体，主要是为平台提供足够的浮力和专用液舱舱容。

当水深较浅时，半潜式平台的下浮体直接坐于海底，这时将它用作坐底式平台。此时，下船体起到了沉箱的作用，又称为沉垫。

(2)立柱

立柱结构较复杂，过去一般采用圆柱形或流线形，且其直径较大，现多采用圆角方形截面。

立柱是下连沉垫(下船体)、上连平台的一个关键结构。立柱的截面形状过去一般采用圆柱形或流线形，目前已出现了各种多边形截面形状，其中以方形带圆角过渡的截面为主。这主要是从简化工艺、降低生产成本等方面考虑的。

(3)撑杆

撑杆的作用是保持平台结构的完整性，其尺寸根据强度要求进行确定。撑杆与立柱、甲板的连接点为载荷关键点，容易发生疲劳问题，在设计中应予以充分重视。撑杆的形式主要有圆形、腰圆形等。

(4)上平台体

又称上船体。上平台体采用箱形结构，骨架形式一般采用混合骨架形式，纵向往往采用纵骨架式，横向两立柱之间采用横骨架式。

自半潜式钻井平台诞生以来，半潜式钻井平台经历了 6 个发展阶段，目前已发展到第六代。新一代半潜式钻井平台在结构和材料上具有如下特点：

① 采用简单的结构形式

在结构形式上，新一代的半潜式钻井平台趋于大型化和简单化。平台的主尺度增大，立柱浮体和主甲板间的内部空间增大，物资存储能力增强。

平台外形结构趋于简化，下浮体趋向采用简单的圆角过渡的方形截面，平台甲板也为规则的箱形结构；立柱和撑杆、节点的形式简化、数目减少。

② 大量使用高强度钢

平台的主要结构采用高强度钢，以便减轻平台结构的自重和造价，提高可变荷载与平台自重比，以及排水量和平台自重比。大多数海洋工程装备用钢的屈服强度为 250～350MPa。目前，高强度钢(700～827MPa)已广泛用于平台的重要结构,这些钢材不仅强度高,而且韧性佳,可焊性好。

3. 自升式平台

自升式钻井平台属于移动式海上油气勘探钻井装置,通常用于特定的海区。自升式平台主要由一个上层平台和数个能够升降的桩腿组成。这些可升降的桩腿能将平台升到海平面以上一定高度,并支撑整个平台在海上进行钻井作业。

自升式平台主要由水密箱型平台主体、桩腿(立柱)和升降系统(安装在平台主体内)等组成,见图 1-3。

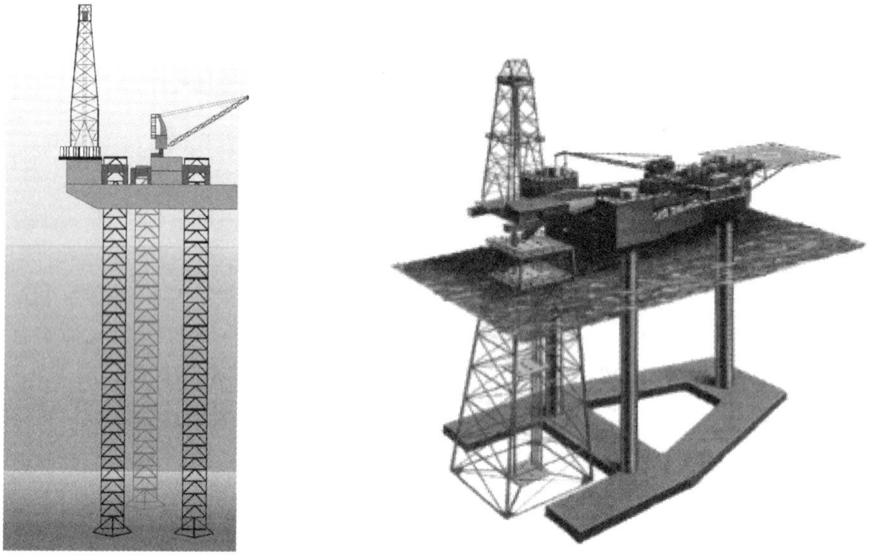

(a) (b)

图 1-3 自升式平台概貌

(a)桩靴式支撑;(b)沉垫式支撑

(1)平台主体

位于平台上部的平台主体,亦称上船体,主要提供生产和生活的场所,作业时处在海平面以上,并能在拖航时提供浮力。自升式平台主体的平面形状一般近似为三角形、矩形或五角形等,平台的形状通常与桩腿的数量相适应,见图 1-4。自升式平台主体结构与船体结构很相似,主体各层甲板、底部与舱壁都由板架组成。

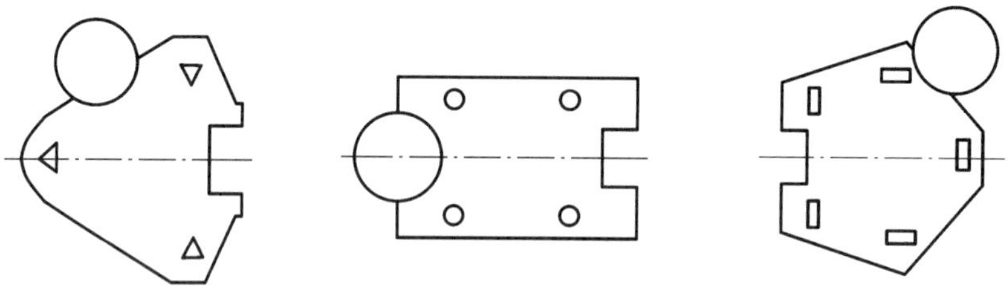

(a) (b) (c)

图 1-4 平台主体的平面形状

(a) 三桩腿;(b)四桩腿;(c)五桩腿

(2)桩腿(Leg)

桩腿是自升式平台的立柱,它除了起支撑作用外,还用作平台升降时的导向作用。桩腿有三角桁架型、箱型、圆柱型等形式。桩腿上都有与自升装置有关的部件，如三角桁架型和箱型桩腿，一般设有齿条与自升装置中的齿轮相配合。由于座底的要求，桩腿的高度必须与作业井区水深相适应，因此高度尺寸较大。

根据不同的平台主体平面形状，桩腿可选取三桩腿或四桩腿的布置。桩腿结构形式有圆筒形壳体结构和桁架式结构，桩腿长度通常为100～200m。对用于水深较大的区域(超过75m)的自升式平台，通常选用桁架式桩腿。

(3)桩腿支撑

自升式平台的支撑在桩腿下端，沉入海底，用来降低自升式平台桩腿对地基的压力。

为适应海底地貌和土质的不同情况，桩腿下端的支撑形式可设计成整体式和独立式两种，即桩靴结构或整体沉垫结构，见图1-3。整体式沉垫是把各桩腿底部连接起来的整体式水密箱形结构，其平面形状以A字形居多，结构基本形式与船体相仿。沉垫内一般分成若干舱室，用作压载水舱或其他用途。独立式沉垫被称为桩靴(Spudcan)，相互独立地布置在每根桩腿的下端，是与各个桩腿底部相连的独立水密结构。

(4)升降系统

升降系统安装在上部平台的围阱内，主要可分为液压式和齿轮齿条式两种升降装置，并采用楔形块插销使平台固定于同一水平高度上。液压式升降系统常用于壳体式桩腿，齿轮齿条式升降系统通常用于桁架式桩腿。对于桁架式桩腿，每个桩腿都安装齿轮齿条，以便桩腿升降。

(5)悬臂梁

自升式平台的钻井架一般安置在平台一侧、能来回移动的悬臂梁上，以保证钻井的位置准确。

由上述可见，三种平台的结构形式总体上看差异较大，但都有一个共同的组成部分——平台。平台采用多层舱室结构，平台甲板结构承载着主要的钻井设备(如井架、各种机械装置等)，提供了工作和生活场所。

各种海洋平台的结构虽各有特点，但有几个共同点：

(1)结构必须承担较大的载荷，构件均较强，尺度大，钢材厚度大。

(2)一般包括立柱、支撑、平台等组成部分。每一平台都有许多节点，如导管架上管管相交的管节点，是各部件的连接部位，既是载荷传递的集散处，也是焊接应力集中的部位，因此对于整个平台而言，节点是极为关键的。

根据构件所承受的载荷、应力水平及模式、载荷传递和应力集中以及失效后果，所有平台结构构件可分为次要构件、主要构件和特殊构件三大类：

(1)次要构件：其失效不会影响平台结构整体完整性，属于不重要的构件。

如下船体、支柱、支撑的一般内部构件、模块内部的一般构件及模块甲板等。

(2)主要构件：对平台结构整体完整性有重要作用的构件。

诸如立柱、腿柱、主要支撑、导管架的桩、固桩区、下船体的外板以及计入总体强度的隔舱、桁材等。该类结构若发生事故，尚可修复，但均系平台基本结构中的主要构件。

(3)特殊构件：在关键载荷传递点和应力集中处的主要构件。

若该类结构遭到破坏，则可能造成严重的事故，甚至造成整个平台破坏，难以修复。此类结构，如各种节点、节点内外加强处，承载重载荷的梁、锚链导轮等。有时将开了孔的支撑也列入关键结构，原因是开口处易造成裂缝，在疲劳作用下容易导致整根支撑断裂，从而造成不堪设想的事故。

表1-2和图1-5以半潜式平台为例说明了结构分类情况。

结构分类目的是为了使材料具有足够的强度，防止材料达到自身的疲劳极限，因此，对于这三类结构，在材料选用、边缘加工、焊缝坡口、焊接工艺、过程检验等方面，均有不同要求。图纸上对特殊区域的材料和特殊焊接要求应当明确表示。

表 1-2 半潜式平台结构分类情况

结构分类 Structural Category	分类说明 Structural Element
特殊区域 (Special)	疲劳危险区域，或图中特殊标记区域。高应力区域，例如：浮筒顶甲板"Z"向板；甲板盒内底板"Z"向板；浮筒与立柱的连接部分；立柱与甲板盒的连接部分；等
主要区域 (Primary)	双层底甲板；主甲板；管架甲板；甲板盒外壁/内壁；立柱外板；支撑管；浮筒顶/底甲板；浮筒外板；浮筒中纵舱壁；浮筒内作为立柱外板延续部分的横舱壁
次要区域 (Secondary)	主要区域和特殊区域没有提及的区域。例如：中层甲板；甲板盒扶强材/横梁；立柱扶强材/横梁/内壁/甲板；浮筒水密横舱壁/扶强材；浮筒非水密舱壁横梁等

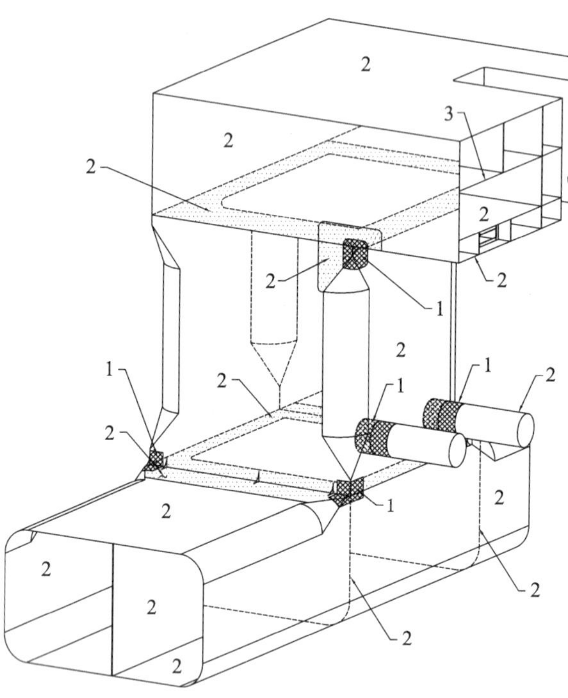

图 1-5 半潜式平台结构分类示意图

1—特殊区域；2—主要区域；3—次要区域

1.4 海洋平台建造的主要工艺内容

1.4.1 海洋平台建造概述

和船舶一样，海洋平台也是海洋建筑物，尤其是移动式钢质平台，其设计原理、建造工艺技术等方面，均和船舶有很多相似之处。因此，许多国家都以造船工业为基础发展海洋工程装备制造业。海洋平台建造与船舶建造的工艺装备、建造方法和流程等是相似的，有些甚至是相同的，许多船厂经过适当技术改造后直接承担海洋平台的制造工作。因此，船舶制造业中的许多名词术语也被直接用于海洋平台中，如各类平台的上部结构、半潜式平台的下船体等均为板梁组合结构，被称为“船体”；平台制造企业称为“船厂”。

钢制海洋平台的建造过程比较复杂。参照现代造船工艺学的观点，钢制海洋平台建造可分为三种类型的生产作业，即船体建造（壳）、舾装（舾）和涂装（涂）。图 1-6 所示为一种典型的工艺流程。

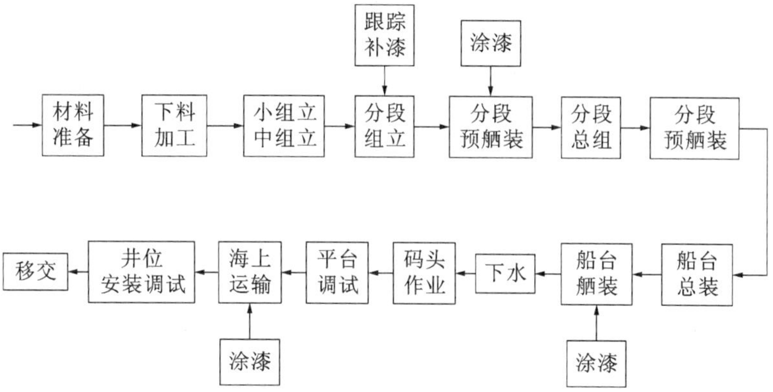

图 1-6 钢制海洋平台船体建造的主要工艺流程示例

海洋平台建造就是用钢材制造成平台的生产过程，从生产的顺序来看，平台建造主要包括如下三个步骤：

（1）将原材料加工成平台零件；

（2）将零件组装成部件，进而再组装成分段和总段；

（3）将零部件和分段、总段总装成平台。

通常将平台船体以外的机电装置、营运设备、生活设施、各种属具和舱室装饰等进行安装的生产过程，统称为舾装工程。平台舾装按专业内容可分为机械舾装、电气舾装、管系舾装、船体铁舾装、木作等；若按舾装作业阶段可分为舾装件制作（采买）、舾装托盘、分段舾装、总段舾装、船内舾装等；若按区域舾装法可分为机舱舾装、甲板舾装、住舱舾装和电气舾装等。

涂装作业就是在船体内外表面和舾装件上，按照技术要求进行除锈和涂敷各种涂料，使金属表面与腐蚀介质隔开，达到防腐蚀处理的目的。它一般包括钢材预处理、分段涂装、总段涂装、船台涂装和码头涂装等制造级的生产作业系统。

近年来，平台建造也在推行船体、舾装、涂装“一体化”的建造模式，即将平台船体按区域进行划分，以区域为基础，将船体建造、舾装和涂装三种不同类型的作业相互协调和有机结合地组织生产，形成壳、舾、涂一体化建造技术，即区域建造法。

1.4.2 钢质海洋平台建造工艺

钢质海洋平台建造的主要工艺流程如下：

1. 准备工作

包括放样（主要包括放样和样板制作）、钢材备料、钢材预处理和号料、专用工装和工夹模具制作、新材料和新工艺试验等。

2. 构件加工

包括船体构件加工和舾装件加工两大类。

3.船体装配

船体装配是把构件组合成整个平台的过程，因为平台建造方案不同，所以工艺流程也不同。采用分段建造法时，装配可以分为如下四个阶段：

(1)由船体零件组合成船体部件的部件装配，又称小合拢、小组立、中组立，如T型梁、板列等部件的装配。

(2)由船体零件和部件组合成船体分段的分段装配，又称中合拢、中组立、大组立，如底部分段、甲板分段、舱壁分段等的装配。

以上两个阶段一般是在船体装配车间内进行。

(3)由船体分段和零部件组合成总段，又称总组立，该阶段一般在船坞边的总组平台上完成，完成后的总段能直接吊运至船坞或总装船台。

(4)由船体总段、分段和零部件组合成整个平台的总装阶段，又称大合拢、搭载，该阶段是在总装船台或船坞内完成的。

采用总段建造法时，其装配与分段建造法相比，增加了一个工序，即将已装配好的各个分段和零部件组合成总段以后，再送交船台(船坞)进行大合拢。这种方法可大大缩短船台(船坞)周期，但需要有重型起重设备相配合，目前我国山东烟台来福士集团已采用这种方法来建造平台。

在平台制造过程中，每个阶段所需的零件或装配件被称为中间产品。

4.下水

当平台在船台上或船坞内建造达到预定工程量时，依靠专门设备和操作方法，将平台移到水中的作业，称为下水。

由于平台自身的特点(质量大、总体尺寸大等)，承造厂要依据下水方式、下水设施的承载能力等关键要素制定合适的下水方案，并因此影响平台的建造方案。

5.试验

当平台基本竣工下水后，需将平台系泊在码头上进行试验。一般情况下，码头试验是平台全部试验工作的一部分，平台在井区的安装试验工作量也很大，主要是油气生产、储运设施等的调试工作。

以上介绍的内容主要是海洋平台在陆地上建造和下水后的部分试验工作。有的平台还包括海上安装，如导管架平台在陆上预制完成后，还要通过海上运输、下水就位、打桩和上部结构的安装才完成平台结构的总装工作。

如前所述，由于船舶和海洋平台制造业之间的天然联系，现代造船工程中所取得的技术进步已顺其自然地应用到海洋平台制造中，并有所发展，逐渐形成海洋平台制造模式。

不过，尽管海洋平台制造和船舶有很多相似的地方，但仍存在一些差异，例如：海洋平台制造中，安装误差要求严格、焊接质量要求高、无损探伤要求范围大、焊缝打磨范围大，每一零部件的材料、加工方法都要有详细的数据和记录等。

1.5 海工装备制造工艺技术发展趋势

1.5.1 海洋工程装备的发展趋势

世界经济的高速发展使能源和资源问题日益突出，世界范围内的海洋资源争夺战愈演愈烈，原油价格的高企催生了海洋油气开发的热潮。因而，世界对海洋工程装备的需求不断增长，全球海洋工程装备业的前景非常乐观。随着陆地及近海油气资源逐渐减少，为满足强劲增长的能源需求，世界先进技术国家将油气资源的开发重点投向了深海，深海油气钻采技术及装备已成为国际海洋工程界的研发热点。

1. 全球海洋工程装备制造业发展趋势

海洋工程装备属于高投入、高风险产品，从事海洋工程装备建造的厂商需具有完善的研发机构、完备的建造设施、丰富的建造经验以及雄厚的资金实力。目前，全球主要海洋工程装备建造商集中在新加坡、韩国、美国及欧洲部分国家，其中，新加坡和韩国以建造技术较为成熟的中、浅水域平台为主，目前正在向深水高技术平台的研发、建造方向发展；美国、欧洲国家则以深水、超深水高技术平台装备的研发为核心。随着海洋开发步伐的加快，越来越多的国家认识到海洋工程装备制造业将迎来广阔的发展机遇，纷纷进入这一领域，海洋工程装备产业的竞争将更加激烈。我国应该加强研发力度，加快发展步伐，争取进入世界海洋工程产业的第一阵营，为我国海洋开发和参与海洋国际竞争提供高科技装备。

2. 海洋工程装备产业已列入我国高新技术产业

海洋工程装备制造业已成为为我国海洋开发及国防建设提供技术装备支持的战略性高新技术产业，发展海洋工程装备是国家海洋开发的首要任务与战略重点。海洋工程装备需求传导图如图1-7所示。当前，世界海洋工程装备技术正向深水化、大型化、集约化、智能化、清洁化和水下生产体系方向发展。我国在海洋工程技术方面，特别是深海装备领域与世界先进国家仍存在一定差距，密切跟踪国际深海海洋工程装备技术的发展现状及趋势，是我国大力发展海洋开发事业必须先期进行的工作。

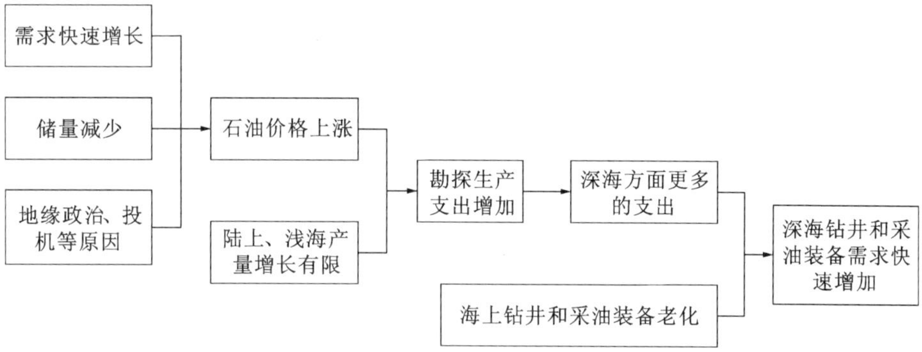

图1-7　海洋工程装备需求传导图

3. 新概念海工装备设计开始出现

随着投产的海工装备越来越多地出现在全球各大油气海域，已有越来越多的国家和企业掌握了现有各类海工装备的设计建造技术。因此，面对深水化、综合化、数字化和绿色化的海工装备技术发展趋势，不仅是各种新型的深海油气开发装备不断被推出，而且一些新概念的、针对可燃冰及海洋风浪波能开发的海工装备也被陆续研制出来。

1.5.2　海工装备制造技术的发展趋势

海工装备制造工艺技术的不断发展，能够提高生产效率、缩短建造周期和降低建造成本，同时也可以改善工人的作业条件和环境。我国的海工装备制造业要想在激烈的国内外竞争中拔得头筹，制造工艺技术的不断创新无疑将起到关键性作用。海工装备制造技术的发展趋势主要体现在以下方面：

1. 制造工艺技术发展趋势

(1)数字化制造技术

自动化、柔性化和计算机集成化，提高生产过程的技术水平，建立工艺阶段和制造流水线的柔性自动化生产方案。应用精度控制或质量保证的计算机辅助系统对生产过程进行严格控制，以改进生产工艺流程，提高效率，增加产量。

(2)绿色制造、全生命周期制造技术

借助各种先进制造技术不断创造新的海工装备制造模式、资源、工艺和组织等，使产品从设计、制造、营运到报废拆解的全生命周期中，做到废弃物最少、对环境的负面影响最小、对原材料和能源的利用率达到最高，实现企业经营和社会效益协调优化。

2. 制造模式的新发展——总承包技术

海洋工程装备项目采用总承包模式 EPCI(Engineering Procurement Construction and Installation)已成为海工项目管理的大趋势。国家有关部门也提出了“总包牵引，专业发挥，着力提高装备的总承包能力和总装集成能力”的要求。

总承包模式即建设单位在工程实施阶段只对应一个设计施工总承包企业。这一模式在资源节约、质量安全、节省投资、缩短工期等方面显示了明显优势，取得显著成效。总承包技术能够实现设计、采购、施工、试运行的深度合理交叉，让技术、人力、资本、资源环境等因素高效组合，克服了各市场主体分阶段、分部位、发散型管理的弊端，大大提高了工程建设的整体效益和技术水平。

3. 海洋工程装备制造关键技术

(1)巨型组块制造和吊装技术

在分段舾装和涂装后实施分段平地总组，即进行总段建造和总段舾装，在船坞船台仅进行总段搭载。这一作业流程已经为我国大型造船企业普遍采用，已基本摒弃过去采用的船坞船台分段吊装的塔式建造方式。

(2)高强度海洋用钢高效焊接技术

海工装备中广泛采用高强度钢来达到节约成本、提高生产效率、减轻产品质量、优化结构、提高承载能力的目的。

在高强度钢焊接节点、选材、焊接过程控制及焊后处理上，国内外都涌现了许多新的技术，例如激光焊接、复合焊接等。

(3)长效防腐技术

海工装备长寿命服役的要求促进了海洋装备涂装防腐技术的发展，25 年的服役期和 PSPC、NACE 的规定将促使各种新型涂料、涂装工艺和设备的不断创新。

(4)模块制造技术

复杂的管系、舾装设备是海洋工程装备建造难点之一，应用管系、舾装模块设计及制造技术能大大缩短造船周期，提高管系、舾装的安装质量以及减少维修时间。

(5)轻量化技术

海洋工程装备对可变载荷的严格要求，促进了轻量化技术的发展和应用。在保证结构强度的前提下，采用轻量化技术对设计制造工作进行指导，有效地控制了产品的质量。

(6)新概念无损检测技术

针对海工装备的复杂性以及强度的特殊要求，对不同对象往往需要选择不同的无损检测方法。无损检测技术利用材料内部结构异常或缺陷对热、声、光、电、磁等反应的变化来评价结构异常和缺陷，将从多方向推动无损检测技术的发展。

思考题

1. 海洋工程装备包括哪些类型，主要应用于什么场合？

2.海洋石油平台包含哪几个主要种类?
3.导管架平台的各部分组成结构是什么?
4.半潜式海洋钻井平台由哪些部分组成?
5.自升式平台的结构有什么特点?
6.不同类型的海洋平台在结构上有哪些共通之处?
7.简单介绍海洋平台的主要工艺流程。
8.为什么大多数海洋平台的建造都在船厂完成?
9.简述你对海洋工程平台未来的发展展望。

2 海工装备材料

2.1 概　　述

世界范围海域辽阔，自然及气候复杂多变，钢铁材料作为重要的结构材料在与海洋相关的众多领域均有广泛应用。然而，海洋环境极其复杂，船舶及海洋工程装备在波浪、海潮、风暴及寒冷流冰等严峻的海洋环境中服役，要承受严酷的载荷和复杂的腐蚀环境。因此，要求海洋用钢具备高强度、高韧性、抗疲劳、耐腐蚀、低温韧性、抗层状撕裂及良好的可焊性等众多性能。此外，海洋用钢还应可以适应各种复杂、苛刻的环境和条件，避免发生环境灾难，维护海洋环境。

对海洋用钢最主要的需求与技术挑战来自减轻整体质量和增加安全性。首先，通过超高强钢实现结构减重，利于装备制造、运输与工程建设。其次，钢铁材料需要兼备耐腐蚀性能，不但可延长其寿命周期，还可减少维护费用。最后，最重要的是增加钢铁结构的安全性和可靠性。兼顾上述三个方面才能保障钢铁结构全寿命周期内的安全使用，避免发生事故。

为了开发、利用海洋资源，我国需要发展沿海（特别是南方湿热环境条件下的沿海）设施用耐大气腐蚀结构钢，以及海洋平台结构用高强度、耐腐蚀、耐疲劳、抗环境断裂系列级别及规格尺寸钢材，为海洋平台及岛屿设施的建设提供可靠保障。与此同时，为了保卫国家安全、维护世界和平，急需发展新一代军舰、航母、潜艇等用钢，全面提升舰艇钢的强度、韧性、塑性，以提升军事装备能力，适应未来军事与战略需求。

目前，世界各国钢铁工业蓬勃发展，现代冶金技术日新月异，钢铁企业不断推出适应海洋工程需求的新产品。为了满足海洋工程建设项目的需求，解决性能稳定、规格尺寸、极端服役环境等关键问题，还需在材料设计、冶金质量、材料加工与制备等方面开展共性关键技术研究；并且对新一代钢铁材料开展全面的服役性能研究，积累服役性能数据，促进高性能海洋用钢的发展与应用，满足海洋装备的需求。

2.2 海洋用钢的分类

海洋用钢按照用途可分为船舶、海洋平台、海洋风力发电、海底油气开采与储运等与人类开发海洋资源、利用海洋资源相关的钢铁材料。按照钢种可分为低合金焊接结构钢、不锈钢及特殊钢等。按照规格品种可分为热轧钢板（包括中厚板和热轧卷板）、型钢、钢管等。

2.2.1 海洋平台用钢

海洋平台的建造离不开钢铁材料，其种类包括钢板、钢管、型钢和钢筋。作为焊接结构钢使用的钢材一般采用屈服强度≥350MPa 的低合金高强度结构钢，初期主要采用正火交货，该类钢无论是从标准上还是应用研究上都非常成熟。近年来，海洋平台正在向大型化、深水化、多样化方向发展，重要组件尤其是上部平台的减重需求越来越强烈。同时，使用高强钢还可以大大节约建造成本。因此，越来越多的高强钢应用在海洋平台上。其中，有相当数量的400～500MPa级高强钢应用于导管架或平台的甲板部位，该强度级别的钢铁材料的疲劳数据比较充分，能够满足结构设计的需求。从20世纪70年代到90年代，高强钢(屈服强度>350MPa)在海洋平台建造中的应用比例已经从不到10%增加到超过40%。

屈服强度级别在550～700MPa的高强钢也被应用于自升式平台(Jack-up)的建造，主要应用在桩腿、齿条及钻井装备上，并且已经有多年的成功应用经验。虽然在海洋工程中有很大需求，但是高强钢之所以一般只应用于自升式钻井平台和钻井船中，主要是考虑到该类设备在服役过程中可能发生的腐蚀疲劳等安全隐患，而钻井装备可定期拖回船坞进行检修。例如，通过5年一次的定期检修，可发现裂纹等损伤，从而大大降低服役风险。近年来，自升式平台也用于生产平台，虽然不能定期回船坞检查，但是采用高强度钢可大大加快移动式平台的建造速度。通常情况下，一个自升式平台会有3～4个桩腿，桩腿由齿条和半圆板焊接而成。齿条钢一般比较厚(88～250mm)，半圆板所用钢材厚度为35～90mm，直径为800～1200mm。550～700MPa级钢通常采用调质状态进行交货，良好的焊接性、低温韧性和强度均匀性是该类钢的主要性能要求。多年来，一直在积累高强度钢的应用数据，但还缺乏超高强度钢在海洋恶劣环境中长期使用的数据，特别是超高强度钢的氢致开裂、疲劳和其他断裂韧性以及抗火性能均缺乏应用数据。

随着张力腿平台(TLP)近年来的不断发展，控轧控冷工艺(Thermo Mechanical Control Process，TMCP)生产的X70级别厚壁钢管需求越来越多。工作水深270m的TLP平台所需的管状拉力腿的直径达到1m，管壁厚度38mm，屈服强度≥500MPa，－40℃冲击功≥60J；当水深达到872m或896m时，所需管壁材料为≥415MPa(X60)、厚度76mm的TMCP焊接结构钢。表2-1列出了海洋平台用钢的主要级别及其应用位置。

表2-1 海洋平台用高强钢

强度级别/MPa	代表钢种	交货状态	应用位置
355	EH36/X52	正火(N)、控轧控冷(TMCP)	平台结构、管线
460	EQ47/X65	调质(QT)、控轧控冷(TMCP)	平台结构、管线
550	EQ56/X80	调质(QT)、控轧控冷(TMCP)	平台结构、管线、锚链
690	EQ70	调质(QT)	自升式平台、锚链
850	A514/A517	调质(QT)	自升式平台、锚链

总体而言，海洋平台对钢材的基本要求是能有效地进行冷(热)加工、装配、焊接，确保平台的安全、可靠，以保证各种功能的最大限度发挥。其不同部位的钢种如表2-1所示。可见，导管架平台上部结构强度级别为355～500MPa。制造工艺有正火态、调质态和TMCP状态。一般来讲，屈服强度400MPa级以下可以通过TMCP和正火态工艺得到性能稳定的钢板，对于400～500MPa级别钢，根据厚度规格可采用TMCP或调质工艺制造。对于海工应用的钢管，由于厚度一般相对较薄(<50mm)，同时焊接冷裂纹敏感系数(P_{CM})值要求较低，一般为低碳设计的TMCP钢，强度级别从X52到X80；桩腿和锚链强度级别较高，一般桩腿屈服强度可达690MPa，最大厚度可达220mm，因此均采用调质工艺。至于锚链钢，由于强度更高，也采用传统调质工艺。

很多设计规范及设计公式只涉及屈服强度500MPa级以下的中高强度钢，更高强度钢虽然试验数据已经不断在充实，但还没形成设计规范，并没有被普遍接受和应用。由此可见，高强度和超高强度钢的应用数据需逐渐积累才能满足设计的要求，以便在未来的海洋平台建造中得以应用。

2.2.2 船舶用钢

船板钢在服役期间要承受复杂的动态载荷。为了使船舶能在恶劣环境下持续航行，并考虑资源和环保等因素，为减轻船体自重，增加船舶的载重量，提高航速，要求船板钢具有高强度、高精度、良好低温冲击韧性和焊接性能等。

目前，用于建造舰船船体的钢种主要分为三个类型：碳素钢（Q235）、高强度钢（32 级、36 级）和超高强度钢（420～690MPa）。20 世纪 90 年代以来，为了保证可焊性，从降低碳含量入手，力求通过新技术、新工艺来改变钢的组成，达到强化的目的。开发出的微珠光体钢、针状铁素体钢、超低碳贝氏体钢等，在一定程度上取代了传统的热轧铁素体-珠光体钢和淬火-回火马氏体钢。这是因为，只有降低碳当量才能适应苛刻的焊接技术要求。合金元素种类不断增加，Fe 中逐渐加入了 Ni、Cr、Mo、Nb、Ti、V、Al 等元素，但合金元素质量分数的总和并没有增加。在碳钢、锰钢以及其他钢中添加这些合金元素，通过细化晶粒、改变相变动力学以及借助于过饱和合金的脱溶，使钢的强度、韧性、工艺性能和物理化学性能得到较好的匹配，从而改善钢的性能。这些钢往往通过晶粒细化、析出强化、位错亚结构强化、固溶强化等方法来减小因碳含量的降低而引起的强度降低带来的影响。其中，细化晶粒不仅能提高强度，还能提高韧性，是高强度钢发展的首要方向。

另外，提高钢的纯净度也是高强度结构钢的一个重要发展方向。在高强度船体结构钢的演变过程中，随着冶金技术的发展，熔炼高纯净钢成为可能，S 和 P 元素在钢中占的比例越来越小。通过钢的精炼，使容易引起断裂的硫化物、磷化物等有害夹杂质的含量限定在很小的范围内，从而提高钢的强度，这也是作为钢铁材料的成分设计的发展方向。

船舶用钢还有新的需求与发展方向，如散货船，货仓磨损与腐蚀是营运船舶的主要问题，好在散货船货仓或甲板部位容易检修，可采用定期船检、维修的方式解决问题。然而，对于油轮货油舱，由于舱内油污等原因，原油腐蚀造成的损伤不易发现，必须经过洗舱等检修作业才能判断货油舱钢板的腐蚀、失效情况，如检修不及时或人为疏漏极容易造成海洋环境破坏。因此，对钢板的耐原油腐蚀能力提出了更高的要求，不但要求防护涂层要更可靠，而且钢板的耐原油腐蚀能力也应更强。

2.2.3 桥梁与基础设施用钢

跨海（沿海）大桥和海岛（沿岸）基础设施用钢与内陆用钢虽然在强度级别、种类规格上没有特别大的区别，但是，其服役环境存在很大不同，近年来为了减少腐蚀带来的危害，降低桥梁等基础设施的维护成本，提高使用寿命，特别关注耐海洋环境腐蚀问题。针对海水环境，无论钢结构还是钢筋混凝土结构，均采取了相应的腐蚀防护措施，包括涂覆与阴极保护。涂覆或者裸露使用则是应对大气腐蚀的发展战略。美洲、日本、欧洲等沿海和近海地区已经采用耐候裸钢设计桥梁等基础设施。基于 60 多年的耐候钢大气腐蚀数据，已经具备了安全、经济设计所需要的数据。美国 ASTM A709、ASTM G101 等都对耐候钢的耐候性及其他力学性能等提出了规范和要求。

2.2.4 海洋工程用钢产品简介

海洋工程用钢（简称“海工用钢”）主要是针对海洋工程装备所需的钢材品种。与陆地环境不同，海洋环境中装备除要面对高低温、高压、高湿、氯盐腐蚀、微生物腐蚀以及承受海风、海浪、洋流作用外，还要面对台风、浮冰、地震等自然灾害，总体上，钢材需要满足极端、特殊环境下的性能需要。因此，一般情况下海工用钢也是钢材品种中的精品，需要采用高精技术手段和工艺生产，对产品的可靠性和安全性要求较高。事实上，海洋工程用钢几乎囊括了钢铁材料绝大多数领域品种。

目前，国际上海洋平台用钢板主要分为高强钢板和耐蚀钢板两大类。另外，从最终使用上看，海工用钢主要可以分为海洋平台用钢、海底油气管线用钢、油气储运装备用钢和海洋能源设备用钢等。

20 世纪 60 年代开始，美国、日本和欧洲各国就开始了海洋平台用钢的研究。在海洋平台用钢品种系列化、低温强韧化、焊接热影响区强韧化以及标准制定等方面，日本一直处于世界领先水平。目前，国际上海洋平台用钢生产所遵循的通用标准主要为 BS7191（英国）、EN10225（欧洲）、NORSOK（挪威）以及 API（美国），我国的海洋平台结构用钢板国家标准 GB 712—2011 也于 2011 年颁布实施。从历史沿革来看，海洋平台用钢多采用造船用钢标准，即使是许多现代化平台选用了新型平台用钢，依然执行船级社有关钢质船舶建造规范的规定。此外，对强韧性、焊接性及抗疲劳性要求较高的重点部件，可以采用其他标准规定的高强钢。例如，国内对于自升式海洋平台升降齿条及桩腿等所用的高强度特厚板，采用的主要是 ASTM 标准中规定的 A514GrQ 及 A517GrQ 高强钢板。表 2-2 为海洋平台用高强钢的标准及其主要品种。

表 2-2 海洋平台用高强钢的标准及其主要品种

标准	主要品种
EN10225	S355G2，S355G3，S355G5，S355G6，S355G7，S355G8，S355G9，S355G10； S420G1，S420G2；S460G1，S460G2
BS7191	355C，355CZ，355D，355E，355EM，355EMZ； 450EM，450EMZ
NORSOK	NV A36，NV D36，NV E36，NV F36； NV A40，NV D40，NV E40，NV F40； NV A420，NV D420，NV E420，NV F420； NV A460，NV D460，NV E460，NV F460； NV A500，NV D500，NV E500，NV F500； NV A550，NV D550，NV E550，NV F550； NV A620，NV D620，NV E620，NV F620； NV A690，NV D690，NV E690，NV F690
API	API 2W-42； API 2W-50，API 2W-50T； API 2W-60； API 2Y-50； API 2Y-60； API 2H-42； API 2H-50
GB 712—2011	AH36，DH36，EH36，FH36； AH40，DH40，EH40，FH40； AH420，DH420，EH420，FH420； AH460，DH460，EH460，FH460； AH500，DH500，EH500，FH500； AH550，DH550，EH550，FH550； AH620，DH620，EH620，FH620； AH690，DH690，EH690，FH690

2.3 海洋用低合金高强度钢的性能

低合金钢是海洋领域应用最广、用量最多的钢铁材料。由于海洋环境比陆地要复杂得多，除了强度等力学性能外，还要考虑风、浪、流的腐蚀，环境断裂的行为。此外，对结构防腐、高应力区结构形式以及焊接工艺等提出了更高要求。

海洋工程用钢追求良好的综合性能，主要包括以下方面：

① 良好的力学性能，以满足钢结构的强度、韧性、耐疲劳性、耐海水腐蚀等设计要求。

② 良好的加工工艺性能(如：冷热加工工艺性、可焊性等)，以保证实现设计目标。在满足设计要求的条件下，追求更低的建造成本、维护成本和环境意识。

一般来讲，钢材的强度与成分、工艺、组织有关。海洋用钢一般用于焊接，因此可焊性是至关重要的。用于海洋结构的钢板厚度范围一般为 30～100mm，对于厚规格钢板，其韧性指标也很重要，因为一定要防止脆性断裂的发生。显然，如此高的要求有时是很难同时满足的。

目前，大多数海洋用钢均采用正火或 TMCP 状态，但是对高强度级别的钢板，特别是厚板，显然要采用传统的调质工艺。表 2-3 所示为不同强度级别、不同厚度规格的结构钢通常所对应的工艺。

表 2-3 高强度结构钢的生产加工工艺

种类	加工工艺
正火(N)	通常适用于强度＜460MPa、厚度 50mm 的钢板
控制轧制(CR)	有厚度的限制，特别是高强度钢：通常是厚度 40mm 且强度＜500MPa
控轧控冷(TMCP)	相比于 CR 工艺，在性能上有所提高，但高强度下仍有厚度的限制
调质(QT)	① 合金化途径：没有厚度的限制，但材料本身和焊接费用昂贵 ② 微合金化途径：适合于所有的海工钢
铸件	由于缺乏加工能力，通常采取合金化的方式

2.3.1 低合金钢材料体系

提高高强度钢的力学性能及应用性能是一个综合问题。降低碳含量对提高焊接性能和韧性都是必要的，利用 Nb、V、Ti 等微合金化及 TMCP 技术细化奥氏体晶粒及控制相变产物可提高强度与韧性。当然，降低 S、P、O、H、N 含量也是必要的，这不但可以提高厚钢板的韧性，还能保障应用性能的稳定性。对于合金化而言，Mn、Cr、Ni、Mo、Cu 不但可以起到固溶强化的作用，还能通过影响相变强化基体，从而提高强度。

随着海洋工程用高强钢应用的不断增多，关于高强钢成分、工艺与应用性能之间的研究也越来越多，尤其是在强度、韧性、焊接性与成形工艺之间的相关影响研究进步较大。目前主要的发展方向有：

① 通过优化合金元素含量，严格控制轧钢及冷却工艺来细化晶粒，提高强度和韧性。

② 通过增加 Ni、Cr、Mo、Cu 的含量来提高固溶强化和影响组织转变，并优化热处理工艺来提高 QT 高强钢的综合性能。

③ 通过降低碳含量提高焊接性和韧性。

④ 通过提高钢水纯净度，降低 S、P 等杂质元素含量来改善钢的冶金质量，提高探伤合格率和

厚度方向拉伸性能。

成分体系的变化对最终钢板的性能会产生巨大的影响。在表 2-4 中，新与旧成分的变化对三种典型强度钢(屈服强度为 355MPa、450MPa、690MPa)的韧性和焊接性有明显的改善，通过调整 C、Mn 以及微合金元素含量，可以很好地改善钢的低温冲击韧性，同时降低钢的碳当量，从而改善钢的焊接性。这也是未来高性能海洋工程用钢的主要发展方向。

表 2-4 屈服强度 355MPa、450MPa 和 690MPa 级别钢成分变化对性能的影响

钢种	工艺①	化学成分(质量分数)/%									屈服强度/MPa	冲击功	C_{eq}
		C	Mn	Si	Ni	Cr	Mo	Cu	Al	V			
BS4340 50D	N	0.20	1.35	0.30	—	—	—	—	0.02	—	360	−40℃,70J	0.43
355EMZ	N	0.11	1.50	0.40	0.15	0.15	—	—	0.03	—	380	−40℃,200J	0.39
BS4360 50D	TMCP	0.07	1.49	0.21	0.38	0.02	—	—	0.02	—	380	−30℃,200J	0.36
Grade450	QT	0.18	0.40	0.30	3.00	1.50	—	—	0.02	0.02	550	−85℃,80J	0.81
450EMZ	QT	0.11	1.49	0.30	0.52	0.11	—	—	0.03	—	480	−40℃,300J	0.40
Dillinger 450	TMCP	0.09	1.50	0.30	—	—	—	—	0.03	0.04	500	−30℃,300J	0.35
690 Q2N	QT	0.11	0.42	0.23	3.40	1.48	0.46	0.03	0.026	0.08	690	−84℃,80J	0.81
OX812	QT	0.11	0.89	0.26	1.18	0.46	0.38	0.15	0.07	0.01	690	−80℃,100J	0.52
DSE690V	QT	0.15	0.90	0.33	1.28	0.49	0.45	0.20	0.07	0.03	700	−60℃,74J	0.59
SE702	QT	0.13	1.05	0.25	1.40	0.5	0.45	0.20	—	—	750	−40℃,120J	0.59

① N 表示正火；TMCP 表示控轧控冷；QT 表示调质。

2.3.2 低合金钢力学性能的要求

通常，随着强度级别的提升，钢的性能波动越来越明显，这会对力学结构设计带来麻烦，如何控制工艺、降低强度波动是用户的重要需求。

图 2-1 是高强度钢强度波动的统计结果。图中可见，对于 450MPa 级的钢，其屈服强度有 100MPa 的波动，上限值比设计屈服应力高 20%，平均屈服强度达到 500MPa。图 2-2 给出了其他性能波动，显然，这种波动与钢铁材料生产过程的不稳定性是密切相关的。然而，力学性能的上述波动最主要的是影响焊接工艺的实施，因为无论是高强度匹配还是等强度匹配，在实际焊接过程中均难以控制。当然，性能的这种波动更易出现在厚规格钢板的厚度方向上。

图 2-2 中性能分布数据来自 Fab de fer 的 Grade 450 钢规范：① 厚度＝30～50mm；② 最低屈服强度＝430MPa；③ 最低抗拉强度＝530MPa；④ 最小延伸率＝20%；⑤ 试样个数：N＝94。

由于海洋用钢的特殊用途和苛刻的使用环境，海洋用钢的技术要求要比其他钢种严格得多。强度指标依据各钢种标准，对屈服、抗拉下限进行明确限定，韧性指标主要指低温冲击韧性，对应不同钢种，对−20℃或−40℃低温冲击功进行明确限定，正常交货钢板低温冲击功均在 100J 以上。塑性指标除了常规的延伸率以外，还有屈强比和均匀延伸率的要求，尤其是屈强比，在材料设计中都有明确的限定。

焊接性是高强海工钢的重要要求之一。由于钢结构中最薄弱的部位均在焊接接头及其热影响区，因此，焊接性的好坏不仅决定了制造成本的高低，更决定了海洋平台的安全性。性能均匀性不仅要求钢板$\frac{1}{4}$处满足要求，而且要求钢板的心部也需要达到同样要求。同时，所有海洋平台用钢都

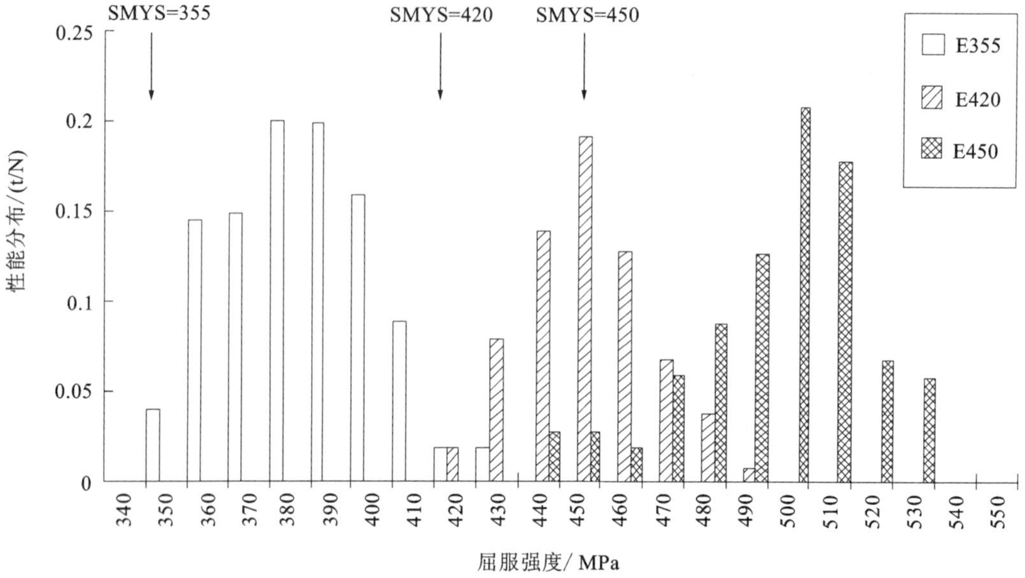

图 2-1 355MPa、420MPa、450MPa 三个级别钢板的屈服强度波动范围

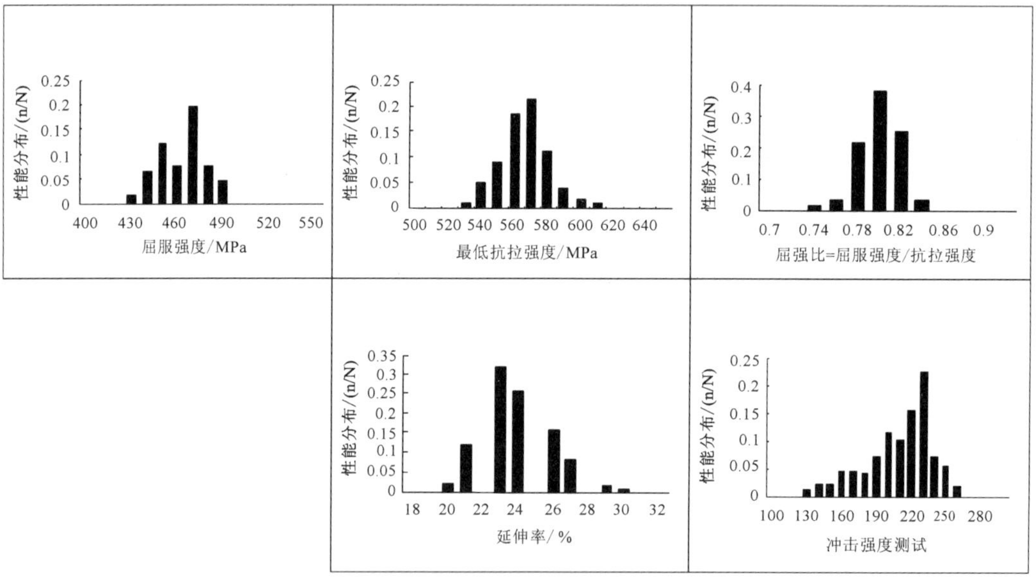

图 2-2 450MPa 级钢 35～50mm 钢板性能波动情况(94 个样本)

需要通过船级社的严格监督认证,达到要求后,才可以进行供货。

不同强度级别的钢,在其发生屈服到断裂的过程中,所表现的形式是不一样的。通常情况下,用屈服强度和抗拉强度之比,来反映材料从发生屈服到断裂的过程,屈强比越低,材料在发生断裂时的塑性越好,安全性也越好。图 2-3 中列出了一系列海洋平台用钢的屈强比范围。从图中可以看出,随着屈服强度的升高,屈强比也不断升高,500MPa 左右的钢,屈强比一般在 0.87 左右,而 690MPa 的钢,屈强比为 0.9～0.95。

最初海洋平台用钢一般为 355MPa 级的中等强度结构钢,因此对屈强比的要求一般按照中等强度钢的要求进行设定。屈强比设计为 0.7。

$$P = F_y \min\left(1, \frac{0.7}{YR}\right) T^2 (2.5 + 14\beta) Q_\beta$$

式中 P——静态设计强度；

F_y——屈服强度；

YR——屈强比；

T——管壁厚度；

β——内外径比；

Q_β——几何参数。

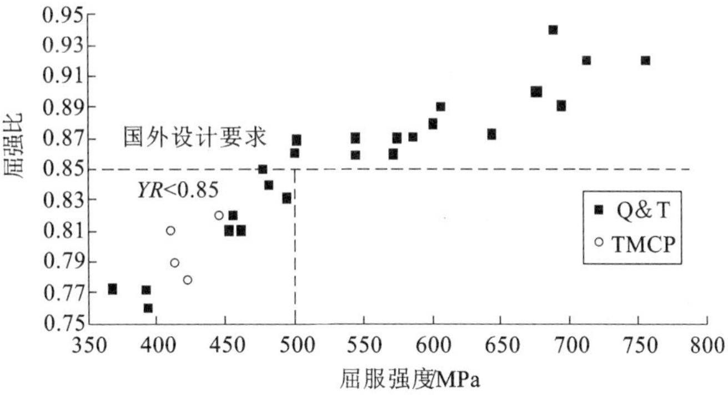

图 2-3 海洋平台用钢不同强度级别屈强比分布情况

随着高强度钢在海洋工程中的应用逐渐增加，对于高强度钢屈强比的设计限制受到重视。由图 2-3 可见，随着强度的提高，屈强比也明显增加。对于屈服强度大于 500MPa 级的钢，大量统计数据表明，其屈强比大于 0.85，甚至达到 0.95。1996 年以来，为了起草一个新的对海洋工程用钢的 ISO 标准，许多协会组织对≤500MPa 的高强钢屈强比限制进行了深入的研究，结论是：大量试验数据表明，屈强比的设计限制为 0.8。

从工程安全和材料发展的角度来看，低屈强比钢也是大势所趋。对于安全性和抗震性要求极高的高层建筑用钢以及抗大变形管线钢，均有明确的屈强比要求。新日铁公司开发了两相区直接淬火＋回火（DL－T）、直接淬火＋回火（DQ＋T）和超快冷＋在线感应加热等工艺，开发了一系列低屈强比高强钢。由此可见，无论是从设计标准上，还是发展趋势上，低屈强比都将是未来高性能海洋平台用高强钢的显著特征。

2.3.3 低合金钢焊接性要求

在海洋平台的建造过程中，焊接是材料的主要连接手段，焊接花费约占整个制造费用的 57%，提高材料的可焊性、提高焊接线能量或者降低预热温度，可大大降低焊接费用。同时，海洋平台上最薄弱的位置是焊接接头及热影响区，降低焊接裂纹敏感性，可大大减少焊接部位缺陷，提高质量保障能力。因此，改善海洋平台用高强钢的焊接性长期以来一直作为重要课题在进行研究。

Graville 图（图 2-4）直观地反映了碳含量与碳当量对可焊性的影响。图中共分为三个区域：区域Ⅰ为易焊接区，区域Ⅱ为可焊接区，区域Ⅲ为难焊接区。易焊接区表示钢板裂纹敏感性极低，可在简单预热甚至不预热的情况下进行焊接；可焊接区表示钢板具有一定的裂纹敏感性，需要对焊接工艺进行适当的优化调整，才能保证焊接接头质量；难焊接区表示钢板具有很高的焊接敏感性，需要采用极其严格的焊接工艺才能够保证焊接接头的质量。从图 2-4 可以看出，除了碳当量对焊接性的影响以外，还说明了碳含量对焊接性的影响。降低钢中碳含量是提高钢材焊接性最为有效的手段。

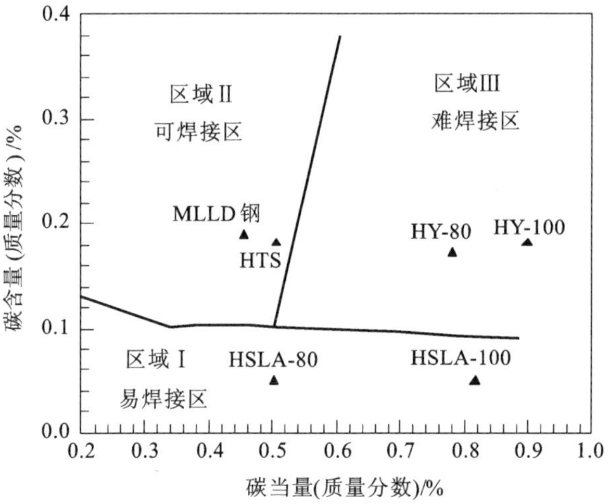

图 2-4 碳含量及碳当量与钢板裂纹敏感性的关系

2.3.4 低合金钢的疲劳与环境失效

抗疲劳设计是海洋工程结构的重要需求之一，特别是焊接接头容易产生高应力集中的部位。对于中等强度的钢材而言，通过设计标准中已经公布的 *S-N* 曲线结果，可以很好地进行材料评价和施工。但是对高强度的钢材材料而言，由于其具有更高的氢致开裂敏感性，所以，海水对疲劳性能的影响更为显著。屈服强度的增加和阴极保护过程都会增加氢致裂纹产生的敏感性。阴极保护过程中产生氢气，会增加裂纹尖端的扩展速率，导致整体疲劳寿命缩短。所以，对焊接高强钢的疲劳寿命必须增加认识，但是目前所掌握的数据还比较少，不足以指导设计。

腐蚀疲劳是导致海工结构断裂的一个主要原因，当然，疲劳裂纹扩展的过程仍然是疲劳断裂过程的主体。多年来，关于焊接接头的腐蚀疲劳问题已经有了很多研究。通过这些研究，综合考虑接头尺寸、海水环境和阴极保护过程等影响，可以很好地预测此类钢或钢结构的抗疲劳行为。

作为对 *S-N* 曲线类型数据的补充，还要通过疲劳断裂原理对钢结构的整体寿命进行估算。对各种钢材而言，无论是在空气环境还是海水环境，关于裂纹生长速率（$\mathrm{d}a/\mathrm{d}N$）对应力强度因子范围（ΔK）的数据越来越多，从而使设计标准（BS7910）可以覆盖屈服强度 600MPa 以下的所有钢材。但是，对更高强度的钢材而言，其数据量不足，特别是在海水和阴极保护情况下的数据过少，从而导致对材料的评价仍存在不确定性。

对钢铁材料，特别是低碳低合金钢的疲劳性能的相关研究还相对较少，一般认为钢铁材料的疲劳性能与其组织特征和所含缺陷尺寸及类型密切相关（表 2-5）。夹杂物被认为是影响钢铁材料疲劳性能的重要因素，通过对具有不同尺寸夹杂物的多种钢进行疲劳测试，发现当夹杂物尺寸较大时，钢铁的疲劳极限显著降低，而处于临界尺寸的夹杂物会影响 *S-N* 曲线的形状，将疲劳过程划分为两个阶段，如图 2-5 所示。

表 2-5 钢的疲劳特征

钢种	相变应力/MPa	σ_g /MPa	临界夹杂物尺寸/μm	夹杂物初始尺寸/μm	团簇尺寸/μm	σ_g/σ_b
商用钢 50CrV4	—	630	3.5	29	—	0.375
纯净钢 54SiCrV6	800	720	3.4	3.0	11	0.416

续表 2-5

钢种	相变应力/MPa	σ_g /MPa	临界夹杂物尺寸/μm	夹杂物初始尺寸/μm	团簇尺寸/μm	σ_g/σ_b
纯净钢 50CrV4	770	725	3.3	2.4	7	0.414
纯净钢 54SiCr6	720	720	3.5	<1①	—	0.413

注:夹杂物尺寸是在光学条件下观察到的。

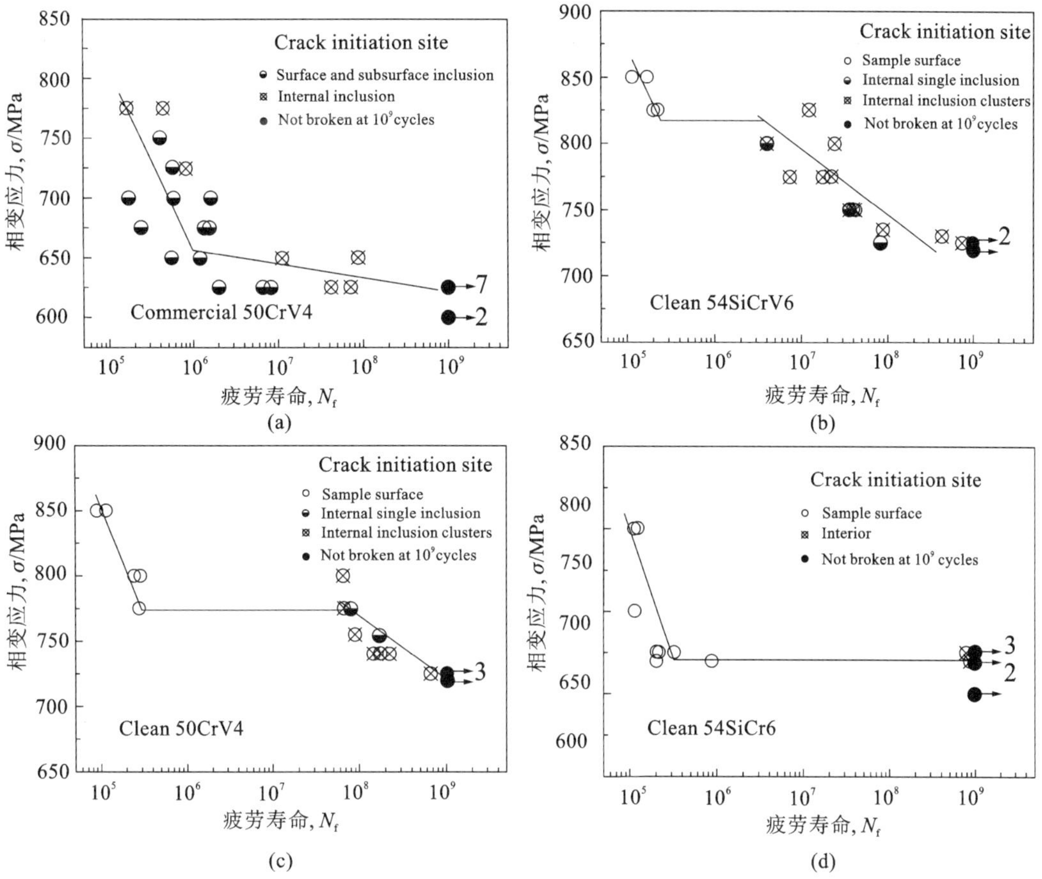

图 2-5　四种材料的 *S-N* 曲线

环境断裂会严重影响材料服役过程中材料抵抗失效的能力。最新的有关抗疲劳设计规范显示,设计准则只考虑到屈服强度低于 500MPa 级的钢种,这主要是由于高强度钢的试验数据还不充分。特别是在阴极保护的条件下海水环境中焊接接头的疲劳数据很缺乏。对于高于 500MPa 级钢的疲劳数据,无论是 HSE 还是 DNVGL 的标准均强调要根据具体项目和具体材料确定其疲劳性能和设计标准。ISO 的标准也强调 540MPa 级以上钢结构焊接疲劳数据是不够的;对于钢管的焊缝则强调 700MPa 级以上时,无论有无阴极保护(CP),其疲劳性能与中等强度级别的钢是一个水平。ISO 的标准同时强调 700～800MPa 的超高强度钢在海水中的疲劳性能甚至比中等强度钢更差,这是因为其在海水中更容易产生氢致裂纹,并且 CP 会促进裂纹萌生,因为会有析氢现象。因此,CP 下的钢铁材料疲劳性能更值得深入研究。

高强度钢在海洋平台上应用的潜在挑战就是氢致裂纹,相关标准(HSE)就规定了 CP 的负电位应在－85mV(Ag/AgCl)以上。而对于存在氢致裂纹风险的钢应做慢拉伸评价。屈服强度大于 650MPa 的钢应评价其母材和焊缝的服役氢致裂纹倾向性。DNVGL 也有类似的标准。即当屈服强度为550MPa以上，CP电压为－830～－770mV时，氢致裂纹倾向性较大。

海洋平台对轻质高强度钢的应用越来越多，550～690MPa的高强度钢已经应用在自升式海洋平台的一些部位。氢脆(HE)相比环境疲劳来说虽然不常见，但其危害已经有所显现。特别是对于固定桩腿平台，由于不能够定期回船坞检修，HE的潜在危害更大。

引起氢脆的主要原因可归结为：钢中有氢、存在应力场、材料本身对氢及应力敏感等。

高强钢随着强度的增加，HE敏感性会增加，即使强度级别相同，HE敏感性也会因合金成分、工艺、热处理温度等的不同而有所区别。目前，除了强度级别外，还不能轻而易举地由钢的成分、组织等判定其HE敏感性的大小，因此，有关高强度级别HE的挑战还在继续。当然，冶金质量的提升以及对HE认识的深入，会为高强度钢的应用不断开辟新的领域。

2.4 海洋用不锈钢的性能

海水作为腐蚀性物质的最显著特点，是它含有很多自由离子，即含盐量很高。正常海水的盐度一般为32‰～37.5‰，通常取盐度35‰(相应的氯度为19‰)作为大洋性海水的盐度平均值。海水洋流运动剧烈程度、温度和压力随深度变化较大，在世界不同地理位置的海洋中这些状况还具有明显的差异，大多数常用的金属材料在海水中会遭受比较严重的腐蚀，因此用于海洋工程的金属材料普遍要求具有高耐蚀性、高强度、高韧性、高疲劳性能等特点。

不锈钢是海洋工程领域应用非常广泛的钢铁材料，主要有以下特点：

① 良好的耐腐蚀性能

由于不锈钢中加入了提高耐腐蚀性能的铬、钼、氮等元素，因而耐海水腐蚀，耐久性好，可以延长结构的使用寿命。

② 良好的耐高温性能和低温韧性

在高温下，不锈钢的残余强度和刚度都优于普通碳钢，可以应用于高温环境下的结构；在低温下，不锈钢的冲击韧性也优于普通低碳钢。

③ 高强度和硬度

海洋工程用不锈钢通常氮含量较高，特别是双相不锈钢和马氏体不锈钢，具有高的屈服强度和硬度。

④ 良好的抗冲击性能

由于不锈钢的延性良好，当其受到冲击时，其良好的延性可以吸收大量的能量而使结构不致破坏或降低破坏的程度。

⑤ 良好的加工和焊接性能

不锈钢的塑性和韧性良好，易于加工成形，采用合适的焊接工艺，大多数不锈钢的焊接性能可以达到工程要求。

发达国家已经有大量高牌号的不锈钢材料用于海洋工程装备。我国也相继开发了高耐蚀性的铁素体不锈钢445、446、奥氏体不锈钢254SMO、904L及双相钢2205、2507等海洋用不锈钢，随着海洋工程装备和工程的发展，这些高等级不锈钢将得到广泛使用。

2.4.1 不锈钢概述

不锈钢的组织和性能主要是由各种元素决定的。目前，已知的化学元素有一百多种，其中对不锈钢组织和性能影响较大的有碳、铬、镍、锰、氮、钛、铌、钼、铜、铝、硅、钒、钨等十多种。由于这些元素的加入，导致不锈钢的内部组织发生变化，从而使不锈钢具有特殊的性能。

各种元素对不锈钢的组织和性能的影响如下：

(1)铬，是决定不锈钢耐腐蚀性的最基本元素；

(2)镍，单独不能构成不锈钢，其耐蚀性只有与铬配合时才能充分显示出来；

(3)锰和氮，在不锈钢中的作用可与镍相仿，可代替镍铬不锈钢中的镍；

(4)碳，在不锈钢中的含量及其分布形式，在很大程度上左右着不锈钢的组织和性能；

(5)钛和铌，能防止不锈钢的晶间腐蚀；

(6)钼和铜，能提高不锈钢对硫酸、醋酸等酸性腐蚀介质的耐蚀能力；

(7)铝和硅，能提高不锈钢的抗氧化能力；

(8)钒和钨，能提高不锈钢的热强性。

除以上元素外，有些不锈钢中还加入了稀有金属元素和稀土元素用以改善钢的性能。

不锈钢的体系庞杂，主要有按不锈钢的金相组织、化学成分以及用途特性等分类的方法。国际上通用的分类方法是按照金相组织划分，分为五类，即：

(1)奥氏体不锈钢

(2)铁素体不锈钢

(3)马氏体不锈钢

(4)双相不锈钢

(5)沉淀硬化型不锈钢

普通不锈钢一般难以满足海洋工程的特殊要求，因此国内外在普通不锈钢基础上增加了铬、钼、氮等元素，开发了许多超级不锈钢，它们具有良好的耐点腐蚀、缝隙腐蚀和应力腐蚀能力，适用于海洋工程的苛刻环境。超级不锈钢品种主要有：

(1)超级奥氏体不锈钢

(2)超级铁素体不锈钢

(3)超级双相不锈钢

(4)超级马氏体不锈钢

2.4.2　海洋工程用不锈钢关键性能指标

2.4.2.1　耐腐蚀性能

从腐蚀的角度来看，海洋腐蚀可分为海洋大气区、浪花飞溅区、潮差区、海水全浸区和海底泥土区五个不同特性的腐蚀环境。不同的材料在同一区带的腐蚀程度不同，即使同一种材料，在不同的海洋环境中的腐蚀规律也完全不同。此外，气温、水温、降水、雾、潮沙、海浪、潮流、盐度、pH 值、溶解氧、附着生物、污染程度、流速等因素也都与腐蚀有着密切关系。同时，海洋环境对材料的破坏不仅是其中某个因素的单独作用，而且是几种因素乃至整个腐蚀环境相互作用的结果。

不锈钢在海水中的耐蚀性通常是高 Cr 钢优于低 Cr 钢，Ni-Cr 钢优于 Cr 钢。随 Ni、Cr 含量的提高耐蚀性增强，降低含 C 量可提高不锈钢耐蚀性，加入 Mo 则能够提高钝化膜对 Cl^- 的抵抗力。

不锈钢在海水浸泡试验后其耐海水腐蚀性的优劣顺序与其腐蚀电位正负顺序一致。钝化能力强的不锈钢在海水中的腐蚀电位趋于稳定的时间较长，稳态电位较正，其耐腐蚀性较好。通常根据在海水中抗点蚀系数来衡量不锈钢耐局部腐蚀能力。

不锈钢在海水环境中的腐蚀类型主要有孔蚀、缝隙腐蚀和应力腐蚀开裂三种。不锈钢抗局部腐蚀性能可用点蚀当量 *PREN* 来定量表示。点蚀当量公式如下：

$$PREN = \omega(\mathrm{Cr}) + 3.3\omega(\mathrm{Mo}) + (13 \sim 30)\omega(\mathrm{N})$$

可见，*PREN* 越高，钢在海水中钝化能力越强，耐蚀性越好。实际使用结果表明，在流速大于 5m/s 的海水中，耐海水腐蚀不锈钢的 *PREN* 值应在 36 以上。在静止海水中，特别是在结构中存在大量缝隙的情况下，钢的 *PREN* 必须>45。缝隙腐蚀比点蚀更易发生，出现缝隙腐蚀的温度比出现点蚀的温度更低，在充氧的海水中由于存在氧浓差电池，缝隙中氧迅速减少，pH 值下降，大大加剧了腐蚀反应速率。可以用缝隙腐蚀临界温度 CCT(Crevice Corrosion Temperature)表示抗缝隙腐蚀的能力，并可用标准测试方法测定。*PREN* 及 CCT 数据有对应关系，如 *PREN* 高，则 CCT 亦高。奥氏体不锈钢、双相不锈钢、高纯铁素体不锈钢的 *PREN* 、CCT 值都比较高，所以它们都有较好的耐孔蚀、缝隙腐蚀性。但不锈钢中的合金元素以中间相形式存在时会形成贫 Cr、Mo 区，致使不锈钢的耐蚀性能下降。

表 2-6 列举了常用的不锈钢的 *PREN*，按耐腐蚀能力逐渐增强的顺序排列。

表 2-6 海洋工程常用不锈钢牌号及其化学成分(质量分数) 单位：%

钢种牌号	C	Cr	Ni	Mo	Ti	W	Cu	N	*PREN*
420	0.2	13.74						0.02	14.22
HP13Cr1	0.02	13.0	5.0	1.0				0.02	16.78
321	0.078	17.60	8.39		0.57			0.05	18.4
304	0.01	18.90	9.28					0.05	19.7
HP13Cr2	0.02	13.0	5.0	2.0				0.02	20.08
446	0.003	18.92		1.92				0.01	25.5
316L	0.021	17.52	13.6	2.57				0.05	26.8
904L	0.01	20	25	4.5			1.5	0.06	35.8
SAF2507	0.021	24.16	7.21	4.0			0.48	0.3	42.16
S44735	0.02	29		4.0				0.02	42.5
254SMO	0.02	20	18	6.0			0.7	0.2	43
SAF2906	0.02	30	6.5	2.5			0.8	0.35	43.85
654SMO	0.02	25	22	7.0			0.5	0.5	56

2.4.2.2 强度和韧性要求

首先，大型海洋结构物受严酷腐蚀环境影响，在深海还受到海洋密度分层产生的内波的影响，以及水波流场和结构物相互作用的水流动力学等影响，对强度要求高。因此，主要考虑不锈钢材料的屈服强度和疲劳强度。

另外，某些海域海水温度低，不锈钢要求有较好的低温冲击性能。如北海海域、北极环境等特别寒冷的地区，更需要材料有足够的低温韧性，甚至要求－60℃的冲击韧性，在如此低温的条件下保证冲击性能，对材料的组织结构会有更高的要求，以保证在－60～－40℃下具有足够的安全性。

对于超级不锈钢来说，添加某些元素最基本的目的是为了获得较好的耐蚀性。因此，成品的机械性能一直是处于第二位的。奥氏体不锈钢的特征是具有中等强度并有良好的塑性，与耐腐蚀性相伴的是高氮超级奥氏体不锈钢，在保持其极好塑性和韧性情况下，屈服强度可提高 50～100MPa，而超级双相不锈钢的屈服强度比普通奥氏体不锈钢高出 50%～100%。奥氏体不锈钢延伸性很好，有高的加工硬化率，因此对零件进行冷加工就可以获得高的强度。这一特征可以用于含硫深井中的管道及螺栓等。几乎所有奥氏体钢的冲击韧性都非常高，在较低温度下，韧性趋向于中等，而且在−196℃时韧性值仍较高。表2-7、表2-8、表2-9给出了一些超级不锈钢的机械性能和物理性能。

表2-7 20℃温度下高合金奥氏体不锈钢的机械性能

合金	钢种牌号		氮含量/%	屈服强度 $R_{p0.2}$/MPa	抗拉强度 R_m/MPa	延伸率/%
	ASTM	EN①				
316L	316L	1.4404	0.06	220	520	45
904L	N08904	1.4539	0.06	220	520	35
317LMN	317LMN	1.4439	0.15	270	580	40
254SMO	S31254	1.4547	0.20	300	650	40
654SMO	S32654	1.4652	0.50	430	750	40

① 欧洲统一标准。

表2-8 一些普通奥氏体不锈钢和超级奥氏体不锈钢热轧中板的典型机械性能

合金	屈服强度/MPa	抗拉强度/MPa	延伸率/%	V形缺口冲击强度/J	布氏硬度
304	280	590	50	300	170
316L	290	600	50	300	170
904L	270	600	50	300	160
1.4439	310	640	50	300	180
Sanicro28	300	620	50	300	170
1.4465	450	820	60		
254SMO	340	700	50	250	180
654SMO	470	840	60	250	215

表2-9 一些不锈钢与一种镍基合金的物理性能

合金	钢种牌号		密度/(kg/dm^3)	弹性模量/(kN/mm^2)		热膨胀系数/10^{-6}℃$^{-1}$		热导率/[W/(m·℃)]	
	ASTM	EN①		20℃	400℃	20℃	400℃	20℃	400℃
2205②	S31803	1.4462	7.8	200	172	13.0	14.5	15	20
304	304	1.4301	7.9	200	172	16.0	17.5	15	20
254SMO	S31254	1.4547	8.0	195	166	16.5	18.0	14	18
合金625③	N10276	2.4856	8.4	200	180	12.0	13.5	10	16

① 欧洲统一标准；

② 一种目前较为流行的双相不锈钢；

③ 一种镍基合金。

2.4.2.3 不锈钢的焊接性能

从安全角度出发，海洋用钢材需要提高抗断裂可靠性，从使用寿命和成本角度出发，需要提高抗疲劳、耐腐蚀性能。脆性裂纹大部分发生在焊接接头，防止脆性裂纹沿焊接接头向外扩展非常重要，疲劳裂纹也大多发生在焊接接头。大型海洋结构物大多是钢板焊接组合结构形式，形状变化大，往往需要在应力集中处进行焊接，焊接有时在露天或海上作业条件很差的场合下进行，所以要求材料有更好的焊接性能和更便于操作的条件。

超级奥氏体钢焊接时要注意热裂纹和元素的偏析，热裂纹是在凝固过程中出现的，称作凝固裂纹，或是由于焊接时后继焊道对前焊道的再加热产生的裂纹，称为再热裂纹。这两种形式的裂纹都与焊缝熔敷金属的凝固方式以及与存在某些杂质，如 S 和 P 有关。在标准的奥氏体钢，如 304 和 316 中，大多数情况下先凝固的是铁素体，这样就防止了裂纹的产生。因此通常的纯奥氏体凝固的超级奥氏体不锈钢更倾向于产生这两种形式的裂纹。为了避免或减少热裂纹，焊接时应该采用低的电弧能量和保证接头低的拘束效果。

焊接时易产生偏析的元素是 Mo。因此，含 Mo 量高的超级奥氏体钢(如 6Mo 钢)在自熔焊缝金属中存在大量钢的偏析，在钼含量低的区域，点蚀值较低，这会降低其耐氧化物点蚀的能力。为了避免耐腐蚀性的降低，可采用含 Mo 量更高的合金或镍基合金作为填充材料；另一种方法是在保护气体中加氮气，提高焊缝金属中 N 的含量，从而增强焊缝的耐点蚀性，但这一方法对于超级奥氏体不锈钢并不完全有效。

超级双相不锈钢的焊接与奥氏体不锈钢的焊接相比较，焊缝的热裂纹倾向低；与铁素体不锈钢的焊接相比较，焊接接头焊后状态的脆化程度低，而且热影响区中单相铁素体的粗化程度也较低。双相不锈钢焊接的最大特点是焊接热循环对焊接接头组织的影响，无论焊缝或热影响区都会有重要的相变发生，使奥氏体比例减少。这对焊件的性能，如塑性和耐腐蚀性都有很大的影响，关键是要使焊缝金属和焊接热影响区均保持有适量的铁素体和奥氏体组织。另外，这种钢焊接时易析出金属间化合物，对线能量和层间温度必须严格控制。

超级铁素体不锈钢焊接性能不如奥氏体不锈钢和双相不锈钢，应尽量避免应用在需要焊接的场合。

2.4.2.4 成形性能

超级奥氏体钢的剪切、弯曲、拉伸、挤压等工艺都可以采用常规的用于奥氏体不锈钢的标准设备来实现，成形很容易。但由于其强度比较高，冷成形后有较大的反弹，要有一定的成形余量，这一点在对成形尺寸要求较高的地方应引起足够重视。

如果限于设备能力等原因，必须热成形时，应严格控制操作温度。比较合理又安全的范围为 1000～1150℃。如果温度超过 1150℃，长时间加热易导致严重的起皮现象。热成形后一般需经固溶处理：1150～1180℃加热，然后快冷，最好采用水淬。这一措施对减少金属间化合物的析出，保证耐腐蚀性，是很有必要的。对于大型件的固溶处理，一般工厂很难达到要求的冷却速率，所以，耐腐蚀性或多或少有所降低。

铁素体不锈钢和双相不锈钢则因延伸率较低而不能满足冷加工量大的需求。而且，由于强度较高，这些钢在冷成形处理时需要更大的初始力。同时，这些高合金不锈钢具有较高的加工硬化率。

2.5 海洋用钢的发展展望

当今世界正处于大发展、大变革、大调整之中，我国工业发展面临的国际环境更趋复杂，既面临着难得的机遇，也伴随着严峻的挑战，给我国工业转型升级带来深刻影响。

船舶及海洋工程装备领域要适应新的国际造船标准及规范，建立现代造船新模式，着力优化船舶产品结构，实施品牌发展战略，加快推进散货船、油船、化学品船、集装箱船等主流船型升级换代，全面掌握液化天然气船(LNG)等高技术船舶的设计建造技术，加强基础共性技术和前瞻性技术研究，完善船舶科技创新体系，提升船舶配套水平，巩固优势配套产品市场地位，提升配套产品技术水平，完善关键设备配套体系。

在深海探采工程装备领域，要紧密围绕“勘、探、钻、采、运”五个核心环节，重点研制高性能物探船、深水勘察船、半潜式钻井平台、钻井船、深水生产储卸装置、深水半潜式生产平台、大功率平台供应船、潜水作业支持船、深水半潜式起重铺管船等装备，以及核心设备和系统，尽快掌握3000m以内深水资源开发所需装备的设计建造能力。突破深水浮式结构物水动力性能、结构设计和强度分析等共性技术，加快发展深海高性能物探船和钻井船、浮式生产储油卸油装置、半潜式平台、水下生产系统、环境探测、观测与监测、深海运载及应急作业等装备及其关键配套设备和系统，建设液化天然气浮式生产储卸装置等新型装备总装制造平台，完善设计建造标准体系。

海洋用钢的发展离不开国家重大工程的需求和市场的竞争。我国钢铁工业的发展已经由吸收引进、批量低价的粗犷型发展模式，向创新、引领、占领高端市场的方向转变。然而，如何创新，如何满足快速变化的市场，如何满足国家战略需求是摆在海洋用钢研究、制造及服务面前的挑战。笔者认为，海洋用钢的发展应具体体现在三个创新，即创新的海洋用钢材料设计、生产制造技术和用户服务。

创新的材料设计涉及对需求充分认知和理解，对其使用环境、建造工艺、安全标准等客观条件充分研究，对其成本、全寿命评估等经济、环境指标充分考虑，对国内外标准和规范深刻理解。创新材料设计的主要方面包括合金体系、组织类型、成分、工艺、组织、性质、性能之间的内在与外在关系。设计理论依托于物理冶金，设计手段(工具)包括热力学、动力学等模拟，以及以多尺度评价与表征为基础的物理模拟。目前，热力学模型和软件对海洋用钢所涉及的基本合金元素和微合金元素在铁基中的影响和状态已能较清晰地描述。此外，动力学模型对低合金钢中的形核、长大、合金元素的扩散与偏聚也能给出理想的描述。

创新的生产制造技术涉及的目标包括对钢铁的冶炼成分的精准工艺控制，对连铸成分均匀、无缺陷工艺控制，对轧钢与成形利用再结晶过程精准控制，以及对钢板连续冷却相变与析出等环节的调控。工艺控制的主要理论依托是相关的化学冶金、力学冶金和物理冶金原理，模型的建立得到了试验模拟的验证，有关工艺数据参数已经积累形成庞大的数据库，相关的智慧系统亟待形成。

创新的用户服务则体现在，不只停留在材料性质和静态显微组织结构的评价与表征，还应特别关注钢结构与装备连接方法与连接工艺，冷、热加工对性能的影响，服役性能与冶金质量(夹杂物)的关系，以及针对服役环境的可靠性评价。应用性能研究是海洋工程用钢一直以来最为关心和期盼的领域，特别是随着强度的提高，应用环境更加复杂与恶劣，以及设计方法的更新，材料的应用性能越来越受到重视，也越来越受到挑战。相关的理论其实已经发展得比较成熟，如断裂力学、环境失效、工具与模型等，更体现在多尺度、跨尺度等方面。当然，其重点和难点就是如何将材料的服役性能与材料的设计和工艺相结合，如何将多尺度的模型与现实尺度的行为联系起来。

思 考 题

1.海洋平台使用的钢材大体上有哪些要求?

2.自升式平台的齿条钢有什么特点?

3.海洋平台用钢和船舶用钢有什么显著区别?

4.简单介绍低合金钢中提升钢材性能的主要合金元素。

5.海水环境对海洋平台钢材有什么影响?

6.氢元素对钢材性能产生哪些不利影响,如何减少钢材中的氢含量?

7.不同元素对不锈钢的性能产生什么影响?

8.如何保证低合金钢的焊接性能?

3 海工装备焊接

海洋工程装备常年在环境极其恶劣的海上工作，一方面除受到结构的工作载荷外，还要受到风暴、潮汐、潮流引起的附加载荷以及海水腐蚀、砂流磨蚀、地震或寒冷地区冰流的侵袭。另一方面，海洋工程装备在运行及安装过程中难免会遭遇损坏，并且其主要工作部分在水下，检查和修补将变得十分困难，费用也高。一旦发生重大结构损伤或倾覆事故，将造成生命财产的严重损失。因此，要保证海洋工程装备的安全性，就必须考虑海洋工程结构的焊接质量问题，海洋工程焊接技术就变得格外重要。

3.1 海洋平台结构焊接概述

3.1.1 平台结构的焊接要求

3.1.1.1 焊接基本特点

金属熔焊，是利用局部加热的方法，将两块金属工件接缝处局部加热到熔化状态，通过冷却重结晶而连接在一起的一种方法。熔接过程是金属再冶金过程。参与这一过程的有被焊金属（母材）、填充金属（焊丝、焊芯与焊剂或焊条药皮等）。母材和填充金属熔化后冷却结晶形成焊缝，邻近焊缝的母材金属受焊接热循环作用的影响而发生了组织和性能变化。组织和性能变化的部分称为热影响区。焊缝、热影响区和部分母材组成焊接接头。

上述冶金过程形成的焊缝金属，不仅改变了母材的化学成分和晶体组织，而且也改变了母材的性能，其性能变化取决于母材的性质、焊接材料（焊条或焊丝和焊剂）和焊接工艺。热影响区在焊接热循环作用下发生了组织变化，从而改变了母材的性能。热影响区的性能变化取决于母材的性质和焊接工艺。热影响区内因受热程度不同，其性能变化也有差异。熔合线附近为过热区，因受热温度高、作用时间较长，晶粒长大粗化而变脆化；相邻为淬硬区，得到硬而脆的近马氏体组织，同样发生脆化，故热影响区的性能恶化了。

焊接是局部加热，因局部受热不均匀，在焊后接头区产生了焊接残余应力，而焊接应力的存在使焊接过程特别容易产生裂纹等严重的焊接缺陷。焊接裂纹的发生和发展，会导致焊接结构的脆性断裂和疲劳破坏的发生。为此，可以提高和改善母材及焊缝金属的韧性，从而阻止或延缓裂纹的发生和向外扩展。平台结构焊接研究的重要任务就是从焊接材料、焊接方法和工艺等方面来改善焊接接头的性能，其目的就是要降低脆性、提高韧性、消除各种裂纹的发生。

3.1.1.2 对海洋平台结构焊接性能的要求

1. 基本要求

海洋平台结构复杂，工作环境条件苛刻，投资巨大，人员又长期在平台上工作和生活，因此，平台的安全性至关重要。因为焊缝和热影响区已是平台完整结构的一部分，为了保证平台结构使用的整体安全，故要求焊缝金属和焊接接头的性能应与母材完全相同。

由于焊接使母材性能发生了许多变化，且易产生焊接缺陷，要使焊接接头达到与母材同样的性能，难度较大。

2. 焊缝金属和焊接接头的性能要求

对焊缝金属(也称为熔敷金属)和焊接接头的主要要求包括：

①要求有足够的缺口韧性，并限制其硬度，以防止结构焊缝和接头脆断；

②在结构上受交变应力部位，应具有耐疲劳的性能；

③有一定的耐蚀性等。

下面从韧性、硬度、疲劳和腐蚀等方面进行分析。

(1)韧性

焊接钢结构的断裂韧性评定通常包括三个区：母材区、热影响区和焊缝金属区，可对三个区域的性能单独研究，也可进行综合研究。

海洋平台结构，所用钢材的韧性首先应符合规范要求，继而在建造过程中形成的焊缝金属区和热影响区也应符合同样的韧性要求。

(2)硬度

海洋石油和天然气含有硫化氢杂质，在污染的海水中，硫化氢与钢表面反应，氢被释放出来，并渗进钢内，造成氢致应力腐蚀开裂。这种裂纹特别容易发生在焊接热影响区表面硬度较高的部位。所以，限制热影响区最高硬度，不仅是为了防止焊接冷裂纹的发生，也是为了防止氢致应力腐蚀开裂。

(3)疲劳

固定式海洋平台的导管架除承受甲板上的固定载荷外，还承受风、浪、流的周期载荷作用，产生低周疲劳。对平台上部某些结构，当载荷变化不太频繁或交变应力较小时，可不考虑疲劳问题。对于平台下部结构，即圆管形导管架结构及其节点，疲劳问题则应予以考虑。

海洋平台在海洋风、浪、流作用下产生的疲劳是低周疲劳破坏。焊接接头在低周载荷作用下的变形抗力和断裂抗力，取决于钢材的机械性能、加载状况和应力状态。实际焊接接头的疲劳，还受到应力集中和焊接方法及其工艺的影响。

由结构特点和焊接成形引起的应力集中，是影响焊接接头疲劳寿命的重要因素。所以，规范中要求关键构件的角焊缝，必须对其形状和缺陷进行修整(磨修或熔修)，并与母材表面光滑过渡。

(4)腐蚀

平台结构的焊缝，特别是水下节点焊缝，由于焊接改变了焊缝金属的成分与组织结构，大大强化了金属表面的电化学不均匀性，更由于焊接残余应力的存在，加速了焊缝区域的腐蚀，常产生更为严重的应力腐蚀开裂。

为了避免焊缝金属的腐蚀，在焊接材料的选取上，应使焊缝金属的电极电位正于母材金属和过热区。另外，焊后热处理对减轻腐蚀也是有好处的。

3.1.1.3 平台焊接的一般要求

1. 焊接工艺认可

平台制造厂应在平台建造前，根据用材和焊接接头形式，进行焊接工艺认可试验，并应取得检验部门认可。

平台制造厂提交给验船部门审核的焊接工艺认可试验，应包括下列内容：

(1)母材的钢种、级别和厚度；

(2)焊接材料(焊条、焊丝和焊剂)的等级、牌号及规格；

(3)坡口设计及加工要求；

(4)焊道布置及焊接顺序；

(5)焊缝位置(平焊、横焊、立焊、仰焊)；

(6)焊接参数(电流、电压、焊接速度)；

(7)焊接设备型号；

(8)焊前预热、层间温度、焊后冷却和焊后热处理工艺；

(9)防止层状撕裂的措施等。

已经认可的焊接工艺，在建造施工过程中都必须严格遵守，若有修改，应经检验部门同意。

2.焊工认可

平台结构焊接的操作工人，必须按要求经过资格考试认可。对参加管节点焊缝焊接的工人，要通过专门的考试认可。管节点焊工考试的目的，是确保焊工在施焊时能够满足严格的焊缝外形要求和热影响区的硬度要求。考试合格后发给证书，上面注明焊接工艺方法和焊接位置的限制。

现场焊接管节点的焊工，需取得6GR位置操作资质认可。6GR表示T形、Y形、K形管节点全位置、全熔透坡口焊缝焊接的角焊缝。

3.焊接工艺规程

所有的平台焊接工作，都要求有焊接工艺规程。即使预先已经具备了条件的，也同样有此要求。凡在施焊中应执行和遵守的各项规定和要求，在焊接工艺规程中均应加以明确规定。

3.1.1.4　海洋平台焊接的特点

平台结构主要采用大厚度板、厚壁管件等，焊接困难、要求高，加之使用中难以维修，因此焊接施工规定十分严格，其主要特点是：

(1)为了防止冷裂缝和提高热影响区的韧性，多采用低氢型和超低氢型碱性焊条；

(2)焊接热输入量通常限制在40～50kJ/cm的范围内，确保焊接接头的韧性和抗脆断性能；

(3)厚板焊件，一般焊前需预热，防止产生裂纹；

(4)管节点和关键部件焊后还需进行热处理，消除焊接残余应力；

(5)管件桁架结构大多采用全位置、全熔透、多层多道手工焊接；

(6)承受交变应力的管节点和关键构件的角焊缝需进行磨修或熔修，修整焊缝和消除表面缺陷，减少应力集中，提高疲劳寿命。

3.1.2　焊接材料

选择平台结构焊接材料的基本原则，是根据构件的部位和性质，使其熔敷金属和焊接接头的机械性能不低于母材的保证值。也就是根据平台构件的用钢等级和平台设计要求，选用与之相匹配的焊条(或焊丝)和焊剂；焊后焊缝金属和焊接接头的性能与母材的性能基本一样，能阻止焊缝和热影响区焊接裂纹的发生和扩展，不致发生脆断和疲劳。这就要求焊缝和接头应具有一定的最低韧性值。因此选择焊接材料时，主要是围绕着如何提高焊缝金属和焊接接头的韧性和防止出现冷裂纹等方面进行考虑。

根据平台结构焊接要求，焊接材料的选择主要有以下特点：

(1)焊接材料应与母体相匹配，主要考虑其化学成分和机械性能等特性。根据母材选择合适的焊条，使得它们之间的强度等级和韧性水平相当，焊缝和焊接接头性能都能达到母材的水平。

(2)选择焊接材料时要考虑发生裂纹的可能性。拘束度高、应力集中高的部件，可选用塑性、韧性好的碱性焊条或韧性高的焊丝和碱性焊剂。如:Z向钢的焊接,应选用低氢型和超低氢型焊接材料;管节点相贯线的焊接,由于它具有全位置、全熔透、表面成形要求高的特点,因此应按焊缝熔敷金属的不同位置,分别选用封底焊条、填充焊条和盖面焊条进行焊接。

(3)焊接材料还要根据平台构件类别不同,分别选用不同级别的材料。一般构件选用普通结构钢焊条;重要构件选用相应级别的低氢型碱性焊条;对于关键构件,一定要用相应等级的低氢型或超低氢型碱性焊接材料。

3.1.3　焊接方法与焊接工艺

海洋平台结构焊接所应用的焊接方法,与船体结构焊接的方法基本相同,只是所应用的焊接材料、焊接工艺及焊工等级要求更为严格。

3.1.3.1　焊接工艺简介

1.常规焊接工艺

常规焊接工艺包括:手工电弧焊、普通埋弧焊等。其中手工电弧焊是应用最为广泛、最基本的焊接工艺。

手工电弧焊(简称手弧焊)是以手工操作的焊条和被焊接的工件作为两个电极,利用焊条与焊件之间的电弧热量熔化金属进行焊接的方法。手工电弧焊的工艺主要包括:引弧、运条、焊缝的起头和结尾、焊缝的连接、焊接规范的选择,以及平、立、横、仰位置的对接,平角接焊缝、立角接焊缝、仰角接焊缝和焊条直径的选择等。

手工电弧焊具有很高的灵活性。因平台结构焊缝复杂多变,此法在平台焊接中占有重要地位,管节点等关键位置大多采用手工电弧焊。

2.高效焊接工艺及装备

高效焊接技术是指除常规手工电弧焊以外生产效率较高的焊接技术。这些新的焊接工艺方法及装备焊接速度快、操作方便、焊接质量好、生产效率高,能够节约能源和材料,且易于实现自动化。

按照其工艺和材料的不同,可以分为6大类,即:手工焊条高效焊、气体保护焊、(多丝)埋弧焊、电渣焊、气电(立向、横向)自动焊和单面焊。

3.1.3.2　施焊工艺

本节不讨论施焊工艺的各个细节,仅就影响平台结构焊接性能的几个有关问题给予简要介绍。

1.焊接环境

平台结构焊接作业大多在室外进行,施工环境对焊接质量影响较大。当风速很大、气温很低时,会因焊缝降温过快造成附加的淬硬效果,增加焊缝出现裂纹的概率。同时,风速大也影响电弧稳定,容易引起熔滴飞溅。雨雪天气中,高温导致雨雪中的水分解成氢和氧,其中氢极易溶解在熔池中,且结晶时不能完全逸出,增加了产生氢致裂纹的概率。因此,要求平台焊接工作在具有防风、防雨雪的遮蔽条件下进行。环境温度不得低于焊接工艺认可试验规定的最低温度,风速不得超过5级,空气相对湿度不得大于90%,当气温低于0℃时禁止施焊。

特殊情况下,如果平台结构需在0℃以下施焊,焊件必须预热。当焊接高强度钢或大厚度钢板时,则需自始至终进行预热。

2.焊接坡口

平台结构多用大厚度板或厚壁圆管,为保证充分焊透,需将焊件连接边缘加工成坡口形状,并采用多层多道焊工艺施焊。

3.焊接电弧长度

焊接电弧长度主要影响焊接熔池的保护效果。电弧过长，熔池保护效果降低，易受外界气体侵入，特别是水蒸气的侵入危害最大。故施焊时，应尽可能采用短弧施焊。

4.多层多道焊

许多平台结构构件采用多层多道焊工艺，利用后一道焊接热对前一道焊缝进行退火，从而改善焊后热影响区的性能。一个焊道一次连续完成，中间不停顿，同时注意保持层间温度。

5.层间温度

层间温度对焊缝金属韧性的影响，也是由于焊后冷却速度和焊接冶金因素作用的结果。随着层间温变的提高，韧性下降。

6.角焊缝表面形状

管节点及关键构件的角焊缝，多是大厚度板全熔透焊缝，焊接应力高，应力集中严重。应力集中对构件形状非常敏感，对构件连接部位的焊缝形状更为敏感。为减少应力集中，要求角焊缝表面成为凹面形，并要求平滑地向母材表面过渡。特别是焊缝趾端，应力集中更为严重。实践证明，凹面角焊缝的应力集中系数比凸面的减少一半以上，故这些关键构件的角焊缝在施焊时，焊工应仔细地焊成凹面形，并要求修整加工。经修整加工后的焊缝，疲劳强度可提高一倍以上。

7.预防层状撕裂的工艺措施

平台结构厚板焊接，关键构件的角接头，多采用Z向钢。正确施焊一般不会产生层状撕裂。但大厚度板角接不一定都采用Z向钢。普通结构钢在焊接过程中有可能产生层状撕裂，若采取合适的焊接工艺措施，可避免发生层状撕裂。

3.1.4 焊前准备和焊后处理

3.1.4.1 焊前工艺准备

焊前工艺准备主要是焊接坡口和焊前预热处理。

1.焊缝坡口

焊件的焊缝坡口形状和表面质量，对结构焊接质量有一定影响，因此，要正确选择坡口形状，准确加工，才能满足质量要求。焊缝坡口形状应参照相关规范进行选择。

2.焊前预热

海洋平台结构复杂，钢板厚度大，拘束度高，焊接时残余应力高，特别容易产生焊接裂纹等缺陷。管节点的焊接、高强度钢的焊接产生缺陷的概率更高。为缓和焊接应力，降低焊缝扩散氢含量，减少裂纹发生概率，焊前对大厚度焊件、拘束度高的焊件以及平台关键构件要进行预热。预热温度取决于结构的性质、焊件的材质和厚度，通常为100～150℃。

预热温度要选择正确，并由试验加以确定。如果预热温度过低，达不到上述目的。预热温度过高，不但使焊接环境恶化，而且随温度增加焊缝金属韧性反而下降。

预热通常采用远红外线加热器进行。红外线穿透性好，加热内外均匀，且热辐射少，施工环境较好。加热范围是焊缝两侧150mm以内。关键构件焊接过程中要保持预热温度，连续焊完。焊后保温半小时，用保温措施缓慢冷却到常温。

3.1.4.2 焊后工艺处理

焊后工艺处理主要是指焊缝修整、缺陷修补和焊后热处理，其目的是提高焊缝金属和焊接接头的韧性和疲劳强度。

结构的疲劳破坏包括裂纹生成、扩展和最终破坏三个阶段。其中裂纹生成阶段的时间取决于材质，主要是材料的屈服强度。而对于焊接结构，由于焊接过程中会产生裂纹样的缺陷，它相当于一个具有尖锐缺口的试件，这时焊接结构的疲劳寿命主要是裂纹扩展的寿命，与材料的屈服强度基本上没有关系。因此，设法减少或消除焊接构件的焊缝缺陷，提高焊缝金属的韧性，就可以避免或延迟裂纹的发生和扩展，提高焊接接头的疲劳寿命。

与疲劳有关的另一个重要因素，是焊接残余应力。在结构复杂的大型构件接头的焊接应力值，往往达到母材的屈服强度值，随后在工作条件下承受外加周期循环载荷，应力叠加于焊接残余应力之上。无论两种应力是哪种性质，只要叠加的结果是拉应力，都会产生不利的影响，因为拉伸应力会促进疲劳裂纹的扩展。鉴于残余应力的不良影响，就有必要设法消除或减少残余应力，以提高接头的韧性和疲劳强度。

通过上述分析可以得到下面的结论：

(1)为避免或推迟焊接裂纹的产生与扩展，需要改善焊缝缺陷，消除应力集中因素和裂纹样缺口。其方法是改善焊缝形状，修补焊缝缺陷。

(2)用应力释放法改变焊缝附近的局部应力场，形成较为有利的状态，最常用的办法就是焊后热处理。另外，焊缝锤击法也有一定效果。

下面讨论这几种方法。

1.焊缝磨修

焊缝磨修主要目的是消除因焊缝形状不良，以及焊趾与母材连接缺陷，从而降低应力集中。经日本三菱重工研究证明，磨修好的角焊缝，与未磨修的比较，应力集中系数可减少 2/3；欧共体的研究证明，其疲劳强度可提高 40%。

对接缝主要磨修脚趾与母材过渡部分。角接缝对焊缝形状以及脚趾与母材过渡部分，都要磨修，以改善焊缝外形和消除趾部缺陷，并使之与母材光滑过渡。

打磨可分别使用砂轮机和角磨机进行，或者组合使用，见图 3-1。最终打磨方向应与构件所承受的主要应力方向一致。

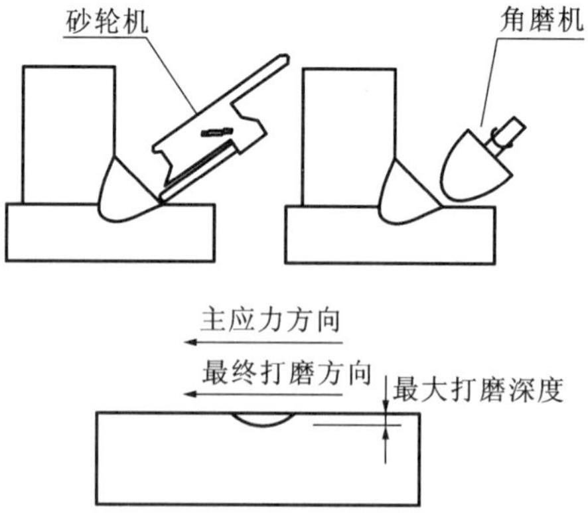

图 3-1 焊缝磨修示意图

2.焊缝熔修

焊缝熔修是将焊好的焊缝表面重新熔化修整，光顺焊缝表面形状，去除焊趾缺陷，并使之光滑过渡。熔修的方法有两种：钨极惰性气体熔修和等离子电弧熔修。

与焊缝磨修相比，焊缝熔修具有效率高和劳动条件好的优点，因此发展较快。钨极惰性气体熔修，是用一个在喷嘴内的钨极去熔化焊缝表面的金属，修整焊缝中各焊道间凸凹不平的表面。喷嘴喷出的惰性气体可以保护熔化金属。

3.焊后热处理

焊后热处理的目的是消除焊接应力，改善焊接接头的韧性。热处理的方法是将焊件加热。经研究发现，焊缝金属的韧性随热处理温度的降低而降低。

4.锤击法

锤击法即锤击焊缝表面，使之产生压应力来减小焊接时产生的拉应力，以此来消除拉应力，同时还可改善焊缝外观形状。

研究证明，锤击法能有效提高焊缝的疲劳强度，一般可提高50%～60%，锤击产生0.6mm左右的凹坑效果最佳。

3.2 海工结构钢的焊接工艺要求

海洋平台结构大型化趋势显著，材料多样、结构复杂，焊接工作量大。因此，在平台建造、维修时，对结构焊接的要求也越来越高，主要表现在以下方面。

1.焊接材料

通常海洋结构使用的焊接材料都要求有相应的船级社证书，并且焊接材料的熔敷金属的力学性能及冲击韧性应能满足所焊钢材的机械性能的要求。对于特殊构件的焊接，新购的焊接材料应进行焊接试验，复查焊接接头和熔敷金属的力学性能和冲击韧性。

为了确保焊接接头的质量，海洋结构使用的焊接材料应为低氢型，对于屈服强度≥390MPa钢使用的焊接材料应为超低氢型。

焊接材料应密封包装并储藏于相对湿度不大于45%、温度不低于15℃的干燥处。焊接材料储藏、烘焙、领用应根据被认可的程序文件执行。

2.焊接工艺认可试验报告（WPQR，Welding Procedure Qualification Record）及焊接工艺规程书（WPS，Welding Procedure Specification）

焊接工艺认可试验报告和焊接工艺规程书应根据相应的船级社规范或经船检、业主认可的国际上公认的标准、规范执行，并在焊接施工前得到船级社的认可。若建造单位6年内未用此工艺从事类似结构的焊接生产，则此工艺在使用前应重新进行认可试验。对于海洋结构应严格按已经认可的焊接工艺规程进行焊接施工。

3.焊工或焊接操作人员

焊工或焊接操作人员必须根据相应的船级社规范或国际上公认的标准、规范进行资质考试，考试合格后，方能进行焊接工作。对于间断焊接工作超过6个月的焊工或焊接操作人员，在焊接工作开始前必须重新进行资质考试。

4.施焊条件

焊接工作应在具有防风、雨、雪的遮蔽条件下进行。施焊时的环境温度不应低于工艺认可试验所规定的最低温度。在严寒天气焊接时应采取适当的措施，焊接时在坡口两侧应加热去潮，其温度至少为5℃。

手工焊不应在焊缝以外引弧。埋弧焊应在焊件两端使用引弧板和熄弧板。

5.焊前准备

焊接前坡口及其两侧区域应除去水分、油脂、油漆、锈污及其他氧化物等。焊接前应根据焊接材料的产品说明书进行烘焙，然后储存于保温容器中，携带至焊接地点待用。埋弧焊所用的焊剂应保持干燥，如果受潮，应重新加热烘干。

临时固定焊和定位焊应由合格的焊工施焊。所用的焊条应与正式施焊时相同。定位焊的数量应控制到最小，定位焊焊缝的厚度应不小于根部焊道的厚度，其长度不小于较厚焊件厚度的 4 倍或 50mm（取其中小者）。定位焊的焊缝质量要求与正式施焊的焊缝要求相同。如定位焊有不允许存在的缺陷，则应消除缺陷后再进行正式施焊。

对要求全焊透的焊接接头，除确能保证焊透外，应清根后再进行反面焊接。当使用碳弧气刨清根时，应避免在焊缝和母材上产生渗碳或过热现象。如有渗碳或过热现象，应予以打磨。打磨出的槽口形状应符合焊接工艺要求。

坡口加工要和详细接头设计准确一致，焊件的装配也要按照已批准的接头形式施工。更正不正确的装配所采取的任何措施都要得到验船师的认可。待焊钢板间若存在超过 3mm 的厚度差，要有斜边过渡，且斜边过渡的长度不能低于 4 倍的厚度差。

6. 焊前预热和道间温度

预热温度应根据钢结构特点、施焊环境、焊接方法、钢材牌号、化学成分、钢材焊接工艺性能、焊件的拘束度等参数及焊接工艺认可试验报告的结果确定。预热温度应不小于焊接认可试验的预热温度，层间温度应不大于认可的焊接工艺规程上的要求，且现场焊接时的预热温度不应大于层间温度。预热范围是在焊接点所有方向上不得小于焊件的最大厚度值，且不得小于 75mm。定位焊接的预热和层间温度要求同正式焊接一致。当预热温度较高或预热温度与环境温度温差较大时，应做好防护措施以保证在整个焊接过程中焊接区的温度不低于预热温度。

7. 焊接要求

海洋工程结构的对接焊缝一般应全焊透。焊缝余高部分的外形应符合要求，并应平滑地过渡到母材。对于角接焊缝，如焊件间存在允许的装配间隙，则焊缝厚度应相应增加间隙值。对重要的角接焊缝以及可能出现疲劳现象的强受力构件的角接焊缝应完全焊透。施焊时可采用交替对称焊以及坡口表面预先堆焊焊道等工艺措施，并在焊后对焊缝表面进行打磨，使其带有一定凹度的光滑的表面以提高焊缝的疲劳寿命。应采用合理的装配步骤和焊接顺序，以控制焊接变形，避免过大的残余应力，防止裂纹产生。

8. 大厚度构件（厚度 $t>50$mm）及管节点的焊接

大厚度构件和管节点的焊接应采用低氢型焊条和合理的焊接工艺，并保证完全焊透。焊前应做好预热。焊后应做好消除应力热处理。

管节点在施焊时，不应烧穿，焊缝表面应连续、均匀，两管连接处要逐渐平顺过渡。建议采用小直径焊条进行盖面焊，以改善节点的疲劳性能。如设计要求打磨管节点焊缝，则打磨后焊缝表面曲率半径应符合设计和制造的有关规定。

9. 焊后热处理

对厚度大于 50mm 的焊接接头和受力复杂的管节点，一般应进行焊后消除内应力的热处理。若有资料证明焊接接头具有良好的断裂韧性，则可免作焊后热处理。国内一些建造方通过进行裂纹尖端张开位移试验（CTOD）来确认可否免作焊后热处理。

一般而言，焊后热处理的温度为 550～620℃。保温时间按焊件最厚部位的尺寸，以每 25mm 保温 1h 来确定。加热速度要适当，以避免产生变形和裂纹。加热炉内的温差应控制在 15℃ 范围内。保温焊件的内外表面的温差应不超过 30℃。当加热温度在 300℃ 以上时，沿对称线或对称面的温差应不超过 30℃。

对较大构件个别部位可作局部消除内应力的焊后热处理。热处理时，在焊缝两侧至少等于材料厚度的 3 倍区域内应保持规定的温度。隔热区外缘的温度应不超过 300℃。

10. 缺陷修补

在修补特殊构件和主要构件的焊接缺陷时，需要编制详细的修补焊接工艺说明书。修补焊接前应完全消除焊缝中的缺陷，必要时可用磁粉检测或着色检测方法进行检查。当进行浅层和局部修补时，预热温度和施焊温度应比通常施焊时采用的温度高 50℃，且至少 100℃。为保证重要焊缝的修补质量，在修补焊缝缺陷时，其焊缝长度应不小于 100mm。特殊构件上的同一部位的缺陷一般只允许修补 2 次。对较长的焊缝缺陷可以分段修补，以避免产生过高的内应力和裂纹。焊后经过热处理的焊接接头，修补后应再次进行热处理。在施焊过程中，如缺陷重复出现或缺陷的范围较大时，应审查焊接工艺和焊工的资格。

11. 临时附件去除

海洋结构物在建造过程中所安装焊接的临时附件，严禁采用锤击方式去除，应采用切割＋打磨方式。为了避免割伤结构，应在距结构 3～5mm 处进行切割，然后打磨去除剩下的 3～5mm 高度的附件。当临时附件在特殊构件上或相关文件中有规定时，在临时附件去除后，应对构件上的临时附件焊接处用磁粉检测或着色检测方法进行检查，确保无不可接受的缺陷。

3.3　海洋工程焊接技术现状概述

3.3.1　海洋工程用钢及焊接材料

在国际上，海洋工程通常分为三类：海洋油气资源的开发、其他海洋资源的开发、海洋附体结构物。国内海洋工程装备主要是指用于海洋资源勘探、开采、加工、储运、管理以及后勤等方面的大型工程装备和辅助装备，包括各类钻井平台、生产平台、浮式生产储油船等。由于海洋工程装备类别不同，其结构形式、工作环境也不尽相同，因此不同的海洋工程装备所用的钢材也存在一定差异。

(1)海洋工程用钢特点

如前文所述，海洋工程用钢主要具有以下特点：强度高、良好的低温韧性、优良的焊接性能、高耐腐蚀性能等，在焊接设计中，应充分注意这些特点。

(2) 海洋工程用焊接材料

海洋工程焊材的选择一般遵循等强匹配的原则，即要求焊缝金属的力学性能与母材的力学性能基本一致。对于一些特殊结构，从结构设计的角度考量，有时会采取高匹配原则进行选材施工。对于屈服强度 550MPa 以下的母材，焊材的选择面比较广，焊条、气体保护焊丝、埋弧焊均可满足要求，但 550MPa 以上的母材由于工艺性、焊接性、操作位置等条件的限制，目前绝大部分焊材只能选择焊条。根据海洋工程的结构特点及工作环境，该领域所用焊接材料通常具有高强度、高韧低氢(超低氢)、耐腐蚀和抗疲劳等特点。

3.3.2　海洋工程焊接技术的应用及现状

3.3.2.1　船舶焊接技术

船舶焊接技术是现代造船模式中的关键技术之一。先进的船舶高效焊接技术，在提高船舶建造效率、降低建造成本、提高建造质量等方面具有重要的作用，也是企业提高经济效益的有效途径。先进的船舶高效焊接技术涉及船舶制造中的小合拢、中合拢、大合拢、平面分段、曲面分段、立体分段、管线法兰焊接、部件装焊等工序和工位的焊接工作。

(1) 船舶焊接方法及设备

根据我国船舶企业造船模式的现状，可分为三类：

第一类主要是众多的小型造船企业和沙滩船厂，属于整体造船模式。其焊接方法及设备的使用现状为：平板拼接、管道焊接及船体焊接均采用硅整流式变压器手工焊条电弧焊，刚开始应用晶闸管式 CO_2 气体保护焊机。

第二类主要是地方造船厂和规模较大的民营造船厂，其造船模式属于分段造船模式。其焊接方法及设备的使用现状为：平板拼接采用 CO_2 气体保护焊机和晶闸管式埋弧焊机。平角焊、立角焊工艺采用 CO_2 气体保护焊和手工电弧焊。分段焊接亦以 CO_2 气体保护焊和手工电弧焊为主。管道焊接则采用 TIG 焊(Tungsten Inert Gas Welding，又称为非熔化极惰性气体钨极保护焊)、CO_2 气体保护焊和手工焊条电弧焊。其趋势是向以 CO_2 气体保护焊和焊接过程自动化为主的方向发展。

第三类则是中国船舶工业集团公司和中国船舶重工集团公司及其下属的大型企业等，其造船模式已属于分道造船模式，并向更先进的集成造船模式发展。这些企业焊接方法及设备的使用现状为：平板拼接采用 CO_2 气体保护焊和晶闸管式埋弧焊机；平角焊、立角焊工艺基本为 CO_2 气体保护焊；区域连接应用气电立焊工艺；管道焊接为 TIG 焊和 CO_2 气体保护焊。造船生产中，焊接基本以 CO_2 气体保护焊和焊接过程自动化为主导，并开始采用机器人焊接。

所谓高效焊接技术是指与常规焊条手工电弧焊相比，熔敷速度和焊接速度快、操作方便且易于自动焊的焊接工艺方法。其特点是生产效率高、焊接质量好，可以节约能源和材料、改善劳动条件和保护环境等。对于船舶制造，高效焊接技术可以大大缩短造船周期、降低造船成本，故对我国造船业来说，船舶焊接方法及设备的整体发展趋势应是向高效焊接工艺及设备的方向发展。目前我国的第三类造船企业中高效焊接技术已占全部焊接工作量的 80%，但众多的中小船舶企业则相差很远。船舶高效焊接技术主要有以下几种。

① 手工焊：铁粉焊条、重力焊、下向焊。

② 气体保护焊：CO_2 气体保护焊、双丝 MAG 焊(熔化极活性气体保护电弧焊，Metal Active Gas Arc Welding)。

③ 埋弧焊：单丝、多丝埋弧焊，窄间隙埋弧焊。

④ 单面焊：手工单面焊、CO_2 气体保护单面焊、埋弧单面焊(FCB、FAB、RF 法)。三种埋弧焊的含义为：FCB 法(Flux Copper Backing)，FAB 法(Flux Aided Backing)，RF 法(Region Flux Backing)。

⑤ 其他：电渣焊、激光焊、激光电弧复合热源焊、搅拌摩擦焊等。

(2) 船厂常用的高效焊接技术

① 熔化极活性气体保护焊(MAG)

MAG 焊自 20 世纪 50 年代以来得到广泛应用，日本已占 70%以上。MAG 焊有自动和半自动两种方式。保护气可采用 CO_2 或混合气体，焊材可以是实芯或药芯焊丝，其特点是高效、节能、质量好、成本低、易自动化。

② 高效埋弧自动焊

其中，多丝埋弧焊适用于船体平板拼接；窄间隙埋弧焊一般用于厚板结构(100～200mm)，可比一般埋弧焊提高效率 2～4 倍，节省填充金属，降低能耗；立板横向埋弧焊主要适用于船体侧板组装的焊接；球形及筒形压力容器的横向组装焊缝在工地现场应用较多。

③ 单面焊双面成形

单面焊双面成形是在船舶制造中采用最多的高效焊接工艺技术。它按衬垫种类分为铜衬垫、陶瓷衬垫、玻璃纤维及石英砂衬垫以及固化焊剂衬垫。按焊接工艺方法，它又可以分为手工焊条焊、埋弧焊、实芯和药芯的 MAG 焊、MIG 焊(熔化极惰性气体保护焊，Metal Inert-gas Welding)。

最常用的单面焊双面成型主要有焊剂石棉衬垫单面焊(FAB)、热固化焊剂衬垫单面焊(RF)、铜衬垫单面焊 FCB 法。其中,FAB 法是利用柔性衬垫材料装在坡口背面一侧,并用铝板和磁性压紧装置将其固定,主要用于曲面钢板的拼接及船台合拢阶段甲板大口的焊接;RF 法采用一种特制的含有热硬化性树脂的衬垫焊剂,在它的下部装有底层焊剂的焊剂袋;FCB 法是采用焊剂铜衬垫及压缩空气加压,通常用双丝或多丝埋弧焊,第一丝常用直流,其他丝用交流电源。

(3)船舶焊接技术的新发展

我国已经成为世界上的焊接大国,但还不是一个焊接强国。广大造船焊接科技人员一直致力于造船焊接工艺方法的多样化,目前已有 40 多种焊接工艺方法应用于造船生产,这些焊接工艺已获得有关船级社的认可。高效焊接技术除了在散货船、油船、集装箱船等主力船型上应用之外,还在液化天然气船(LNG)、液化石油气船(LPG)、大型散装箱船、海洋浮式生产储油船(FPSO)、超大型油船(VLCC)、滚装船、水翼船等高技术、高附加值船舶上获得广泛应用。

3.3.2.2 海洋平台焊接技术

(1) 海上桩管环缝焊接

在海洋固定平台的建造中,一般需要打导管桩;在海底管道系统的施工中,一般需要打平台立管独立桩和登陆立管独立桩;在其他海洋工程建设项目的施工中,也经常需要打独立桩。也就是说,海工建设项目的施工离不开打桩。为了确保工程质量、加快施工速度,必须研究和采用比较先进的海上桩管安装技术。该技术主要包括桩管定位、打桩和焊接技术。

目前,为了保证焊接质量、提高焊接效率,相关部门研制成功了"桩管横环缝 CO_2 自动焊接装置",并应用于工程实践,取得了很好的效果。

(2) 水下焊接技术

海洋平台在海洋环境中工作,常年受海水、风浪的侵蚀作用,一旦出现问题,将会造成财力物力的巨大损失。因此,加强对水下焊接技术的研究和应用,对于海洋事业开发、海底油气开采,让丰富的海洋资源为人类服务,具有重要的现实意义。目前,水下焊接技术已广泛用于海洋工程结构、海底管线、船坞港口设施、江河工程及核电厂维修,成为组装维修大型海洋工程的关键技术之一。

① 水下焊接技术分类

从工作环境上讲,水下焊接技术可以分为湿式水下焊接、干式水下焊接和局部干式水下焊接三类。湿式水下焊接的全过程是在一定压力的水介质中进行的。干式水下焊接是在水下建立的一种干燥环境中进行的,它又分为高压焊接与常压焊接两种。各种已被采用的焊接技术都可以用于干式水下焊接,一般 MIG 和 TIG 用得比较多,而且取得了良好的效果。局部干式水下焊接是在熔焊区内形成的局部干燥环境中进行焊接的方法,具有比较理想的发展前途。

② 海洋工程深水焊接。

目前海上石油资源开发已基本形成了一个高速高效的发展势态并成为新的经济增长点。国内海洋石油工业的发展方向与世界海洋石油发展的趋势相同,即都是走向深水。当然,这只是当今世界开发海上油田能力的体现。

干式高压 TIG 焊接接头质量能够符合美国焊接学会 AWS D3.6M:1999 等标准的要求,是海底管道等重要结构物水下修复普遍采用的焊接方法。挪威 STATOIL 公司的 PRS 系统于 1994 年进行了 334m 水深的管道焊接获得成功,－30e 冲击功达到 300J,焊缝显微硬度低于 245HV。但是,研究表明,随着环境压力增加,TIG 焊电弧稳定性降低,高压 TIG 焊的工作深度极限大约是 500m。

对于500m甚至1000m深海洋结构物的水下修复，高压MIG焊接与摩擦叠焊(Friction Stitch Welding)是较为适宜的两种方法。高压MIG焊接存在的主要问题是在压力环境之下熔滴过渡受阻问题，以英国Cranfield University为代表的研究单位采用将弧长控制在很短的方案，这对于工程应用而言局限性很大；20世纪90年代末期以来摩擦叠焊在欧洲得到了很大发展，该技术应用于海洋平台、海底管道修复，要求大刚度并联机器人的支持。实施深水焊接的另一个困难是人类饱和潜水极限深度(650m)的限制，需要开发无潜水员辅助的全自动作业系统。

3.4 海洋工程装备常用焊接工艺方法

随着人类对海洋的进一步开发，水下焊接技术作为组装、维修诸如采油平台、输油管线以及海底仓等大型海洋结构的关键技术之一，也取得了飞速发展，并已广泛用于海洋工程结构、海底管线、船舶、船坞及港口设施等领域。随着我国海洋工程设备的迅速发展，要保证海洋工程设备的安全性，就必须考虑海洋工程结构的焊接质量问题。由于海洋工程结构工作环境比较恶劣，易产生对焊缝金属的腐蚀。其次，由于海洋工程系统结构越来越复杂，焊接的残余应力以及连接节点处应力集中，很容易产生疲劳破坏。因此，海洋工程焊接对焊缝质量的要求很高。

3.4.1 水下焊接面临的主要问题

与普通陆地上的焊接相比，水下焊接由于水的存在使焊接过程更复杂，并且出现许多陆上焊接所未遇到的技术问题。其中，对焊接过程有直接影响的因素包括以下几个方面。

(1)可见度差

水对光的吸收、反射和折射等作用比空气强得多，因此光在水中传播时减弱得很快。同时，焊接时电弧周围产生大气泡和烟雾，使水下电弧的可见度非常低。

在淤泥的海底和夹带泥沙的海域中进行水下焊接，可见度更差，严重影响潜水焊工操作技术的发挥。这是造成水下焊接容易出现缺陷、焊接接头质量不高的重要原因之一。

(2)氢含量高

如果焊接中氢含量超过允许值，很容易引起裂纹，甚至导致结构的破坏。水下电弧会使其周围的水产生热分解，导致溶解到焊缝中的氢增加。一般焊接中扩散氢的含量为27～36mg(100g)，是陆地酸性焊条焊接时的好几倍。水下焊条电弧焊的焊接接头质量差与氢含量高是直接相关的。

(3)冷却速度快

水下焊接时，海水的热传导系数较高，是空气的20倍左右。即使是淡水，其热传导系数也是空气的好几倍。当采用湿法或局部干法进行水下焊接时，被焊工件直接处于水中，水对焊缝的急冷效果明显，容易产生高硬度的碎硬组织。

(4)水下压力

随着压力的增加(水深每增加10m，压力增加约0.1MPa)，电弧弧柱变细，焊道宽度变窄，焊缝高度增加，同时导电介质密度增加，从而增加了电离难度，电弧电压随之升高，电弧稳定性降低，飞溅和烟尘也增多。压力增加时，对焊接过程的工艺特性、焊缝性能及焊缝的化学成分等都会产生不利的影响。

3.4.2 水下焊接的主要方法

如3.3.2节所述，水下焊接依据所处的环境大体上分为三类：湿法水下焊接、局部干法水下焊接和干法水下焊接。

(1)湿法水下焊接

湿法水下焊接时工件直接置于水环境中，焊接区域既受到水压的影响，又受到水的强烈冷却作用，电弧仅靠焊条在焊接过程中产生的气体以及水汽化形成的气泡来保护。该方法的优点是操作方便、灵活，设备简单，施工造价较低，但焊接缺陷多，焊接质量较差，因而这种方法不能用于焊接重要的海洋工程结构。在湿法水下焊接中最常用的方法是焊条电弧焊和药芯焊丝电弧焊，而水下焊条的发展促进了湿法水下焊接的应用。

(2)局部干法水下焊接

局部干法水下焊接是用气体把正在焊接的局部区域的水人为地排开，形成一个较小的气相区，使电弧在其中稳定燃烧的焊接方法。由于降低了水的有害影响，此种方法使焊接接头的质量比湿法焊接得到了明显的改善。与干法焊接相比，无须大型昂贵的排水气室，适应性明显增大。因此，这种方法集合了湿法和干法两者的优点，是一种较先进的水下焊接方法。局部干法种类较多，如日本的水帘式及钢刷式，美国、英国的干点式及气罩式，法国的旋罩式。另外，等离子MIG 局部干法水下焊接也是一种极有发展前途的水下焊接方法。国内，哈尔滨焊接研究所从 20 世纪 70 年代就开始对气体保护局部排水半自动水下焊接技术进行研究，并开发了水下半自动焊机。

(3)干法水下焊接

干法水下焊接是用气体将焊接部位周围的水排除，使焊接过程在干燥或半干燥的条件下进行。进行干法水下焊接时，需要设计和制造复杂的压力舱或工作室。根据压力舱或工作室内的压力不同，干法水下焊接又可分为高压干法水下焊接和常压干法水下焊接。干法焊接可以有效地排除水对焊接过程的影响，尤其是常压干法焊接，其施焊条件完全和陆地焊接时一样，因此其焊接质量也最有保证。但常压干法焊接所需设备过于复杂，成本昂贵，目前还不能广泛使用。高压干法焊接以其焊接质量高、接头性能好及成本相对较低等优点越来越受到重视。许多国家加大了对高压干法水下焊接技术的研究与应用，迄今已经积累了大量的研究成果和工程应用案例。

目前，世界各国正在应用和研究的水下焊接方法较多，其中比较成熟的有手工电弧焊、埋弧焊、药芯焊丝气体保护焊和激光焊等。

3.4.2.1　手工电弧焊

手工电弧焊是利用手工操纵焊条进行焊接的电弧焊方法，简称手弧焊，其原理如图 3-2 所示。焊接过程中以焊条和焊件作为两个电极，被焊金属称为焊件或母材。焊接时因电弧的高温和吹力作用使焊件局部熔化，在被焊金属上形成一个椭圆形充满液体金属的凹坑，这个凹坑称为熔池。随着焊条的移动熔池冷却凝固后形成焊缝，焊缝表面覆盖的一层渣壳称为熔渣。焊条熔化末端到熔池表面的距离称为电弧长度，从焊件表面至熔池底部距离称为熔透深度。手工电弧焊使用各种各样的方法保护焊接熔池，防止和大气接触，热能由电弧提供。和 MIG 焊一样，电极也为自耗电极。金属电极外由矿物质熔剂包覆，熔剂熔化时形成焊渣盖住焊接熔池。包覆的熔剂释放出气体保护焊接熔池，含有合金元素用来补偿合金熔池的合金损失。

有些情况下，包覆的熔剂内含有所有合金元素，中部的焊条仅是碳钢。然而，在采用这些类型的焊条时，需要特别小心，因为所有飞溅都具有软钢性质，在使用过程中焊缝会锈蚀。

手工电弧焊的特点是设备简单，操作灵活方便，能进行全位置焊接，适合焊接多种材料。不足之处是生产效率低，劳动强度大。

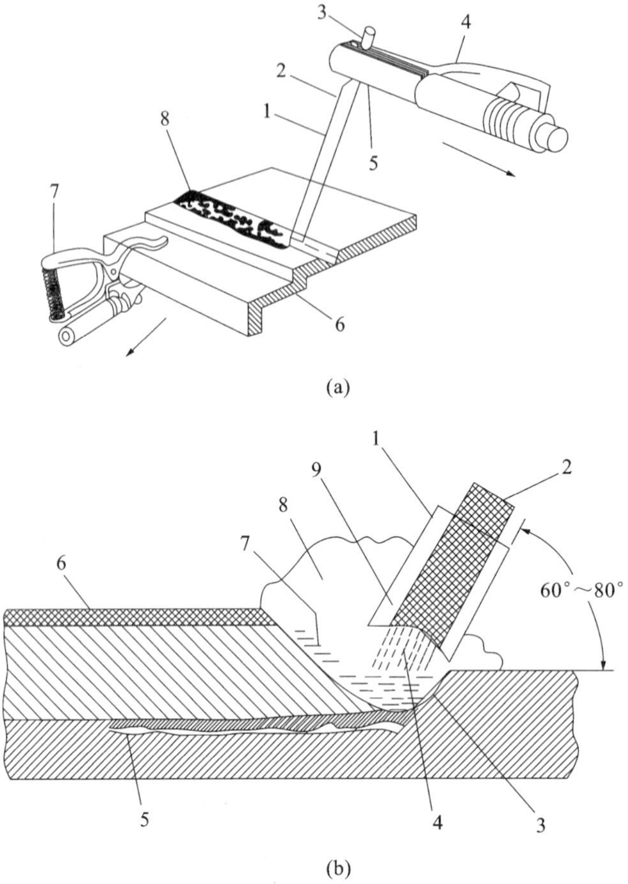

图 3-2　手工电弧焊原理

(a)操作连接

1—焊条;2—药皮;3—焊条夹持端;4—绝缘手把;5—焊钳;6—焊件;7—地线夹头;8—焊缝

(b)焊接过程

1—药皮;2—焊芯;3—焊缝弧坑;4—电弧;5—热影响区;6—熔渣;7—熔池;8—保护气体;9—焊条端部喇叭口

3.4.2.2　埋弧焊

埋弧焊是一种利用位于焊剂层下电极与焊件之间燃烧的电弧产生的热量,熔化电极、焊剂和母材金属的焊接方法。电弧和焊接区域由焊剂覆盖,焊接熔池由焊剂所形成的渣保护而不受大气侵入,其原理如图 3-3 所示。

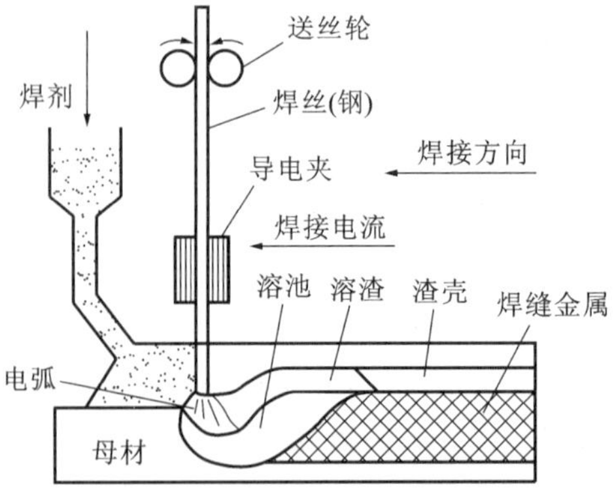

图 3-3　埋弧焊的工作原理

电极和工件分别与焊接电源的输出端相接，连续送进的焊丝在可熔化的颗粒状焊剂覆盖下引燃电弧，电弧热使焊丝、焊剂、母材熔化以致部分蒸发，在电弧区形成蒸汽空腔，电弧在空腔内稳定燃烧，底部是金属熔池，顶部是焊渣。随着电弧向前移动，电弧力将液态金属推向后方并逐渐冷却凝固成焊缝，熔渣凝固成渣壳覆盖在焊缝表面。

埋弧焊主要具有生产效率高、焊接质量好、焊件变形小等特点。

3.4.2.3　激光焊接与切割

激光焊是以聚焦激光束作为能源轰击工件产生热量的一种焊接方法，是一种高能量密度的熔化焊方法。激光焊实质上是激光与非透明物质相互作用的过程，这一过程微观上是一个量子过程，宏观上表现为反射、吸收、加热、熔化、气化等现象。

3.4.2.4　药芯焊丝气体保护焊

药芯焊丝是在焊丝内部装有焊剂或金属粉末混合物（称药芯），与实芯焊丝气体保护焊的主要区别是作用焊丝的构造不同。焊接时，焊丝金属、母材金属和保护气体相互之间发生冶金作用，同时形成一层较薄的液态熔渣包覆并覆盖熔池，对焊丝金属构成一层保护。实质上这是一种气渣联合保护的焊接方法，其原理如图 3-4 所示。

目前，药芯焊丝气体保护焊焊接不锈钢通常采用手工操作焊接方法，有时也可采用机械化焊接。保护气体一般采用 CO_2 气体，有时也采用在 CO_2 中添加少量的 Ar 气形成的混合气体。焊接设备与普通实芯焊丝 CO_2 焊相同。

药芯焊丝气体保护焊接的焊接参数主要有焊接电流、电弧电压、焊接速度、焊丝伸出长度和保护气体流量。当其他条件不变的情况下，焊接电流与送丝速度成正比。

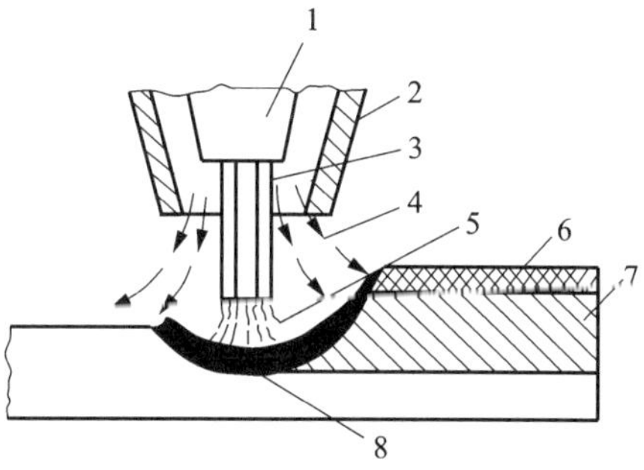

图 3-4　药芯焊丝电弧焊示意图

1—导电嘴；2—喷嘴；3—药芯焊丝；4—CO_2 气体；5—电弧；6—熔渣；7—焊缝；8—熔池

3.4.2.5　水下手工电弧焊

水下手工电弧焊常被应用于湿法水下焊接中。与普通陆地手工电弧焊相比，只是工作环境不同，水下工作使引弧难度增大。由于操作人员远离电源，线缆压降大。另外，还要提高焊接电源的防水性。

3.4.2.6　高压 TIG 焊接技术及其应用

电弧屏蔽原理及试验装置见图 3-5，采用小型气罩对焊接电弧进行屏蔽。从 TIG 脉枪喷出的 Ar 气，除了保护电极、熔池以及作为电离气体外，还起到形成空穴的作用，利用保护气体的动压将屏蔽罩正下方的水排出后，由于屏蔽层的限流作用，保护气体形成细小气泡均匀外逸，外界水则由于屏蔽层的阻挡作用而不能进入气罩内部。这样，当气罩内部气体压力与外界水压处于某一平衡状态时，便形成一个稳定的空穴。所形成的局部空穴可以抵抗电弧燃烧以及焊枪移动等过程所引起的扰动。从而改善水下焊接条件，使焊接过程能顺利进行并提高了水下焊缝的质量。

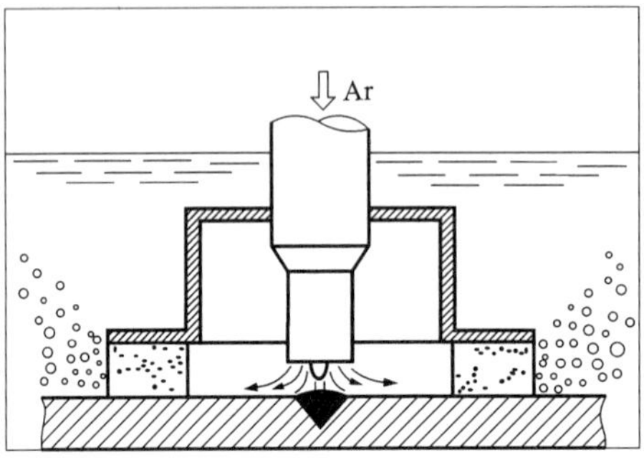

图 3-5 电弧屏蔽原理示意图

3.5 焊接残余应力消除工艺技术

3.5.1 概述

海洋工程结构一般为大型焊接钢结构，由于焊接工艺的特点，焊接完成后结构中一般存在焊接残余应力。焊接残余应力的存在会直接影响到结构的力学性能，包括结构稳定性、静载强度、疲劳强度、疲劳裂纹扩展、结构加工精度以及结构腐蚀开裂等，从而导致承载能力的变化。在服役过程中，海洋工程结构还会受到波浪等载荷的交变作用，极易引起结构的疲劳失效。焊接过程中，连接部位经历了高温加热、熔化和冷却等阶段，不可避免地产生了分布复杂的焊接残余应力。因此，大多数海工结构的疲劳热点部位分布在结构相互连接的焊缝焊趾处。在疲劳载荷作用下，一方面焊缝焊趾处易萌生裂纹；另一方面已存在的裂纹缺陷也可能会在循环载荷的作用下不断增长，从而导致裂纹扩展至临界裂纹尺寸后使结构发生断裂失效。

目前在海洋工程装备结构中，高强度钢用量越来越大。与普通钢材相比，高强度钢的屈服强度较高，但塑性特征和韧性指标均相对下降，其疲劳特性更为重要。因此，研究海工装备焊接结构力学性能，特别是疲劳失效问题具有非常重要的工程应用价值。

另外，服役期间，海洋工程装备长期系泊在海上进行不间断生产，不能进坞维修。因此，装备在服役期内不但要遭受周期性波浪载荷引起的高周疲劳损伤，还要承受多种低周疲劳损伤。

3.5.2 焊接残余应力的形成及影响因素

1. 残余应力的定义与分类

结构在没有外力作用的情况下，内部存在自身平衡的内应力。工程材料及结构在其成形、热处理、机械加工以及装配等加工工艺过程中，都不可避免地会产生这种内应力（即残余应力）。残余应力一般可分为宏观结构应力、微观结构应力和晶内亚结构应力。这三类残余应力的叠加决定了材料内某一点残余应力总值。宏观残余应力虽然与微观残余应力同时存在，但宏观残余应力有时却起着与工作应力同样的作用，因此，在工程的设计和校核中必须考虑宏观残余应力的影响。

2.焊接残余应力的产生及其影响因素

(1)焊接及热残余应力

焊接残余应力为热应力，热应力是由不均匀的热膨胀或收缩造成的。焊接区在焊接加工过程中被急剧加热而产生局部熔化，材料受热膨胀后会受到结构周围较冷区域的限制，并且材料屈服极限会随着温度的升高而下降。在冷却过程中易出现金相组织转变使得材料体积增加，导致焊接区产生残余压应力、周围区域承受残余拉应力。

(2)影响焊接残余应力的主要因素

① 材料物理特性和力学性能的影响

表3-1列出了一些常用材料的热物理特性在给定的温度 T 区间的平均值。热导率 λ、比热容 c、密度 ρ 和热扩散率 a 以及热焓 S 是影响焊接温度场分布的主要物理参数。热膨胀系数 α 随温度的变化则是决定焊接热应力和热应变的重要物理特性。

表3-1 常用材料的热物理性能系数

材料	α/($\times10^{-6}K^{-1}$)	λ/(J/mm·s·K)	$c\rho$/($\times10^{-3}J/mm^3$·K)	a/(mm^2/s)	T/℃
低碳钢	12～16	/	/	/	/
低合金钢	16.5～17	0.038～0.042	4.9～5.2	7.9～9.0	500～600
奥氏体铬镍钢	16～20	0.025～0.033	4.4～4.8	6.3～7.0	600
铝合金	23～27	0.27	2.7	100	300
钛合金	8.5	0.16	2.8	6	700

② 不同类型焊接热源的影响

影响焊接应力的一个重要因素是焊接热输入。焊接热源、热源能量密度分布、热源移动速度都直接影响温度场分布和焊接残余应力的分布规律。

③ 焊接结构刚性

焊接加热时的自由膨胀和冷却时的自由收缩被焊件本身的刚性所限制，在焊接接头中产生了变形和应力。而刚性的大小又与焊接结构的力学性能和边界条件有关。

④ 焊接结构尺寸

焊接残余应力在实际焊接结构中一般存在纵向残余应力、横向残余应力和沿板厚方向的三向残余应力。结构长宽比、厚度和焊缝长度会对残余应力的分布和大小产生影响。船体在进行合拢时往往结构尺寸较大，这时残余应力一般也会较大。

⑤ 焊接工艺顺序

焊接时，同一焊接结构的工艺顺序不同也会带来残余应力大小的不同。例如，在平板对接焊时，采用双面交替焊接工艺和单边焊接工艺方法，其焊接残余应力是不同的。一般来说，采用双面交替焊接工艺可降低结构表面的残余拉应力。

3.5.3 残余应力消除工艺技术

焊接残余应力通常会对焊接结构质量造成不利的影响，控制和消除有害焊接残余应力以及如何利用有利的焊接残余应力已成为焊接领域的一个重要课题。消除残余应力的典型工艺技术有热处理法、机械加载消除法、锤击消除法、喷丸消除法、振动消除法、超声冲击消除法等。

(1)热处理法

焊接结构常采用热处理的方法来消除残余应力。焊接结构内的残余应力会在较高的温度下发生松弛,从而导致应力自行消除,这主要是由于金属在高温下强度较低。加热温度越高、保温时间越长,残余应力的消除就越多。

但该方法耗能较多,成本也会增高,还可能由于加热和冷却不均匀,在结构中产生新的残余应力或材料组织的改变,这将对后续的加工和使用带来极其不利的影响。若是大型复杂焊接结构,还需要专门的热处理炉。

(2)机械加载消除法

采用机械加载方法使焊后结构的焊接接头塑性变形区得到拉伸,从而减少因焊接引起的压缩塑性变形量,使得内应力降低,并且加载应力越高,内应力消除得越彻底。

(3)锤击消除法

残余应力锤击处理方法是在焊接结构内局部产生一定的塑性伸长,从而达到释放焊接残余应力的目的。在船舶与海洋工程的早期建造中,对耐压船体结构或船舶和海洋平台,有时会在其重要的焊接部位使用手工敲击,或用气动的劈枪进行敲击等方法。但是由于手工敲击的频度很低,其输入能量有限,效果有时并不明显。

(4)喷丸消除法

喷丸处理中通常用一种小的球形弹丸轰击工件表面,每粒弹丸撞击金属表面就像是用细小的锤尖在敲击,形成一个个细小的凹痕,从而使表面上的材料纤维处于受拉状态。由于表面以下的金属力图使其恢复原状,所以,在压痕下边一个半球形的冷作硬化区域内,就会产生高的压缩应力。交错重叠的压痕在金属表面形成均匀的残余压应力层。只要控制适当,作为疲劳裂纹敏感区的工件表面,就会被一个大而均匀的压缩层所包围,从而有效防止疲劳裂纹的萌生与扩展,提高工件的使用寿命。

(5)振动消除法

目前,也使用振动方法消除焊接残余应力,其使用简便、费用低。但是目前振动时效机理尚不能很好地解释其原理。目前,能较准确地进行振动前后快速无损检测残余应力的方法还存在一定局限性,在一定程度上影响着振动时效的广泛应用。采用振动时效方法,甚至还出现了采用某种无损检测法进行测量后,残余应力反而有所增加的现象。

(6)超声冲击消除法

为使金属焊接部位获得较高的输入能量和在船台的现场中使用方便,克服手工锤击消除焊接残余应力的缺点,近几年来已发展了一种超声冲击技术。超声冲击装置具有体积小、频率高、在施工现场中能很方便地使用等特点,因此值得在船体建造中推广使用。

超声冲击振动技术的原理是用大于 20kHz(超声频率)的高频能量直接冲击试件焊缝区的表面。用于工程工艺处理上的超声振动频率一般为 16～80kHz。输入的超声冲击振动能量为:

$$J = 2\pi\rho c v^2 A^2 \tag{3-1}$$

式中 v——超声振动频率;

A——超声振动的振幅;

c——超声振动的传播速度;

ρ——被加工件的材料密度。

超声冲击振动技术的特点是单位时间内输入能量高,实施设备装置的比能量(输出能量与装置质量之比)大。这是因为超声冲击振动装置的振动加工频率高,振动速度可达 3m/s,加速度可达 $24\times10^4\ m/s^2$,振动振幅可达 $120\mu m$。针头与被加工件的接触,作用时间极短,一般为 $10^{-5}\sim3\times$

10^{-5}s。高的冲击能力能使被加工件的表面温度以极高的速度上升，并以极快的速度冷却。这种高频能量输入到试件焊缝区的表面后，使能量作用区的表面层金属的相位组织发生一定的变化：表面层内的金属晶粒变细，从而使表面层的强度和硬度性能亦有相应的提高；其焊缝区的金属表面层内的拉伸残余应力可转变为压应力，或使拉伸残余应力大幅度地下降，从而能大幅度地提高结构的使用疲劳寿命。

思考题

1. 海洋平台结构焊接性能有哪些要求?
2. 海洋平台结构焊接采用什么焊接材料?
3. 海洋平台焊接常采用哪些焊接方法?
4. 在焊前需要进行什么工艺准备? 在焊接后需要对焊接处进行哪些处理措施?
5. 有哪些针对船舶及海工产品的高效焊接技术?
6. 海洋平台的水下部分如何进行焊接?
7. 简述水下焊接的主要工艺方法及困难。
8. 焊接残余应力对结构产生什么危害?
9. 焊接残余应力产生的主要因素是什么?
10. 如何避免焊接残余应力的产生，如何消除已产生的残余应力?

4 海洋平台构件加工

4.1 平台构件加工特点

1. 概述

海洋平台结构主要由圆管、箱形梁、型材、平直板件等构件组成。其主要构件的加工特点是：

(1)平台模块上的钢板用料有许多平直板，少部分是折边件；

(2)大量使用圆柱体构件，如半潜式平台的立柱以及自升式平台的桩腿；

(3)圆柱体构件、管材构件之间大量相交，存在许多管端相贯线，形状较复杂；

(4)异形钢板构件以规则圆弧面、单向弯曲为主，双向弯曲为次；

(5)型钢的曲形构件以圆弧线型为主。

从以上特点可以看出，海洋平台构件加工以钢板整平、相贯线加工、圆弧形加工和型钢撑直、型钢圆弧形加工为主。因此，海洋平台构件成形加工工艺也主要围绕钢板整平、圆柱体及管材相贯线的切割及坡口处理、辊弯加工等工作展开。

从构件材质的角度而言，由于海洋平台要在恶劣的环境条件下工作，对于强度和耐腐蚀性有较高的要求，因此海洋平台构件的钢板厚度较厚，有时还用高强度合金钢，这加大了加工的难度。

与船体构件加工一样，其加工方式可分为冷加工和热加工两大类。这两类加工方式对材质有不同的影响，这些影响对于海洋平台而言至关重要。

2. 冷加工

在金属工艺学中，冷加工是指金属在低于再结晶温度发生塑性变形的加工工艺，如冷轧、冷拔、冷锻、冲压、冷挤压等。冷加工可利用加工硬化提高工件的硬度和强度。

(1)对钢材组织和机械性能的影响

金属材料在再结晶温度以下塑性变形时，由于晶粒发生滑移，位错密度不断增加，位错间的交互作用不断加强，出现位错的缠结，使晶粒拉长、破碎和纤维化，使得位错的运动越来越困难，称为加工硬化或冷作硬化。加工硬化在机械性能上有如下表现：

① 提高了强度和硬度；

② 降低了塑性和冲击韧性。

(2)对钢材化学、物理性能影响

① 冷加工过程中会产生内应力，从而增加了应力腐蚀倾向；

② 增大了内部晶粒大小的不均匀性，使材料抗腐蚀能力降低；

③ 不产生氧化皮，基本上不影响原始厚度及表面光洁度，加工过程便于控制。

冷加工所产生的加工硬化在某些情况下可提高工件的耐磨性和疲劳强度，但常伴随着大量细微裂纹的出现，降低了抗冲击能力，也使得后道工序切割加工困难，增大了切削力，加剧刀具磨损。在冷轧钢板的过程中会出现越轧越硬以至轧不动的情况，需要在加工过程中安排中间退火，通过加热消除其加工硬化。

冷加工的钢材,其使用环境的温度不能太高,否则由于退火效应,金属会出现软化。此外,由于硬化会引起金属脆化,对于本来很脆的金属,不宜通过冷加工硬化来提升其强度。

3.热加工

(1)对钢材组织和机械性能的影响

热加工是在高于再结晶温度的条件下,使金属材料同时产生塑性变形和再结晶的加工方法。热加工通常包括铸造、锻造、焊接、热处理等工艺。热加工能使金属零件在成形的同时改变它的组织,或者使已成形的零件改变既定状态以改善零件的机械性能。

① 通过热加工,钢板内少量的气孔或疏松得到改善甚至消除。

② 晶粒细化,改善了夹杂物的形态与分布。

③ 在金属表面有“增碳”现象,造成表面硬化,而表层下的部位有“脱碳”现象,会使强度有所下降。

④ 热加工时,铸态金属毛坯中的粗大枝晶偏析和各种夹杂物,都要沿变形方向伸长,逐渐形成纤维状。这些夹杂物在再结晶时不会改变其纤维形状。这样,在材料或工件的宏观试样的纵向上,可见到沿变形方向的一条条细线,这就是热加工纤维组织,通常称为“流线”,热加工纤维组织的存在,会使金属材料的力学性能呈现方向性,沿纤维方向(纵向)具有较高的强度、塑性和冲击韧度,垂直于纤维方向(横向)则具有较高的抗剪强度。

⑤ 在加热过程中若出现“过热”现象时,晶粒变得肥大;冷却后粗大的奥氏体晶粒将转变为魏氏体组织,钢材的韧性和塑性降低;若出现“过烧”现象,钢材塑性急剧恶化,钢材弯曲加工时其表面呈网状裂纹,工件只能报废。

(2)对钢材化学、物理性能影响

① 加热区增厚而其边缘凹陷易产生电化腐蚀;内部晶粒大小不均匀性增大,使材料抗腐蚀性能下降。

② 钢材表面产生氧化,氧化皮脱落使钢板原始厚度减薄。

4.水火弯曲对钢材性能的影响

水火弯曲是船舶制造业中较为常见、有特色的热成形方法。该法是用氧-乙炔烘枪火焰对板材进行局部线状加热,并用水沿其加热线在其正面或背面跟踪冷却(或让其自然冷却),使板产生局部塑性变形,从而获得所要求的曲面形状,也称为线状加热法。对于一道水火加工线而言,它的影响可分为三个区域:第一区为加热线区,称为全热区;此区的两旁是受到加热线热量的影响区,称为过渡区;左右过渡区旁也是热影响区,只是影响小些,称为时效区。

水火弯曲时,由于加热火焰的移动速度较快,构件上加热区在厚度方向上存在较大的温差,加热面的温度高于背面温度。在受热膨胀的过程中,由于受热金属的膨胀受到过渡区和时效区的金属限制,加热线上金属的加热面和背面的伸长相同,因此在加热面产生了较大的压缩塑性变形。当热源通过、温度下降之后,加热线区的加热面和背面都发生收缩,但由于在加热过程中,加热面已经产生压缩塑性变形,相比于原始状态时,加热面冷却后收缩量比背面要大,使得板材在厚度方向产生拉、压应力,板材产生变形,水火弯曲使板材变形的方式主要有两种。

① 横向收缩变形。主要使受热金属的膨胀受到周围较冷金属的限制,在膨胀时产生压缩塑性变形,在冷却后形成了横向收缩变形。

② 角变形。由于横向收缩变形在构件厚度方向上面不等引起了变化的拉、压应力,使板材产生角变形。

水火弯曲就是利用横向收缩变形和角变形的特点来达到成形加工的目的。

水火弯曲时的加热温度、速度、冷却方式和速度、材质对钢材加工后的机械、物理化学性能均有影响，因此，应合理地选择水火弯曲的工艺参数。对于新用的材料，应进行模拟试验，以确定新钢材采用水火弯曲工艺的适用性并确定合理的工艺参数。

4.2 构件相贯边缘加工设备及加工工艺

对于海洋平台结构件，除管管相贯、管板相贯边缘与船舶构件的边缘、焊缝有较大的区别外，其他均相似甚至相同，仅平台构件的厚度尺寸大些而已。平台管件相贯线边缘的特点，主要体现在焊缝坡口角度是变化的，且其坡口角度又与相贯位置密切相关，导致管端的相贯线和坡口线十分复杂。

4.2.1 管件相贯线简介

海洋平台由许多圆柱体或圆管相互连接构成，两个管件相交时组成管节点，两管交接线是一空间曲线，称为相贯线。在焊接连接时，大直径管一般不切割，称为主管(或弦管)，小直径管称为支管(或撑管)，在其连接端切出相贯线。

海洋平台管节点各管件的连接形式各式各样，有不同的角度，存在偏心或重叠。在各管件放样展开时需要规定各管的0°和180°母线，作为展开、切割和安装的基准。

海洋平台管件用材一般厚度都比较大，尤其是平台节点管件焊接连接要求焊透，需开坡口，形成一个相贯面。因为节点两管相交时其交角不同，支管有时内皮相贯，有时由内皮相贯逐步转到外皮相贯，过渡区一般开X形坡口，相贯线为X形坡口钝边(根部)位置线，所以节点管件展开中，有时一个管件一部分按内皮展开，并逐步过渡到按外皮展开，放样展开较为复杂。图4-1为两管斜交，A管为主管，B管为支管，连接端需切割出相贯线及坡口，a点为两管外皮相贯，b点为A管的外皮与B管的内皮相贯。

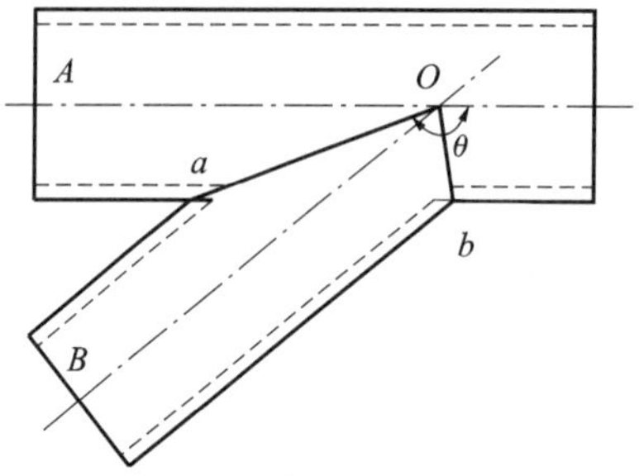

图4-1 小角度斜交管节点

焊接坡口的形式与大小，由各国相应的规范加以规定。实际工程中，焊接坡口角度选择的正确范围为15°～55°。角度大了浪费工时和材料，小了节点根部焊不透，难以保证焊接质量。

管件的边缘切割加工是在管件放样的基础上进行的。切割以管件的轴心线为基准，切割出的坡口角是在通过轴心线的径向平面内。加工前，根据计算出管端的相贯线和坡口线，绘制各管件的单件图，并制作切割样板。将管端的切割形状展开计算后，按1∶1的比例在涤纶薄膜上绘出管件的相贯线、坡口线，并标注各几何参数、节点号、构件号。再把制作好的样板卷贴在管材的表面两端，画出管件内外表面的焊缝线，做好标记。经检验无误后，可将管材送往切割现场进行边缘加工。图4-2为一个节点支管放样展开的相贯线(外部相贯线)和焊接坡口线(内部相贯线)示意图，可以看出，相贯线和坡口线存在着交叉和过渡，在切割时割嘴的角度需要实时进行调节。以上是手工加工管件边缘坡口的方法，目前已普遍采用数控切割机完成坡口切割工作，但手工切割方法仍具有参考价值。

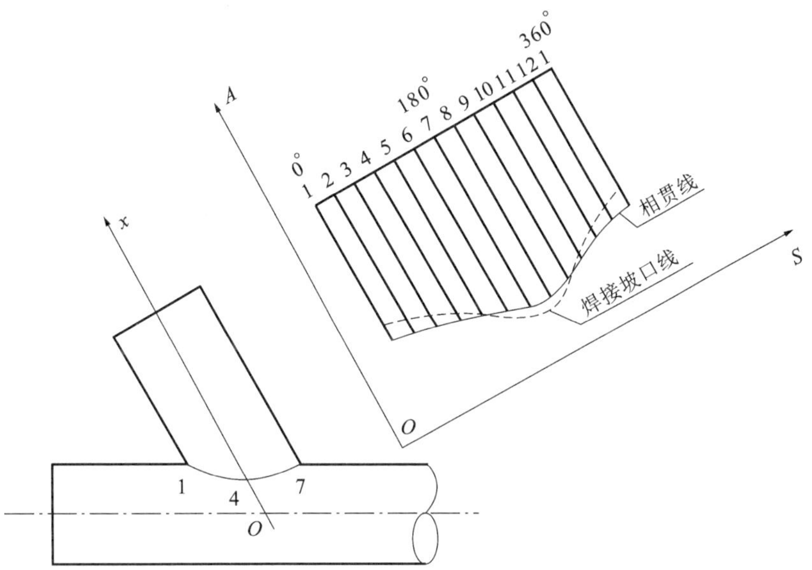

图 4-2　节点管件展开相贯线和焊接坡口线示意图

4.2.2　手工切割

管板相贯及管管相贯的内外皮相贯线在经过放样之后，内外相贯线间的部位即表示出相贯线边缘的坡口形式和尺寸。由此内外相贯线的相对位置，就可制作相贯线边缘的加工样板。

相贯线处边缘加工样板上有表示角度划分的分度线，按习惯通常每隔45°画一根线，即0°、45°、90°、135°、180°、225°、270°、315°、360°(与0°线相对应)线，将0°线和180°线定为定位线(也称基准线)。如此，在被切割的管子上画出的定位线与样板对应。

1.管子画定位线

见图4-3，管子画定位线按以下步骤进行：

(1)将管子搁置在管件托架上，调整管子为水平状态。

(2)画管件端面垂面线。此垂面线可以画在管件一端，也可以画在管件两端，还可以根据一端面垂面线画管子上任何位置的垂面圆周线。

(3)画0°线、180°线，同时画出90°线、270°线。它们均由两端上定点连直线画成。

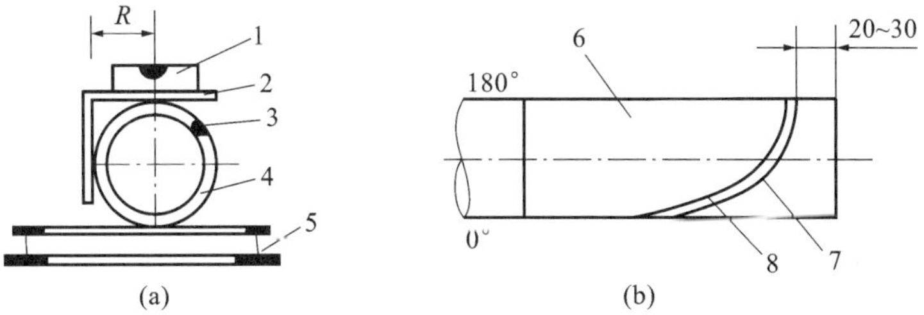

图 4-3　管子画线示意图

(a)画0°、180°分度线；(b)画垂面线

1—水平尺；2—木角尺；3—焊缝；4—杆件；5—垫轨；6—涤纶薄膜样板；7—里皮线；8—外皮线

2.按样板下料

将样板上的定位线(0°线或180°线)与管子上的相应定位线对准，将样板沿管外表面紧贴包上，

要求检查样板上的分度线与管子上的分度线均一一相应且对准，再用洋冲按样板上的内外皮相贯线冲印在管子上。

3. 切割

先按内皮相贯线作垂直于管子表面的切割，而后按外皮相贯线作斜向切割，即切割的前面一点在外皮相贯线上，切割方向的末点在内皮相贯线上。此相贯线焊缝之坡口坡度是变化的，切割时应随时调整割嘴方向，以保证切割始终符合上述规定。在切割平台相贯边缘坡口过程中应注意有时相贯边缘坡口角有"反向"现象，即其坡口角一部分是同向而另一部分是反向的，第一次切割不能全部按内皮相贯线切割，"反向"部分应先按外皮相贯线切割，同时注意由正向坡口逐步向反向坡口过渡。

海洋平台使用的管材或圆柱筒体尺度相差甚大，凡大尺度的管材或圆柱筒体，样板或装配均可能进行径向划分。此时，分段样板的相邻区一定要有重复段。对于大直径整体管材，则将分段样板先行粘贴连成整体样板而后使用；对于按建造方案划分成径向分段的构件，则用分段样板。加工时必须严格地在分段上画出分度线，并与分段样板严格对准。因此对气割要求较高。

4.2.3 数控切割

手工切割相贯线边缘坡口是一件难度较大的作业，而其切割质量——坡口的正确度、切割面的光洁度等，又直接影响焊接质量，因此，管材端面的自动化加工系统受到广泛重视。目前，已研制成功数控管材切割系统，可自动完成管材相贯面的切割，质量较好。

尽管管件的边缘切割轮廓形状很复杂，但都能分解为直线、圆弧和其他二次曲线的移动轨迹和割嘴角度的调整。移动轨迹可以利用曲线的插补公式进行运算，从而控制割嘴的运动轨迹。插补方法有多种，国内常用的是逐点比较法、数字积分法、时间分割法等。

4.3 成形加工工艺

成形加工是将切割好的平面钢板加工成所需要的结构件。常用的板材成形加工方法包括冷弯法和热弯法。冷弯法的加工设备主要有三辊弯板机、四辊弯板机、水压机、油压机、数控机械等；海工产品制造中，水火弯板法是常用的热弯法。水火弯板法主要有手工水火弯板法和数控的方法。一般，单向曲度弯板都采用机械冷弯法加工。复杂曲度板则先用冷弯机械加工出曲率较大方向的曲度，然后再用水火弯板法加工出其他方向的曲度。虽然海洋平台构件种类繁多，成形加工形式也多，但其加工量最大的是圆柱体、圆锥体、球体，其他构件成形加工与船体建造中构件成形加工差别不大，故本节着重阐述辊弯工艺。

4.3.1 成形加工设备类型

具有圆柱形或圆锥形的单向曲度板称为简单曲度板，可用辊弯机加工，俗称卷板机、辊床。一般为三辊或四辊弯板机。

1. 对称式三辊弯卷成形

对称式三辊弯卷成形应用最为广泛，如图 4-4(a)所示，上轴辊是主动辊，由电动机通过减速器带动其旋转；下轴辊是从动辊。其结构简单，但不能进行端部预弯，往往在成形后将两端直边切除，或在辊弯前增加预弯工序，如图 4-4(b)所示。

三辊弯板机分为开式和闭式两种类型，开式三辊弯板机的上轴辊的一端机架可以拆卸，以便能够取出弯制好的封闭式整圆柱形构件。闭式三辊弯板机上轴辊的机架则不能拆卸，不能弯制封闭式板材构件。

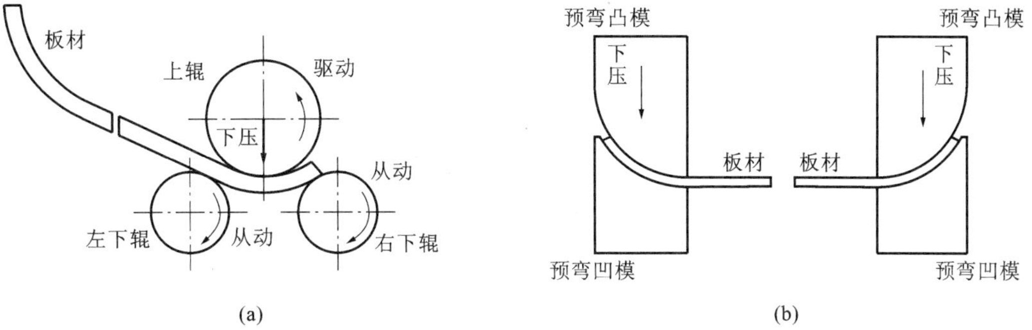

图 4-4　对称式三辊弯卷成形过程

2. 非对称式三辊弯卷成形

在对称式三辊弯卷成形中，通过三辊位置的布置能够实现非对称式弯卷成形。一般而言，非对称式弯卷成形是指一侧辊的下辊与上辊配合夹持板材实现送进，也称为对正钳紧式三辊弯卷成形。有时，在板材弯卷成形前，会通过偏置上辊实现板材的预弯，即非对称式三辊预弯，如图 4-5 所示。对于厚板而言，随着下压量的增加，板材弯曲曲率增大，此时板材两侧附近的材料会发生明显的切应变，整个板材在弯制方向的垂向也发生弯曲变形，板材的变形过程无法再通过平面应变假设进行描述。

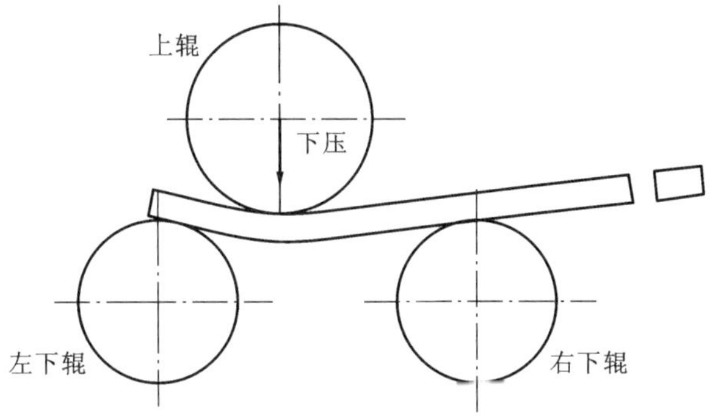

图 4-5　非对称式三辊预弯成形

对称式三辊弯卷成形会造成弯卷后板材两端存在一定长度的直边，非对称式三辊弯卷成形则能在一定程度上克服这一缺陷并获得更好的尺寸精度。非对称式三辊弯卷成形过程如图 4-6 所示。板材在上、下辊的夹持作用下进入成形区，实现辊弯成形，通过侧辊的上下位置调节来获得不同成形半径。当三辊半径一致时，根据几何分析，理论弯曲半径 R 满足下式：

$$R = \frac{a}{2}\left[\frac{a\sin^2\theta}{2r + t - a\cos\theta} - \cos\theta\right]$$

式中　a——上、侧辊中心距；

r——辊轮半径；

t——板材厚度；

θ——上辊与侧辊中心线与垂直线交角。

预弯工艺的实际操作中面临两个问题：(1)如图 4-5 中，如果上辊与一侧下辊的水平距离过小，

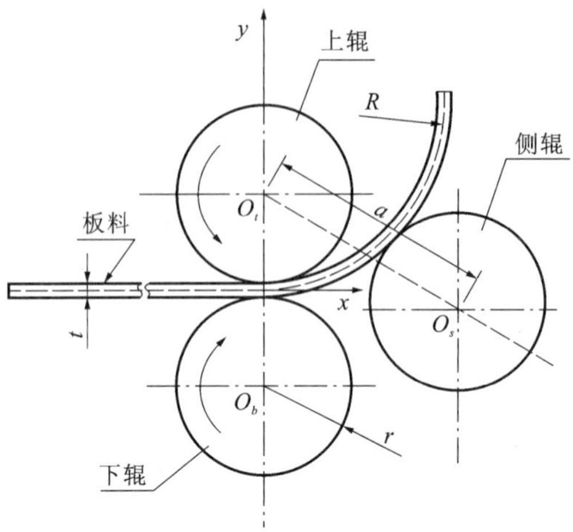

图 4-6 非对称式三辊弯卷成形

则设备严重超载,工作辊挠曲变形过大,使设备的卷板工作精度大大降低,设备无法进行工作;如果上辊过于靠近下辊水平中心,则不能发挥出非对称式的工作能力,卷制品的预弯直边过长,无法满足产品的技术要求。(2)在实际生产过程中,为了保证预弯成形参数正确,操作员往往会进行多次预弯成形,对于小批量多品种的制品,这样会严重影响设备的工作效率,增加成本。因此针对特定设备,需要确定满足在预弯能力范围内预弯直边长度最小,且上辊作用力在刚度和强度允许范围内的最佳预弯边。

除了采用非对称式三辊弯卷进行预弯外,还有其他的预弯工艺,请参阅 4.3.4 节。

为了让弯板机具有更大的适应性,弯板机的轴辊设计为可以进行上下或横向调节。具备上下调节功能的板材可以通过单独或一起进行升降,弯制更多形式的曲面。如图 4-7 所示的弯板机通过分别调节弯制板材的边缘部分,使弯板机具备良好的工艺性能,操作更为方便,适用于简单曲度板的成形加工,通过下辊横向调节可以使三辊弯板机在对称式和非对称式之间转换。

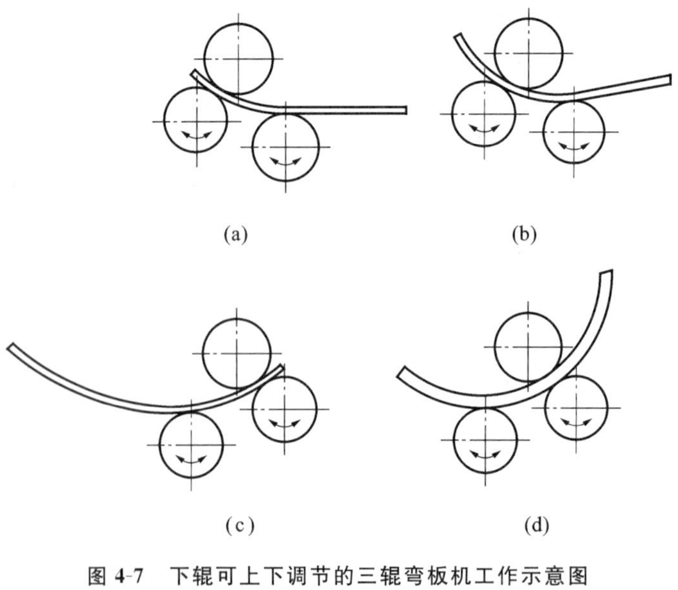

图 4-7 下辊可上下调节的三辊弯板机工作示意图

3. 四辊弯卷成形

若在非对称式三辊弯卷的基础上再添加一个侧辊，能使工艺过程更为灵活，称为四辊弯卷成形。四辊弯卷成形过程中，可以仅使用 1 个侧辊参与成形，也可以使用 2 个侧辊同时参与成形(见图 4-8)。前者通过 2 个侧辊能够实现板材的对正和预弯，但其连续辊弯成形过程本质与对正钳紧式三辊弯卷成形相同。与非对称式三辊弯卷成形类似，四辊弯卷由于引入了上、下辊对钢板的夹持作用，增大了摩擦力，能够有效防止打滑。通常而言，四辊弯卷中摩擦力的大小取决于接触表面状态和润滑条件、夹持力。夹持力的增加会导致坯料上、下表面产生弹性压缩，接触面积随之增大，使表面应力分布均匀，但应保证在夹持力作用下，坯料表面应力小于材料屈服强度以避免不必要的塑性变形。增大上、下辊直径能够获得更大的接触面积，从而可以施加更大的夹持力而不致引起塑性变形，但同时也会限制最小辊弯半径和两侧成形辊间距调节范围。

四辊弯卷成形的优势在于其灵活性。由于多配置了一个侧辊，四辊卷板机较三辊卷板机具有更加灵活多样的弯曲功能，板材对中、预弯和卷制效果更好。

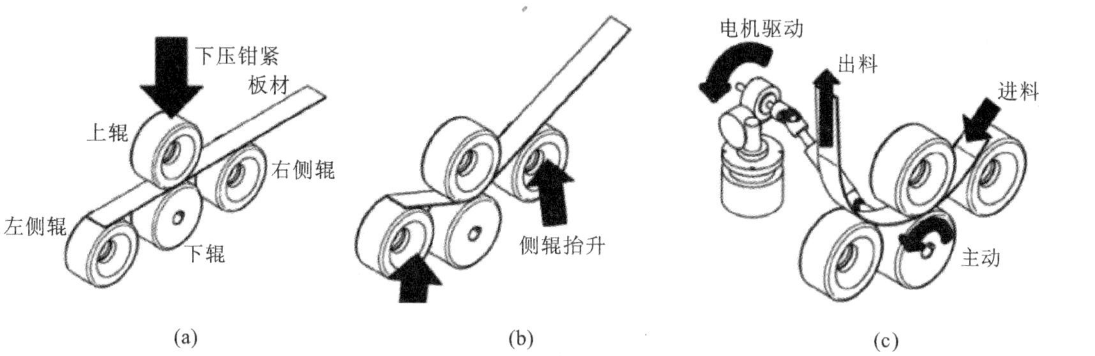

图 4-8　四辊弯卷成形

(a)上辊下压；(b)侧辊抬升；(c)连续弯卷成形

4.3.2　辊弯加工理论模型的发展

以板材三辊辊弯成形为例，最初的理论建模时假设板材辊弯成形段曲率一致，忽略板材辊弯成形过程中的非线性变形和工作辊的弹性变形，辊弯工艺模型简单，应用方便，如图 4-9 所示，可称其为第一类辊弯模型。《机械工程手册》在计算三辊弯板机工作辊受力时即采用该计算方法。由于该计算方法假定三辊弯板机的上辊合力方向与上辊中心垂直线重合，导致计算非对称辊弯机工作辊受力时误差较大。

第一类辊弯模型未考虑板材在辊弯成形过程中的非线性变形，所以板材辊弯成形几何参数(如板材曲率和上辊压下量等)计算精度很低。20 世纪 60 年代开始，板材辊弯工艺理论偏重非线性辊弯成形，计算板材辊弯过程中的连续变化曲率，建模过程和求解相对复杂，其辊弯工艺模型如图 4-10 所示，可称之为第二类辊弯模型。由图可知，在整个辊弯过程中板材依次经历弹性变形阶段(A—E)、弹塑性变形阶段(C—B)和卸载回弹阶段(B—C)，且板材与上辊接触点向入口侧偏移。

第一类和第二类辊弯理论模型主要侧重于对板材辊弯的成形阶段进行讨论，而实际板材弯卷不只是成形阶段的弹性变形和塑性变形过程，还包括预弯、矫圆等工艺过程。20 世纪 80 年代开始，板材辊弯理论研究更注重全面分析辊弯工艺过程，新型三辊和四辊弯板机可独立完成板材的预弯、辊弯和矫圆工序，因此理论研究面向包含预弯工序和辊弯工序的整个板材辊弯工艺。图 4-11 所示为水平下调式三辊弯板机单道次辊弯板材的一种工艺流程，即准备阶段、预弯工序的压弯工

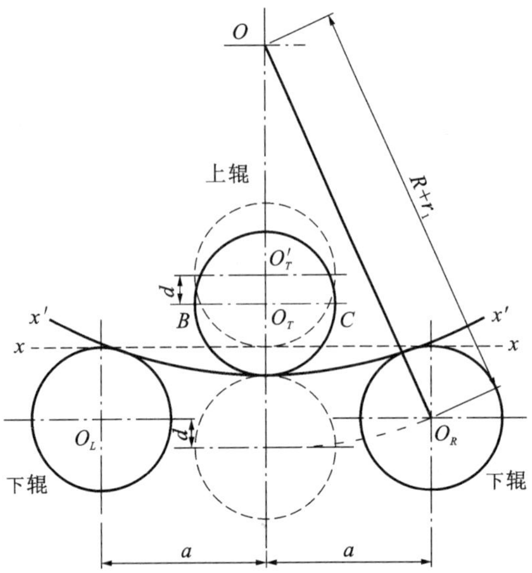

图 4-9 第一类三辊辊弯成形示意图

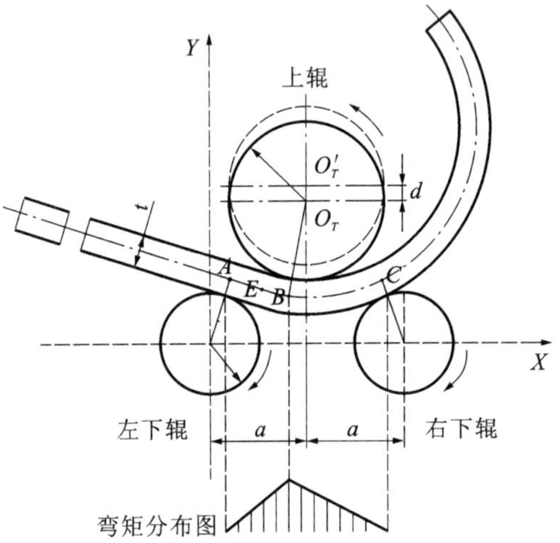

图 4-10 第二类三辊辊弯成形示意图

步；预弯工序的压-滚复合工步、换边后的预弯压弯工步、预弯工序的压-滚复合工步、卷圆工序的辊弯工步、卷圆工序的压滚复合工步。在制定辊弯工艺流程时，需根据工作辊受力情况、工艺稳定性和辊弯效率等进行合理设计。

4.3.3 钢板辊弯中的工艺参数

影响辊弯成形的要素很多，以下从辊弯力的计算、设备能力换算、设备最大能力以及辊弯工艺的影响因素几方面进行简要介绍。

1. 钢板辊弯力的计算

(1)板材的最大变形弯矩 M(kgf·mm)：

$$M=\left(k_1+\frac{k_0 t}{2R'}\right)W\sigma_s \quad \text{kgf}\cdot\text{mm}$$

(2)板材具有初始曲率半径 R_1 时的初始变形弯矩 M_1：

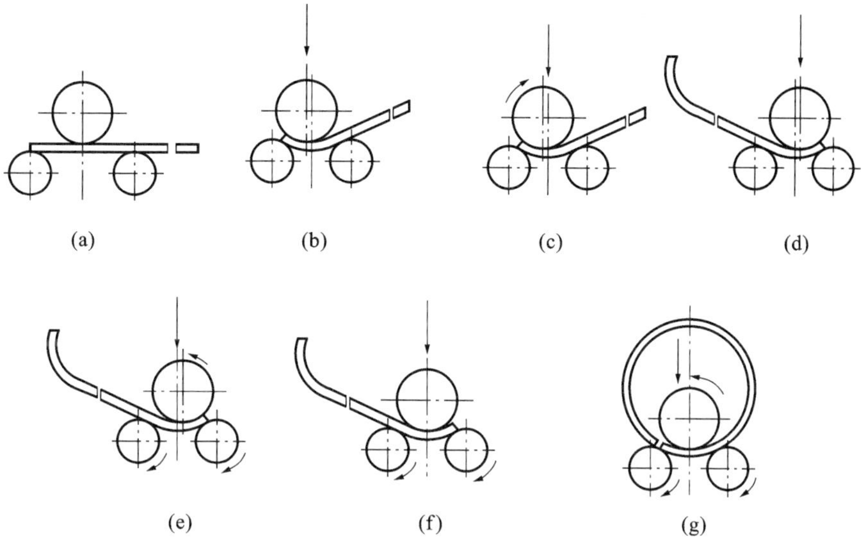

图 4-11 板材三辊弯卷成形工艺流程

(a)准备;(b)压弯;(c)压-滚;(d)换边-预弯-压弯;(e)压-滚;(f)卷圆-辊弯;(g)卷圆工序的压-滚

$$M_1 = \left(k_1 + \frac{k_0 t}{2R_1}\right)W\sigma_s$$

(3)板材由平板开始弯曲(即 $R_1 = \infty$)时的初始变形弯矩 M_1:

$$M_1 = k_1 W\sigma_s$$

式中 t——板材厚度;

k_1——系数,对板料辊弯 $k_1 = 1.5$;

k_0——材料的相对强度系数,常用钢材的 k_0 见表 4-1,对表 4-1 所列材料之外的其他钢材,可按 $k_0 = \frac{2.1}{\delta_p}$ 近似计算(δ_p 为平均延伸率);

R'——加工成形后的半径。

表 4-1 常见钢材相对强化系数 k_0 值

序号	材料名称	k_0	序号	材料名称	k_0
1	1Cr18Ni9Ti,1Cr18Ni12Ti	6	4	30,35	14
2	10,15,20	10	5	15Cr,20Cr,20CrNi	17.6
3	25,20g,22g,A3,12Cr1MoV,15CrMo	11.6	6	$\sigma_s \leqslant 80\text{kgf/mm}^2$ 的高强合金钢	20

2. 设备能力换算

在实际操作中,钢板辊压位置相对于机床往往是不对称的,而不对称时的工作能力又小于对称状态。为此设备能力换算时应考虑不对称工况。弯曲曲率、板材宽度、材质等因素对设备能力也有影响,在换算时都应考虑。不同情况下换算公式见表 4-2。

表 4-2 辊弯能力换算公式

序号	假设条件	换算公式
(1)	弯曲曲率不同,其余条件相同	$t_2 = t_1 \left[\frac{D_2(D_1 + d_c)}{D_1(D_2 + d_c)}\right]^{\frac{1}{2}}$

续表 4-2

序号	假设条件		换算公式
(2)	板材尺寸不同，其余条件相同	$a_1 \neq c_1$， $a_2 \neq c_2$	$t_2 = t_1\left[\dfrac{b_1(b_1+2c_1)(4a_1L+2b_1c_1+b_1^2)}{b_2(b_2+2c_2)(4a_2L+2b_2c_2+b_2^2)}\right]^{\frac{1}{2}}$
		$a_1 = c_1$， $a_2 = c_2$ $b_1 \approx L$	$t_2 = t_1\left[\dfrac{b_1^2}{b_2(2L-b_2)}\right]^{\frac{1}{2}}$
		$a_1 = c_1$， $a_2 = c_2$ $b_1 = 2L - b_2$	$t_2 = t_1\left(\dfrac{b_1}{b_2}\right)^{\frac{1}{2}}$
(3)	板材材质不同，其余条件相同	视 R_x 为常数 一般取 $R_x = 10 \sim 20$	$t_2 = t_1\left[\dfrac{\sigma_{s1}\left(1.5+\dfrac{K_0}{2R_x}\right)}{\sigma_{s2}\left(1.5+\dfrac{K_0}{2R_x}\right)}\right]^{\frac{1}{2}}$
		忽略材料的硬化差别	$t_2 = t_1\left(\dfrac{\sigma_{s1}}{\sigma_{s2}}\right)^{\frac{1}{2}}$
(4)	弯制温度不同，其余条件相同	视 R_x 为常数 一般取 $R_x = 10 \sim 20$ 热辊弯时 $\sigma_s = \sigma_b^t$	$t_2 = t_1\left[\dfrac{\sigma_{s1}\left(1.5+\dfrac{K_0}{2R_x}\right)}{1.5\sigma_b^t}\right]^{\frac{1}{2}}$

表 4-2 中，下标“1”为已知量，下标“2”为待求未知量，d_c 为离上辊最近的工作辊直径；L 为辊床的工作辊左右轴承座中心距；t 为板材厚度。

板宽不同时换算公式中的符号含义见图 4-12。

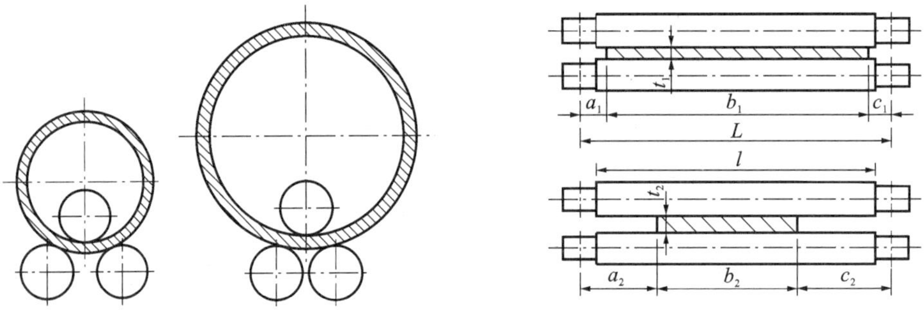

图 4-12　辊弯机能力换算要素示意图

当能力换算条件变化超出表 4-2 所假设条件范围时，则可由表中相应公式联立求解。

例如：当材质、板宽、曲率三项同时改变时，其求解方法如下：

已知：σ_{s1}，b_1，D_1，t_1，σ_{s2}，b_2，D_2，L，对称工作，且忽略材料硬化差别。求：t_2

解：由表 4-2 中换算公式(1)得：

$$t'_1 = t_1\left[\frac{D_2(D_1+d_c)}{D_1(D_2+d_c)}\right]^{\frac{1}{2}}$$

由表 4-2 中换算公式(2)得：

$$t''_2 = t'_2\left[\frac{b_1^2}{b_2(2L-b_2)}\right]^{\frac{1}{2}}$$

由表 4-2 中换算公式(3)得：

$$t_2 = t''_2 \left(\frac{\sigma_{s1}}{\sigma_{s2}}\right)^{\frac{1}{2}} = t'_2 \left[\frac{b_1^2}{b_2(2L-b_2)}\right]^{\frac{1}{2}} \cdot \left(\frac{\sigma_{s1}}{\sigma_{s2}}\right)^{\frac{1}{2}} = t_1 \left[\frac{D_2(D_1+d_c)}{D_1(D_2+d_c)}\right]^{\frac{1}{2}} \cdot \left[\frac{b_1^2}{b_2(2L-b_2)}\right]^{\frac{1}{2}} \cdot \left(\frac{\sigma_{s1}}{\sigma_{s2}}\right)^{\frac{1}{2}}$$

3. 设备最大能力计算

设备最大能力受辊轴材料的弯曲许用应力 $[\sigma]$ 等条件制约，须满足以下条件：

$$\frac{1}{8}P_a(2L-b) - P_k C \leqslant [\sigma]W$$

$$P_k = \frac{P_a L}{48C}\left[8 - 4\left(\frac{b}{L}\right)^2 + \left(\frac{b}{L}\right)^3\right] - \frac{4EJ}{CL^2}(d_a - d_e)$$

式中　P_a——上辊所受工作负荷，kgf；

P_k——反压力（有些辊弯机可对上辊施加反压力，使其预先产生一反向挠度以补偿上辊在工作负荷下产生的挠曲），kgf；

式中　L——上辊轴两端轴承座中心距，或称两支点间距，cm；

C——反压力作用点至支点距离，cm；

b——被弯板材宽度，cm；

d_a——上辊工作段中部最大直径，cm；

d_e——上辊工作段端部最小直径，cm；

J——辊中部最大直径处的惯性矩，cm^4；

E——上辊材料的弹性模量，kgf/cm^2；

$[\sigma]$——许用应力，安全系数 m 取 6。

4. 辊弯工艺的影响因素

板材辊弯工艺建模一般需要考虑以下影响因素：

(1)与材料特性相关的因素，主要包括：材料弹性模量、屈服强度、硬化特性等。

(2)与板材特征相关的因素，主要包括：板材外形尺寸、板材曲率、板材重力及板材与工作辊的摩擦系数等。例如板材的宽厚比决定了板材弯曲时内部材料的应力应变状态；一般宽厚比 $W/t>8$ 的板材内部结构被认为处于平面应变状态，$W/t<5$ 时处于单向应力状态，不同宽厚比板材弯曲时的受力状态如表 4-3 所示，表中符号 $\tilde{\kappa}$ 表示相对曲率。另外板材辊弯成形由板材与工作辊间的摩擦驱动，因此板材表面状态会影响板材辊弯成形，板材与工作辊摩擦系数如果过小，可能会出现打滑；过大，可能会拉伤板材表面层。

表 4-3　板材纯弯曲时的材料单元受力状态

	$\tilde{\kappa}<0.1$	$\tilde{\kappa}>0.1$
$W/t<5$	板材横向两侧材料发生切应变，应力状态复杂，板材发生“翘曲”	这种横向“翘曲”边缘效应的影响会逐渐增大
$W/t>8$	横向“翘曲”可忽略。板材处于弹塑性变形阶段。内层弹性区材料承受单向应力，外层塑性区处于平面应变状态。中性层无移动。符合弯曲工程理论。板厚减小量可以忽略	横向“翘曲”可忽略。板材处于塑性变形阶段。材料单元近似为平面应变状态，中性层开始移动。随着相对曲率增大，板材中间会出现“先拉后压的”特殊层，板材厚度减小，宜采用 Hill 或 Crafoord 精确理论

(3)与辊弯机装备结构相关的因素。包括工作辊直径、下辊中心距、预弯时的上辊偏距等。几何因素对窄梁辊弯半径的影响较材料特性因素（弹性模量、硬化指数、屈服强度）影响大，且这两方面因素对辊弯结束半径的影响与该半径值成正比。

(4)与辊弯工艺流程相关的因素。包括辊弯道次数、单次辊弯压下量等。在进行曲度较大的板材加工时，往往一次辊弯成形加工不出所需要的形状，需要通过多道加工，加工道次以及每道加工的弯曲程度都是关键的工艺参数。多道辊弯加工的内容在4.3.6节中有介绍。

(5)板材回弹特性因素。目前板材辊弯工艺理论模型中的回弹模型均以工程回弹理论为基础。对于第一类辊弯模型，可以直接建立回弹前后力学和几何参数的解析公式。对于第二类板材辊弯模型中的回弹，则需要在板材卸载回弹阶段引入曲率-弯矩公式，建立隐式方程组求解。

4.3.4 辊弯加工工艺

1.剩余直边和预弯工艺

平板开始弯曲时的最小力臂称为理论剩余直边，俗称“荒料”。其大小与设备及其弯曲形式有关。图4-13中板材的阴影部分，即为剩余直边。平板弯曲时的理论剩余直边值如表4-4所列。

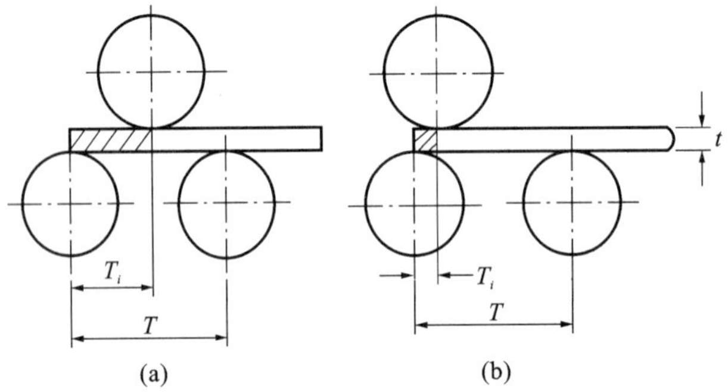

图4-13 辊弯机的不同弯曲形式与剩余直边

(a)对称弯曲时 $T_i=T/2$；(b)不对称弯曲时 $T_i<T/2$

为避免板材从辊轴间脱落，实际剩余直边常比理论直边值大，对称弯曲时再增加$(6\sim20)t$。

由于理论剩余直边在整圆辊弯时造成重叠，有时虽留剩余直边，但边缘弯曲质量难以保证，造成较大的焊接应力和设备负荷，易造成质量事故和设备事故，且浪费材料。为此，当前广泛采用板边预弯工艺来废除剩余直边。板边预弯部分尺度应当大于理论剩余直边尺度，以保证质量。预弯线型的形状用对样板方法来确定。

除了采用非对称式三辊弯卷设备进行预弯之外，预弯方法还有两种。一为在压力机上压弯，如图4-14(a)所示。它适用于各种板厚，但工艺较为烦琐且会产生“荒料”。二为采用带弯曲垫板的对称三辊弯板机上预弯，如图4-14(b)、(c)、(d)所示。其中图4-14(b)适用于$t\geqslant24$mm，$S_0\geqslant2t$，不超过设备能力的60%；图4-14(c)适用于$t\leqslant24$mm，$S_0\geqslant2t$，不超过设备能力的60%。这两种可以完全无“荒料”；图4-14(d)适用于较薄板材。

表4-4 平板弯曲理论剩余直边值

设备类别		辊弯机			压力机
弯曲形式		对称弯曲	不对称弯曲		模具压弯
			三辊	四辊	
剩余直边	冷弯时	$\frac{T}{2}$	$(1.5\sim2)t$	$(1\sim2)t$	$1.0t$
	热弯时	$\frac{T}{2}$	$(1.3\sim1.5)t$	$(0.75\sim1)t$	$0.5t$

对于中等厚度板、薄板也可选用四辊弯板机直接弯边。但对于圆度要求很高的圆筒，尤其是壁

厚较厚时，即使采用四辊弯板机弯制也应事先用弯模预弯。

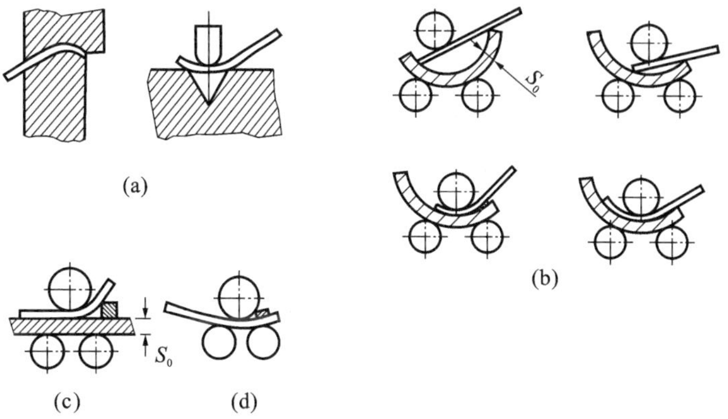

图 4-14　常用的预弯方法

2. 对中

对中的目的是使工件的母线与辊轴轴线平行，防止产生扭斜。图 4-15 所示为几种常用的、较为简便且有效的方法。

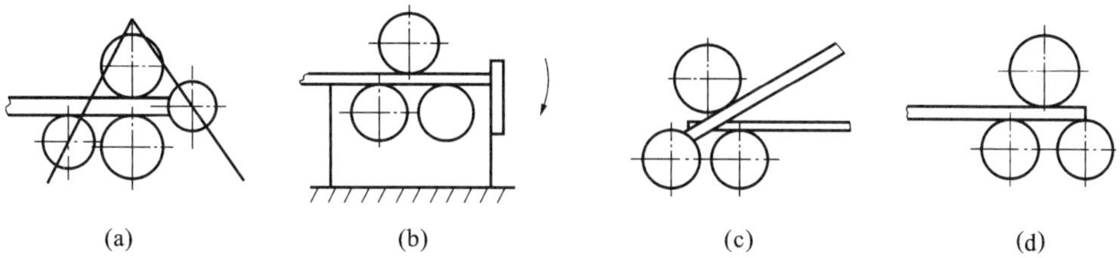

图 4-15　常用的对中方法

3. 辊弯的弯度

冷弯时，回弹较显著，必须施加一定的过弯量(常称"过卷")，如图 4-16 所示。此时实际弯曲度比所要求的略大一些。达到预期的过弯量后，将其接缝撑开进行对接定位焊，接着按设计要求的弯曲量进行多次同向辊弯，从而得到既有准确圆度又消除过弯引起内应力的圆柱形筒体。高强度钢回弹要更大些，为了减少回弹及消除内应力，最好在最后成形前进行一次退火。

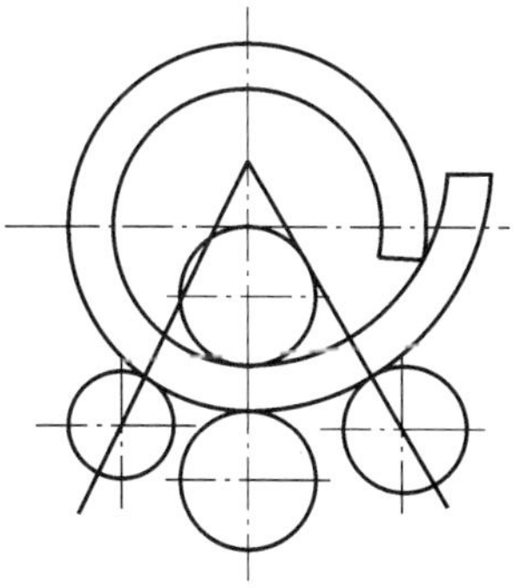

图 4-16　冷弯时的过弯

热弯加工时，可不必考虑回弹。对于闭合圆筒体只需控制下料尺寸，弯至刚好闭合即可。为了防止工件过早卸下而产生变形，应在最终曲率下进行不断辊弯，直至工件表面颜色发暗(＜500℃)

为止。在工件卸下后的冷却过程中其放置位置要合理，以防变形。

4. 锥体弯制工艺

锥体工件特征是一端大另一端小，其两端曲率也就不同，展开后的板料一般呈扇形。要在常用的弯板机上弯制成锥体，必须采取一些工艺措施或辅助装置才能实现。加工时有一基本条件必须满足，即锥体小端圆直径必须大于该机的最小加工直径。以下介绍几种锥体工件的加工方法。

(1)使上辊与下辊斜交(不平行)，在辊压过程中使辊压线始终与扇形板料的素线重合。辊轴(上辊)的倾斜度可用下列公式计算：

$$\tan\beta \approx \frac{\left[(R_1 + r_c)^2 - \left(\frac{T}{2}\right)^2\right]^{\frac{1}{2}} - \left[(R_2 - r_c)^2 - \left(\frac{T}{2}\right)^2\right]^{\frac{1}{2}}}{L}$$

式中　β——倾斜辊轴线与水平方向的夹角；

R_1，R_2——锥体大口和小口的外半径，mm；

r_c——下辊半径，mm；

T——下辊中心距，mm；

L——锥体素线长度，mm。

对于上辊轴不能作倾斜调节的辊弯机，可按锥体大口曲率半径调节进给量，而在上辊轴弯制锥体小口的部位加一个适当厚度的套筒，也能弯制出近似锥体。

上述两种方法主要用于锥度不大的锥体工件。

(2)矩形送料法。将锥面用三个圆柱面近似组成，如图 4-17 所示。其弯制步骤为：

① 按上辊平行于 HK 线在全范围内辊弯，形成图 4-17(c)；

② 上辊平行于 AB 沿锥体小口展开长 ($\overset{\frown}{BC}$) 进行弯制；

③ 上辊平行于 CD 沿锥体小口展开长 ($\overset{\frown}{BC}$) 进行弯制。

三者重叠得到图 4-17(d)所示的近似锥体，再进行校正，即可得到接近要求的锥体。

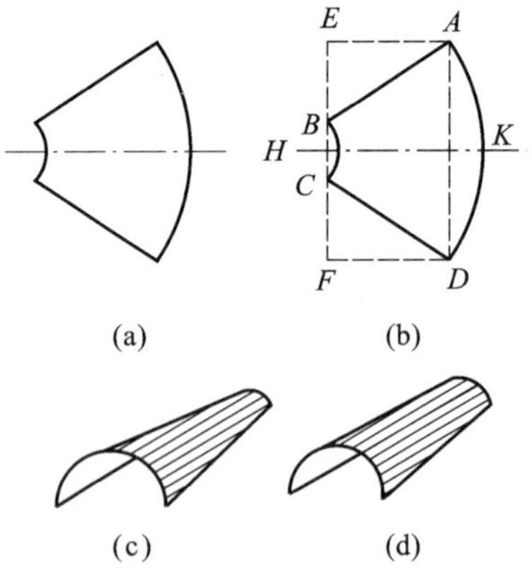

图 4-17　矩形送料法示意图

(3)分区弯制法。它是采用小范围跨区重叠辊弯的方法，见图 4-18。其步骤为：

① 在展开的板料上画加工线(素线)；

② 调整上辊轴线与下辊轴线间的斜度；

③ 上辊轴线对准 5—5′线进行辊弯至大口的 4 点处止；

④ 调整位置，将上辊轴线对准 4—4′线辊弯至大口的 3 为止；

按上述步骤，弯制完左边后再弯制另一边，则可得近似锥体。

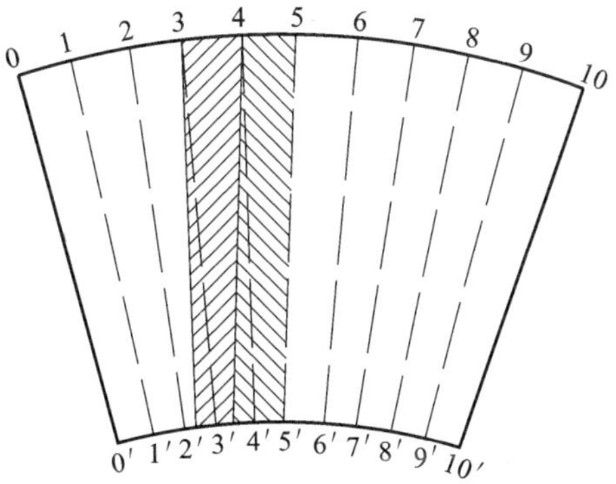

图 4-18　分区弯制法示意图

除以上几种弯制锥体的方法，还有小口减速法、双速四辊弯制法等，生产中可以根据具体情况进行分析，总结加工经验，选择合适的弯曲加工方法。

4.3.5　弯板质量

弯板加工中有时会出现一些质量问题，如外形缺陷、表面压伤、弯裂等，针对这些缺陷应总结加工经验，采取适当的措施进行解决，以下列出几种常见的弯板加工质量问题。

1. 外形缺陷

表 4-5 所列出的为弯板加工中常见的外形缺陷，其中棱角矫正较为困难。材料性能、板材规格、下料精度、焊缝区情况、选用机器和操作方式及工艺规程等因素的差异，往往使工件最后形状有差异，从而增加了矫正作业。为此，要求生产同一批圆柱筒体（无论是分块的还是整体的）均应在各项条件一致的情况下进行。

2. 表面压伤

由于氧化皮和其他杂质附着于板料或辊轴表面上，在辊弯过程中会造成板料表面压伤。在热弯或热矫时其危害尤为严重。为减小其危害，常采用的措施有：

(1)应尽量清除干净板料表面氧化皮，并涂上防锈剂后再行冷弯。

(2)板料加热时应尽量减少氧化皮。如缩短高温停留时间、采用中性火焰、采用防氧化涂料等。

(3)采用氧化皮压伤最小的操作方法。如：尽量减小四辊弯板机的下辊轴顶压力，及时吹扫内外侧剥落的氧化皮，矫圆时尽量减少反转次数等。

表 4-5　常见辊圆柱体外形缺陷表

名称	简图	产生原因
锥形	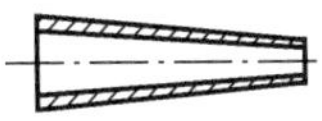	上辊与侧（下）辊互不平行
腰鼓	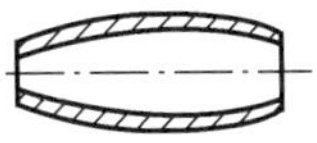	(1)下辊刚度或下辊顶力不足； (2)上辊反压力太大
束腰	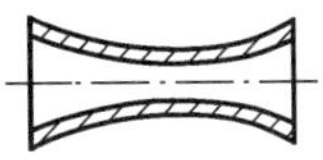	(1)上辊下压力太大或反压力不足； (2)下辊顶力太大

续表 4-5

名称	简图	产生原因
扭斜	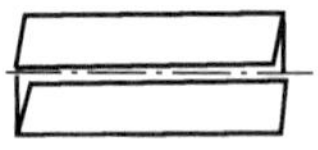	(1)板料不呈矩形； (2)进料时未对中； (3)沿辊轴受力不均匀，造成局部轧薄
棱角	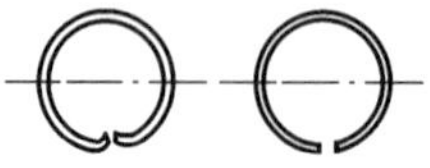	(1)弯边不足产生外棱角； (2)弯边过甚产生内棱角

3. 弯裂

在冷弯加工过程中，冷作硬化、粗晶粒组织、应力集中，以及其他各种形成脆性条件的因素均能导致材料塑性变坏，在辊弯过程中造成弯裂。

防止弯裂的措施主要有：

(1)限制变形率；

(2)消除板料表面可能导致应力集中的因素；下料时注意轧制方向，尽量使板料纤维方向与弯曲线垂直；$t \geqslant 50$mm 的板料其边缘最好有适当的圆角。

(3)应掌握宽板冷弯性能。

(4)钢板最好经过正火处理。对调质钢及经过气割等热循环作用的空气淬火钢，应消除淬火硬层。

(5)弯板时室温应高于板料的脆性转变温度，否则应进行预热。对于厚板尤应注意预热。对缺口敏感的钢件，最好预热到 150～200℃时弯制。

4.3.6 厚板及特厚板的成形加工

导管架海洋平台的圆柱形桩腿是典型的厚壁筒体，目前主要采用锻焊和卷焊两种成形工艺来制造这类厚壁筒体。锻焊工艺采用大型铸锭热锻、扩孔成形，然后采用深层焊缝工艺将多个等直径筒节对焊形成筒体，适用于大内径、大壁厚高压圆筒容器。目前锻焊筒体壁厚可达 450mm 左右，直径可达 9m 左右，需要万吨级锻造水压机和热处理炉，前期设备投资巨大，国内仅极少数重工企业具备加工条件。并且锻焊工艺耗能高，生产周期长，排放大。而冷弯工艺可以在室温下将特厚板材辊弯成厚壁筒节，无须热处理，工艺流程短、制作效率较高、低排放、耗能少，具备较好的经济性。

2003 年起，我国新体系钢材品种分类中对中厚板按厚度分为三类：

(1)中板，厚度为 3～20mm；

(2)厚板，厚度为 20～60mm；

(3)特厚板，厚度在 60mm 以上。目前的特厚板厚度一般在 100mm 以上。

厚壁筒体辊弯工艺的核心装备是大型辊弯机。20 世纪 90 年代前，我国辊弯厚度 100mm 以上的大型弯板机全部依赖进口。近年来，我国大型辊弯机研发能力和制造技术逐步提高，但与国外知名大型辊弯机制造商相比，厚板辊弯成形能力、成形质量等方面仍存在较大差距，在辊弯成形基础理论和工艺方面研究不足，主要体现在：

(1)与中厚板相比，特厚板材厚度方向材料的屈服强度、冷硬化特性和残余应力分布等方面均差异很大，这些厚向材料特性对特厚板弯曲过程中内部材料流动、材料应力应变关系、弯矩曲率关系和回弹等的影响规律不清楚。

(2)与中厚板相比,特厚板辊弯工艺过程的弯曲相对曲率更大,板材弯曲变形进入了充分弹塑性变形阶段,有的已经进入塑变阶段,因此辊弯工艺建模采用的材料应力应变关系范围扩大到完全塑性区,导致采用已有的中厚板模型来计算特厚板成形时误差较大。

(3)特厚板弯曲机理不明确,不能较准确计算特厚板辊弯曲率与外部弯矩。加工时难以确定准确的工艺参数。

1.厚板及特厚板成形加工的特点

特厚板弯曲时的材料单元应变与内部板层移动受厚向强度特性的影响较小,可以近似根据中厚板理论进行求解分析。按照 Wolter 和 Crafoord 的中厚板弯曲理论,如图 4-19 所示,在塑性弯曲阶段,板材初始中间层、几何中间层和中性层是不重合的,初始中间层在中间层的外侧,中性层在几何中间层的内侧,初始中间层和中性层将塑性变形阶段的特厚板分为三个区域,区域Ⅰ为外表层与初始中间层的相夹区域,该区域内板层在弯曲过程中沿纵向始终承受拉伸;区域Ⅱ,初始中间层和中性层的相夹区域,该区域内板层在弯曲过程中沿纵向先受压后受拉,因此经历了塑性卸载;区域Ⅲ,内表层与中性层的相夹区域,该区内板层在弯曲过程中沿纵向始终承受压缩。特厚板的弯曲成形具有以下理论特点。

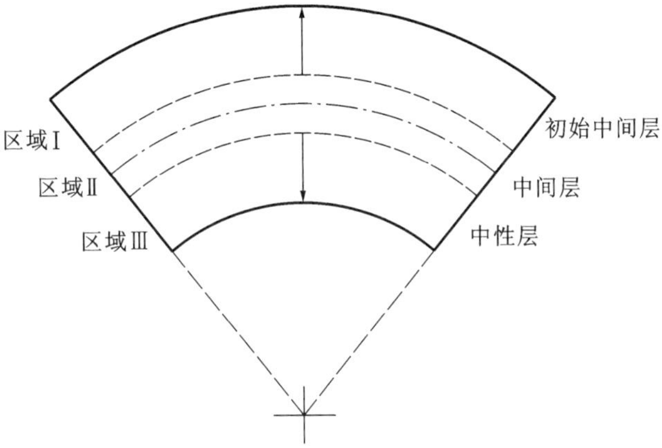

图 4-19　特殊板层的移动方向

(1)当相对曲率较小时,各板层材料应变最小,几乎接近 0,最小应变在中间层位置;随着相对曲率不断增大,最小应变层位置向内表层移动,即中性层向板材内侧移动;最小应变值在不断增大,这是由材料硬化的不可恢复性与区域Ⅱ内材料“先压后拉”的应变历史造成的。

(2)特厚板表层材料与中间层材料相比较,其材料强度大、塑性好、晶体颗粒小、马氏体含量高。在材料强度方面,表层屈服应力最大,中间层屈服应力最小,1/4 层屈服应力与中间层的应力更为接近,屈服应力数据符合二次抛物线分布。板材厚度越大,厚向屈服应力差越大。

(3)特厚板三辊弯卷成形工艺相对曲率范围小于 0.15 时,板材刚刚进入完全塑性变形阶段;绝大多数情况下相对曲率范围小于 0.1,板材仍处于弹塑性变形阶段。

(4)在辊弯工艺曲率范围内,特厚板弯矩主要受材料屈服强度、材料硬化特性和厚向强度分布的影响,中性层移动和区域Ⅱ应变历史影响很小,可以忽略。厚向强度分布对弯矩的影响值几乎不随相对曲率的增大而变化。

(5)特厚板弯曲回弹受板厚、曲率和厚向强度特性的影响,厚向强度特性对回弹的影响远小于板厚对回弹的影响。

(6)在特厚板辊弯成形工艺范围(相对曲率范围小于 0.15)内,厚向强度特性对特厚板内部材料流动和材料单元应变及板厚变化几乎没有影响,与中厚板弯曲机理基本一致。

2. 用于特厚板成形的典型大型辊弯机结构简介

(冷/热卷)微控水平下调式三辊弯板机是适用于辊弯特厚板材的大型弯板机，冷/热弯最大板厚达 300/420mm。图 4-20 为国内研制的 CDW300 弯板机的三维模型图。

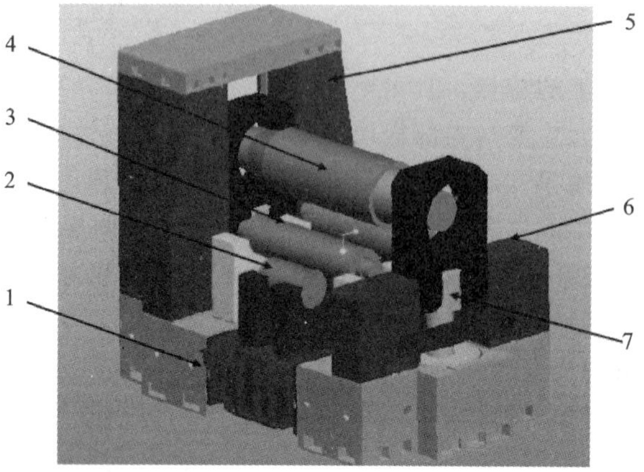

图 4-20 CDW300 **弯板机三维模型图**

1—底部平台；2—四个支承辊；3—两个下工作辊；4—上工作辊；5—大机架；6—小机架；7—左右驱动油缸

底部平台、大机架和小机架组成了弯板机的机身骨架。其中底部平台由左平台、右平台及中间连接部分组成；高刚度的大、小机架保证了上工作辊液压驱动油缸的滑行轨道具有很高平行度；整个机身采用了内部钢板“方格”式分布的厢式结构，保证了大负荷辊弯工作时上、下工作辊的位置精度。上工作辊、下工作辊和支承辊组成了弯板机的工作机构，其平面布局如图 4-21 所示，上工作辊可以上下垂直移动，两下辊可水平滑动，上辊和下辊均可实现正、反向转动，两下辊采用刚性固定连接，底部采用四个支承辊来增加下辊弯曲刚度。上工作辊为主旋转动力辊，采用四电机功率合流驱动方式；上辊垂直移动由两个对称液压缸驱动，内部配置了高精度位移传感器并采用单独的反馈式液压同步回路，保证移动误差小于 0.2mm；两下辊为辅助旋转驱动辊，负责板材无载驱动，分别采用斜柱塞马达单独驱动。

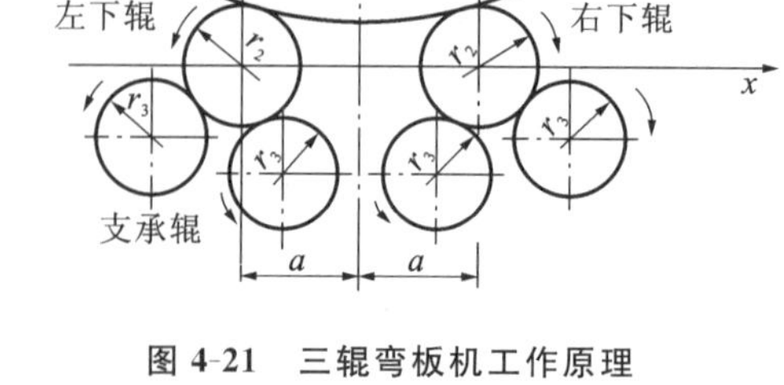

图 4-21 三辊弯板机工作原理

3. 典型特厚板单道次辊弯工艺流程

冷弯成形最重要同时也非常困难的问题，是确定成形道次数。一般而言，成形道次数由断面的对称与非对称性、板厚、断面弯曲角度等因素决定，较厚的板材、较大的弯曲角度，以及不对称的断面形状，通常要求较多的成形道次数。另外，材质也与成形道次数有关，例如不锈钢钢板、铝板制品与普通钢板相比需要更多的成形道次数，这是为了避免材料表面擦痕或减少回弹。

辊弯成形道次最少的方式为单道次辊弯成形，即只需要一次卷圆工序即可成形的加工工艺。对于单道次辊弯加工可以满足工艺要求的板材，优先采用单道次辊弯成形。图 4-22 和表 4-6 为三种不同的单道次辊弯工艺流程。

表 4-6 对应的工艺流程和工序

	(a)工序和工步名称	(b)工序和工步名称	(c)工序和工步名称
1	准备阶段	准备阶段	准备阶段
2	预弯工序的非对称压弯工步	预弯工序的预压弯工步	卷圆工序的对称压弯工步
3	预弯工序的压弯复合工步	预弯工序的预压滚复合工步	卷圆工序的压滚复合工步
4	预弯工序的非对称压弯工步	卷圆工序的对称压弯工步	预弯工序的压弯复合工步
5	预弯工序的压弯复合工步	卷圆工序的辊弯工步	预弯工序的非对称压弯工步
6	卷圆工序的对称压弯工步	预弯工序的滚压复合工步	预弯工序的压弯复合工步
7	卷圆工序的辊弯工步	预弯工序的预压弯工步	预弯工序的非对称压弯工步

图 4-22 中的三种加工工艺都只有一次卷圆工序，但在具体工序和工步上存在差别。图 4-22(a)中特厚板从一端顺序辊弯至另一端，避免往返调整，省时高效；图 4-22(b)中工作辊和机身预弯时受力较小，可以充分发挥弯板机的预弯能力，保护了机身结构；图 4-22(c)中板材重心在弯板机垂直中线附近，预弯过程更加平稳，无须辅助托举装置。因此，图 4-22(b)工艺流程适合大厚度板材成形，图 4-22(a)和图 4-22(c)工艺流程适合较小厚度板材成形，其中图 4-22(a)流程的辊弯效率更高，图 4-22(c)流程的平稳性更好。三种辊弯工艺均包含两道工序：预弯和卷圆；三种工步：压弯工步(对称或非对称)、辊弯工步、压滚复合工步。

4. 大厚度板材多道辊弯成形工艺

大型三辊弯板机的辊弯工艺自动化水平仍然较低，难以实现特厚板材单道次辊弯成形。大型厚壁筒节辊弯成形主要依赖人工控制，利用卡板通过多道次辊弯成形来保证筒体辊弯曲率。所谓多道次辊弯成形，即需要多次卷圆工序才能成形的辊弯加工，这主要是由于加工受限于板材厚度、机械加工能力等因素。如表 4-7 中的辊花图所示，板材由一块平直的钢板弯曲为封闭的圆筒形，需要经过多次卷圆工序，每次卷圆工序都使板材曲率在上一次的基础之上增大，直至截面成为封闭的圆形。

与单道次辊弯工艺相比，多道次辊弯工艺的主要优点如下：

(1)成形难度降低，工艺人员的可操作性强；

(2)工作辊额定旋转驱动功率低；

(3)材料发生多次小应变，材料塑变质量好，机身结构压力冲击小；

(4)辊弯成形模型精度要求低。

实际生产中，特厚平板一般经过 3～7 道次辊弯变形才能加工成为大型厚壁筒节。多次重复加载-卸载对材料应力应变关系和板材弯矩曲率关系无明显影响，因此理论和数值模拟中可忽略重复载荷对多道次辊弯成形的影响。相同道次的多道次辊弯方案相比较，前面道次的上辊压下量越大，后续道次压下量的差值就会越小，利于提高辊弯曲率精度；不同道次的辊弯方案相比较，辊弯道次数越多，最后两道上辊压下量相差越小，越利于提高辊弯成形精度。

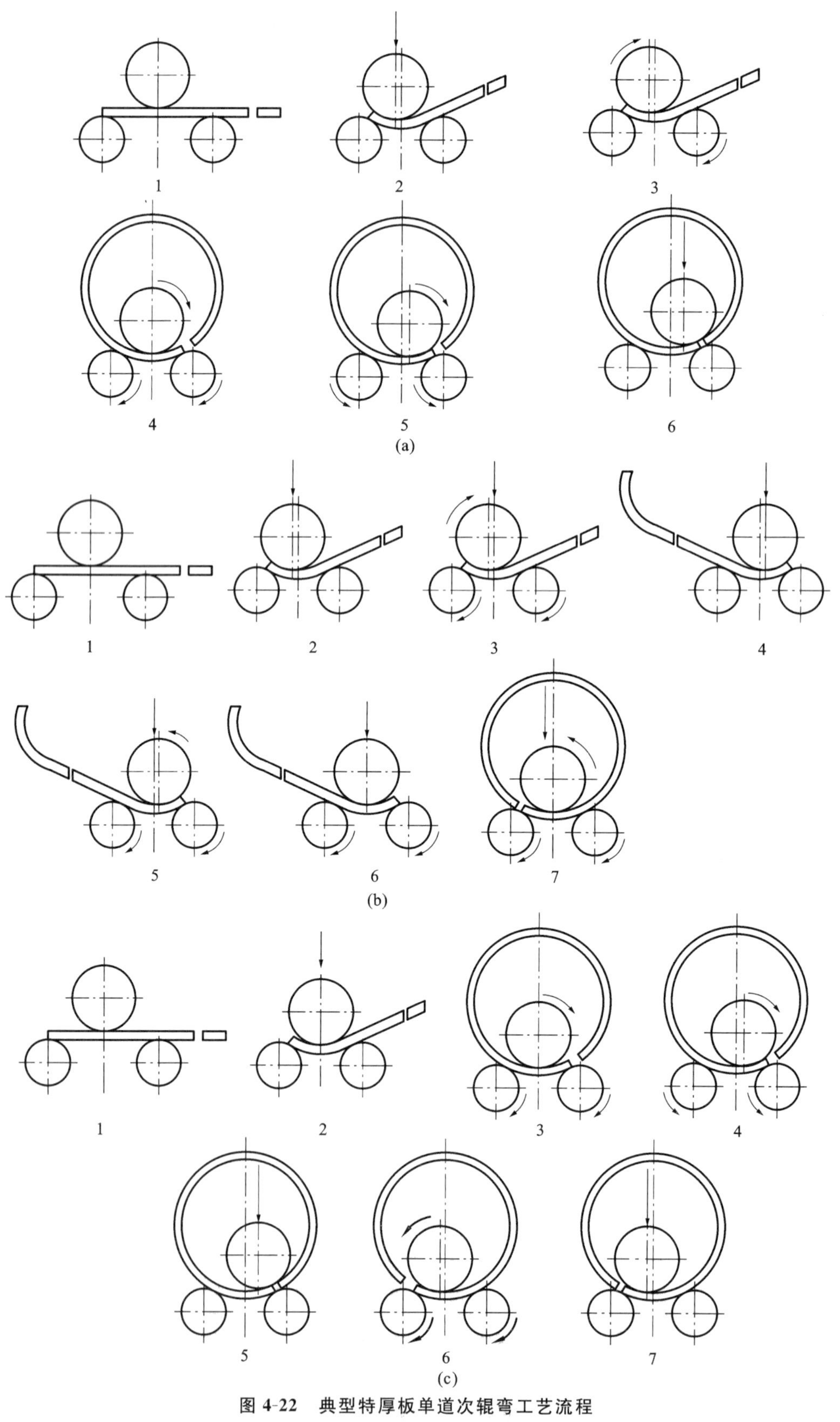

图 4-22 典型特厚板单道次辊弯工艺流程

(a)工艺 a;(b)工艺 b;(c)工艺 c

大厚度板材多道辊弯成形的轧辊包括圆周弯曲成形方式、边缘弯曲成形方式、双半径成形方式。

(1)圆周弯曲成形方式

如表4-7中的成形方式图中所示，该方法以弯曲半径ρ与弯曲角度θ之积$\rho\theta$是定值为条件进行多道辊弯的设计，假设用三次曲线表示对管边缘水平面的投影轨迹时是最合适的板材弯曲角度分配，求解任意道次i的弯曲半径ρ_i与弯曲角度θ_i，如下式所示。其中全部成形道次数为N，原料板宽为L。

$$\theta_i = \pi\left\{1-\left[2\left(\frac{i}{N}\right)^3-3\left(\frac{i}{N}\right)^2+1\right]^{\frac{1}{1.30}}\right\}^{\frac{1}{1.81}}$$

$$\rho_i = \frac{L}{2\theta_i}$$

(2)边缘弯曲成形方式

边缘弯曲成形是弯曲半径R一定、弯曲弧长由边缘侧顺次增加的轧辊设计法。全成形道次数为N，任意道次i的弯曲角度θ_i如下式：

$$\theta_i = \frac{0.28+\sqrt{0.078+1.64\pi\left[3\left(\frac{i}{N}\right)^2-2\left(\frac{i}{N}\right)^3\right]}}{0.82}$$

(3)双半径成形方法

这是将上述两种方式合并的轧辊设计方法，设定以下条件：

① 由板端至$\pi D/4$范围用边缘成形方式弯曲，由$\pi D/4 \sim \pi D/2$范围用圆周成形方式弯曲。

② 上述的边缘成形方式中各道次弯曲量平均分配。

辊花图是各道次弯曲成形横截面形状的重叠图，因而辊花图是描述冷弯成形过程中材料的变形行为的示意图。以上三种方式的成形方式及辊花图示意图如表4-7所示。

其中，第i道次圆周成形方式的弯曲半径ρ_{ci}，弯曲角度θ_{ci}，边缘成形方式的弯曲半径R，弯曲角度θ_{ei}。

表4-7　不同成形方式及其辊花图

	圆周弯曲成形法	边缘弯曲成形法	双半径成形方法
成形方式	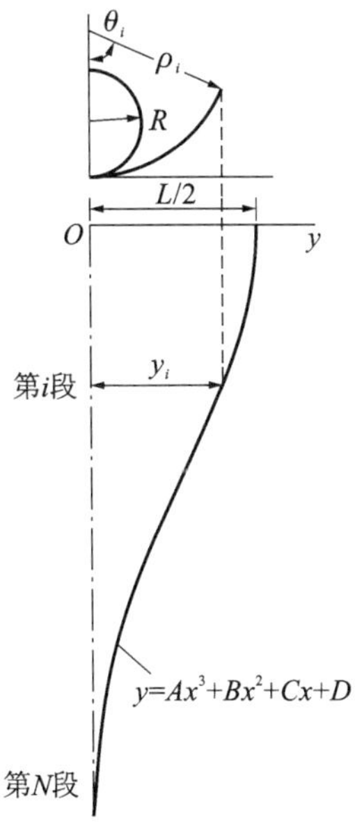	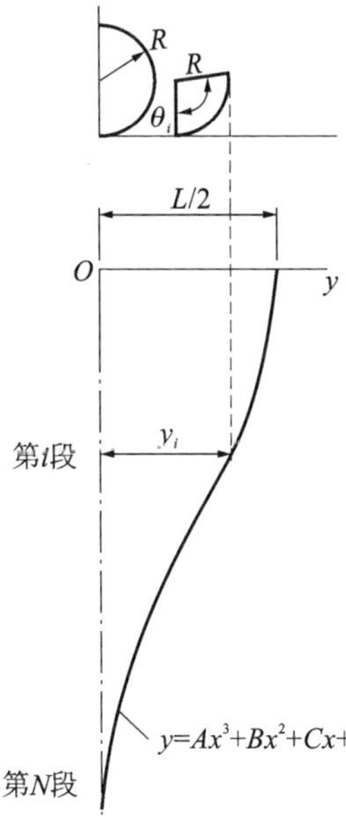	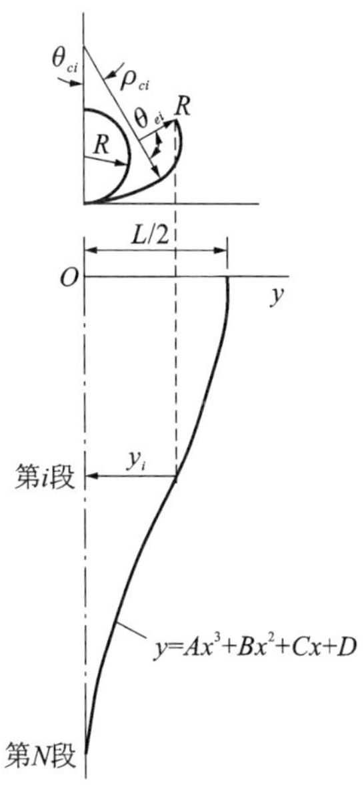

续表 4-7

	圆周弯曲成形法	边缘弯曲成型法	双半径成形方法
辊花图	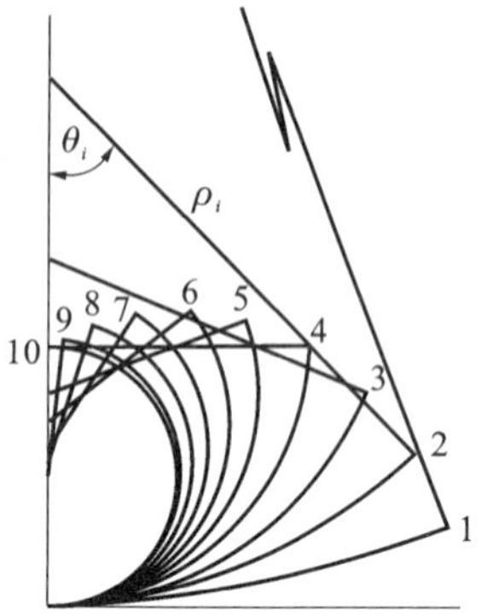	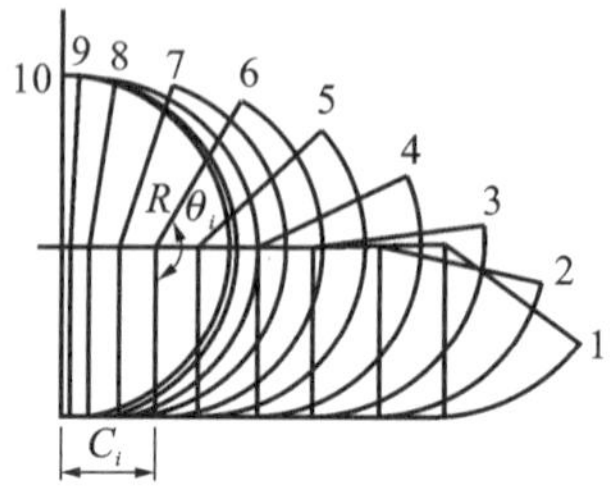	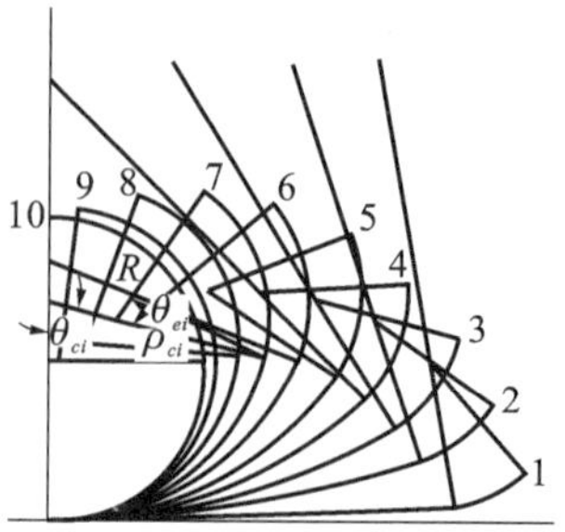

4.4 厚板切割简介

随着世界各国经济的飞速发展，对能源的需求越来越大，世界各国对海底油田的开发已从浅海到深海、冰海区域拓展，越来越多的深水海洋平台在世界各大洋海域安装和服役。因而对海洋平台制造的材料和技术要求也越来越高，特别是海洋钻井平台桩腿已采用屈服强度 690MPa 以上的 Z 向钢制造，最大厚度达到 210mm。这种高强度大厚度板材的切割过程是一个复杂热加工过程，涉及传热学、材料冶金学、固体力学和流体力学等众多学科以及材料和切割气体之间的复杂作用，与薄板的切割存在区别。切割后的边缘随着钢板的自然冷却产生收缩应力，严重时将产生较大且复杂的变形。切割作为焊接生产的第一道工序，其效率和质量将直接影响整体工程结构的焊接变形。

图 4-23 通过火焰切割海洋平台大厚度齿条

目前常用的金属边缘切割方法有机械切割法（剪切、冲孔、刨边和铣边等）、化学切割法（气割）和物理切割法（等离子切割、激光切割和水射流切割等）。

机械剪切是指对材料施加超过材料剪切强度的机械剪切力，使材料受挤压发生弹性变形、塑性变形，直至断裂分离的工艺过程。常用的机械剪切加工设备有斜刃龙门剪床、压力剪切机和圆盘剪切机等。

气割通常是指氧-乙炔切割或氧-丙烷切割，其实质是金属在氧气中燃烧，通常可分为预热、燃烧、去渣三个阶段。气割时首先用调节好的预热火焰加热金属，使割缝起点的温度逐步上升，直到达到被割材料的燃点，然后放出高压的纯氧气流，使金属燃烧，并将燃烧生成的熔渣迅速吹掉。连续不断地进行上述过程，就能在被割金属上形成一条光洁的割缝，从而将材料分开。常用的气割设备常根据气割轨迹控制及驱动方式进行分类，如手工气割炬、数控气割机等。

等离子切割机采用高速高温的等离子弧及其焰流，将割缝处的金属熔化和蒸发，并吹离金属基体，随着割嘴的移动而形成割缝。等离子切割效果好，速度快，但在空气中切割噪声较大，粉尘较多，弧光形成光污染，切割过程伴随着有害气体的产生。为了除尘，可在水中切割。

激光切割则是由激光发生器发出激光，经镜面反射变向和透镜折射聚焦后形成一束半径极小的光斑，产生高达上万摄氏度的局部高温，使金属材料瞬时熔化或气化，随着割嘴的移动，在材料上形成割缝，同时用一定压力的辅助气体将割缝处的熔渣吹除，从而使材料被切开。激光切割效率高、质量优、精度好，但价格较为昂贵，加工成本高。

水射流切割的原理是将水加压到数百兆帕的高压，然后使高压水通过一个特殊设计的、孔径较小的喷嘴，以大约三倍于音速的速度喷射出来，通过这种具有极高动能的水射流切割材料。为了能切割强度或厚度较大的金属材料，在水射流中通常还添加橄榄石砂、金刚砂等磨料。水射流切割不产生热量，不会影响材料的特性；割缝质量高，不产生毛刺和挂渣，割缝边缘平直，表面光滑；割缝较窄；生产效率高，但产生的水有一定的污染性，需要水收集、过滤系统，喷射产生的水雾也容易使金属材料生锈。

目前，高强度大厚度海洋平台桩腿板材的切割主要采用气割法。但气割形成不均匀的温度场，使板材发生热应变和局部塑性变形，在大厚度板材切割过程中，由于气割的热影响区更宽，这种残余应力和变形更加明显，使得切割裂纹增大。

切割大厚度钢板，燃烧反应沿厚度方向传播需要一定时间，越到切口下部，切割氧流动量越小、纯度越低，使后拖量增加，容易形成底部挂渣，并且氧气压力增高，不但使氧气流变成圆锥形，而且氧气流的冷却作用也增大，因而影响切割质量和切割速度。

气割是海洋平台生产中的关键技术，也是海洋平台结构件生产加工的首要工序，具有不可逆性。目前，海洋平台桩腿板材的火焰切割在我国尚处于起步阶段，国内建造海洋平台桩腿齿条有的直接从国外进口。

4.4.1　超厚板火焰切割特点

厚板及超厚板进行火焰切割加工时所具有的特点不同于薄板，下面进行介绍。

1. 切割用气量大

由于超厚板零件尺寸和质量通常较大，因而消耗的氧气和乙炔的总量较多。超厚板数控切割要一次性完成单个零件的切割必须要保证足够的氧气和乙炔，并持续稳定地供应。切割前若不宜进行局部预热时，则需要对割件整体进行充分的预热，通常要预热到 150～170℃，这样才能使大厚度钢板整体受热均匀，从而确保切割顺利完成。

2. 材料边角料损失大

由于超厚板较大，边料损失较多，且边料难以再利用。

3. 切割变形大

钢板受热量大，导致钢板切割时产生变形，导致尺寸出现偏差，如图 4-24 所示。在巨大的应力作用下，如钢板突然弹开还可能引起安全事故，故制定切割工艺时需防止切割变形导致的质量和安全问题。

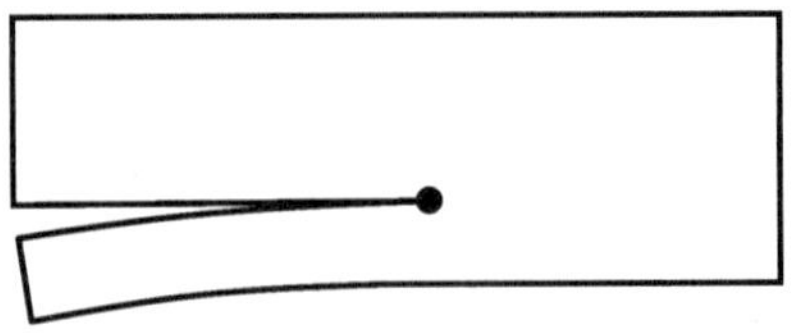

图 4-24 钢板气割变形示意图

4.4.2 厚板火焰切割容易产生的切割缺陷

1. 裂纹

在进行火焰切割时，切割断面或热影响区可能产生微裂纹。裂纹原因与碳当量存在一定关系，钢板碳当量高时，裂纹敏感性高却未采用适当的预热及缓冷措施，易导致裂纹滋生。此外，相比于普通板材的气割，大厚度板材切割过程中的热影响区更宽，残余应力和变形更加明显，切割裂纹也越大。

2. 切割困难或切割不透

切割大厚度钢板的过程中，燃烧反应沿厚度方向传播需要一定时间，越到切口下部，切割氧流动量越小、纯度越低，使后拖量增加，容易形成底部挂渣，并且氧气压力增高，不但使氧气流变成圆锥形，而且氧气流的冷却作用也增大，因而影响切割质量及切割速度，增加了切割难度。

此外，钢板受热不均匀，下层金属的传热比上层金属慢，上部金属与下部金属燃烧不均匀，使切割氧气流在前进方向呈现一弧形，相应地，在工件上产生一向后拖延的弧形割缝，较大的后拖量易使熔渣堵塞割口，造成切割困难。

3. 切割断面质量缺陷

由于大厚度钢板及割嘴的许多特征，进行大厚度板切割时还会在断面上产生一些切割缺陷。

(1)上边缘切割缺陷

切割后在割缝的上边缘出现塌边或水滴状熔豆串，如图 4-25 所示。产生这一缺陷的原因是多方面的，一是切割速度太慢，预热火焰太强，使割缝上边缘熔化；二是割嘴与工件之间的高度太高或太低、使用的割嘴号太大、火焰中的氧气过剩等原因使得火焰对于割缝上边缘加热线增大，上边缘受热过多而熔化。

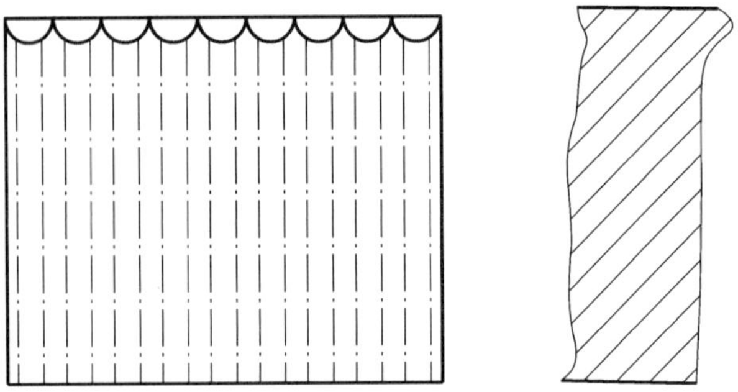

图 4-25 上边缘水滴状溶豆串缺陷

(2)切割面平面度差

在切割后出现切割断面粗糙度过大，平面度差，存在凹形缺陷，如图 4-26 所示。分别分析如下：

① 如在切割断面上边缘下方存在凹形缺陷现象，同时上边缘存在不同程度的熔化塌边，多是

由于切割氧压力太高，或割嘴与工件之间的高度太大，以及割嘴有杂物堵塞等原因，造成喷出的火焰受到干扰所致。

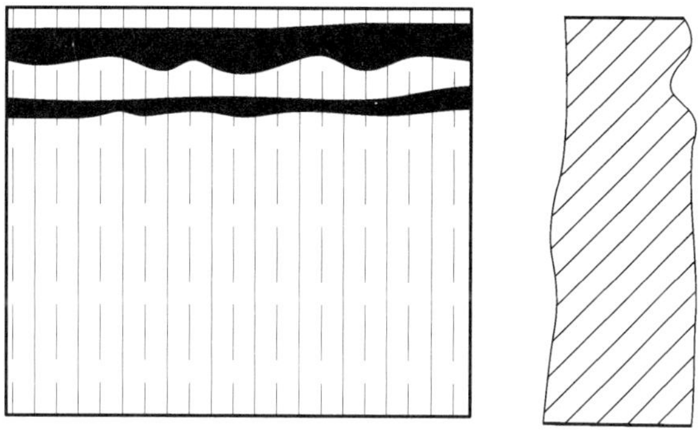

图 4-26 上边缘下方凹形缺陷

② 如切割断面的粗糙度过大，多是由于切割速度拖得过快或钢板内部有杂质而影响了成形。

(3)断面垂直度差

切割后如发生断面垂直度差的缺陷，即割缝上端与下端的宽度不同，造成切割后的钢板上表面和下表面尺寸不同，割缝上宽下窄或上窄下宽，原因是切割速度过快或过慢，以及割嘴有杂物堵塞使火焰受到干扰，或者切割氧的供应量不合适，造成金属受热不足和过多。此外还有可能由于割炬与工件面不垂直或火焰风线不正造成切割面出现斜角。

(4)下边缘切割缺陷

① 接近下边缘处凹陷并且下边缘熔化成圆角，原因是切割速度太快，割嘴堵塞或者损坏，火焰风线受阻变坏。

② 在切割断面上或下边缘产生难以清除的挂渣，形成原因是切割速度太快或太慢，使用的割嘴型号不合适，切割氧压力太低；预热火焰中燃气过剩，钢板表面有氧化皮锈蚀或不干净；割嘴与工件之间的距离过大，预热火焰太强；合金成分含量太高也会造成断面及下边缘挂渣(见图 4-27)。

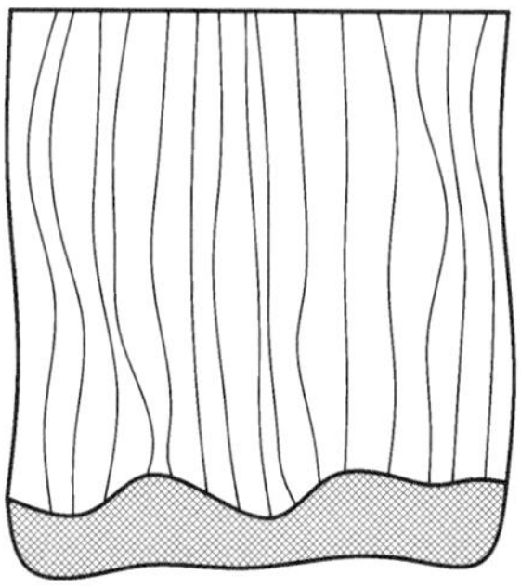

图 4-27 切割断面下边缘挂渣

4.4.3 厚板切割工艺

1.钢板预处理

在进行厚板切割前，一般要对钢板表面进行除锈预处理和校平处理。钢板从钢铁厂到达车间的这段时间里，钢板表面可能会产生一层氧化皮或锈斑。这些氧化皮熔点高，不容易燃烧和熔化，降低了切割速度；加热时，氧化皮的飞溅极易堵塞割嘴，降低了割嘴使用寿命。另外，钢板在轧制完成后的冷却、运输、吊运等过程中可能变形。若钢板直接切割，会导致零件尺寸错误，因此在切割前校平是一个重要过程。钢板切割之前的除锈与校平预处理已成为金属结构生产中一个不可缺少的环节。

2. 切割引入引出处理

在钢板下料时,为了保证切割零件的完整性,切割的起点和终点一般不在零件的轮廓线上,切割起火点与零件轮廓线之间的一段线为引入线,熄火点与零件轮廓线之间的一段线为引出线;引入线与零件轮廓线的交点为引入点,引出线与零件轮廓线的交点为引出点。对于轮廓封闭的零件,引入引出点常是重合的。超厚板切割时最难保证的是切口质量,特别是引入引出点位置,往往会产生切割缺陷。当厚板切割完轮廓线,切割点与引入点重合时,如果此时切割线转折时就会导致根部未割断的现象,由零件重力引起断裂而产生缺陷。为防止产生类似缺陷,可通过优化切割程序中的引入引出线来避免。具体措施是进行切割轨迹的修改,切割引入引出点最好在零件转角处,从起割点切入,在引入点不作停留直接切割进入零件,零件切割结束后在引出点不作停留直接切割出零件,如图 4-28(a)所示。零件没有转角的情况下,直接沿轮廓线切入和切出零件,如图 4-28(b)所示,针对轮廓为圆弧的零件,轨迹引入线和引出线均为圆弧引入和圆弧引出。

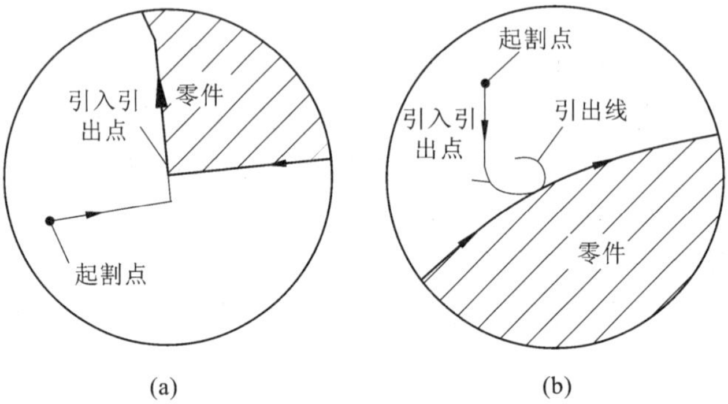

图 4-28 不同情况下引入引出线设置

(a)切割件有折角时;(b)切割件无折角时

3. 切割顺序优化

在火焰切割过程中,钢板在割缝处受热膨胀,如果在切割过程中不注意走向,会导致材料走料,即被切割的材料被膨胀力挤走,使得实际尺寸与所需尺寸不一致。走料是否发生,与材料摩擦力和膨胀力的大小有关,在钢板切割时,如果被割金属体积小质量小,与支撑架的摩擦力小,可能被膨胀力挤走,而质量大的被割金属,由于与支撑架的摩擦力大而不会被膨胀力挤走。因此在规划切割路线,尤其是切割较小尺寸的金属材料时必须注意这一点,应优先切割小构件,以保证未割金属的约束。

4. 排料优化尺寸

由于厚板的特殊性,对切割的排料进行优化,能节约较大的成本,设计切割程序时可在排料优化上多考虑,尽量提升板材的使用率,减少剩余边角料,剩下的边料最好要有利用价值。

5. 切割应连续

钢板一经切割,只能一次成功。在钢板废弃的边角处试切割,调整好切割线,确保切割断面没有上述各种缺陷。在切割过程中应密切地跟踪,发现问题第一时间处理。

4.4.4 厚板切割特殊工装

1. 保证切割供气系统连续供气

由于厚板切割所需氧气和乙炔供气量很大,且需保证在较长时间内、较高气压下供气稳定。部分大型结构厂有较稳定的氧、乙炔供气站系统，然而由于各种原因很多单位并无此供气系统，多采用瓶装氧、乙炔气体。一个厚板零件的氧气或乙炔使用量往往超过一瓶，如无法连续供气，则在零件切割中途必须中断以更换气瓶，钢板在切割中断处必然产生质量缺陷；为保证氧、乙炔气体的连续稳定供应，可将多瓶气体并联使用，保证乙炔稳定连续供气。

2.需要具备稳定的切割支撑架

由于厚板尺寸和质量大，对数控切割机支撑架的支承力提出了较高的要求，另外，由于切割厚板的火焰穿透力强，零件切割后也会将板条切割断，导致零件将支撑架压塌，使切割质量不能达到使用要求。为保证支撑架稳定支撑，需在切割厚板时保证支撑架已经过合理地设计。

4.4.5 切割工艺参数的选择

割炬型号、割嘴号码、切割氧的压力均应随被割件的厚度增加而增大，根据现场设备与切割经验选择。在厚板切割时，有以下需要注意的切割工艺参数。

1.切割氧的压力

切割氧的压力要适宜，若切割氧压力过高，会使切口表面粗糙，并对割件产生强烈的冷却作用；若氧气压力过低，会在割缝背面形成难以清除的熔渣黏结物，甚至不能将工件割穿。随着切割氧气压力的提高，能够切割的厚度随之增大。但压力增加到一定值时，可切割的厚度反而减小，这是由于高压氧射流产生涡流，轮廓失稳，形状不规则，同时在切割时会使切口变宽，影响割面的平整和光洁度，甚至产生冷却作用。铁锈灰尘及氧化层会使切割氧压力降低。

2.切割速度

切割速度与工件厚度、割嘴形式有关，一般随工件厚度增大而减慢。切割速度必须与切口内金属的氧化燃烧速度相适应。切割速度直接影响到切割过程的稳定性和切割断面质量。切割速度太慢会降低生产率，产生上缘熔化塌边等缺陷；切割速度太快则后拖量过大，使切割断面出现凹陷和挂渣等质量缺陷，严重的甚至割不透，造成切割中断。

3.切割补偿

切割补偿是指在切割前考虑到割嘴所熔化的部分钢板，切割补偿能防止由于切割损耗造成零件偏小，使得后续装配工作量增大。超厚板的切割需使用较大的割嘴，火焰较粗，相应的切割补偿也需要大些。一般切割补偿量为 2.5～4mm，补偿过大会造成零件的尺寸偏大，不利于组装。

4.引熄弧位置

引熄弧位置及起割点设置原则是减少打孔，超厚板的打孔费时费力，增加工作量，而且可能会造成零件的损伤；厚度超过 150mm 的钢板穿孔十分困难，因此切割时所有零件为避免穿孔，应当从钢板边缘及割缝处起割。

5.火焰调整

通过调整氧气和丙烷的比例可以得到 3 种切割火焰：中性焰(即正常焰)、氧化焰、碳化焰(还原焰)，如图 4-29 所示。

正常火焰的特征是在其还原区没有自由氧和活性炭，有 3 个明显区域，焰芯有鲜明的轮廓(接近于圆柱形)。焰芯成分是丙烷和氧气，其末端呈均匀的圆形和光亮的外壳，外壳由赤热的碳质点组成。焰芯的温度达 1000℃。还原区处于焰芯之外，与焰芯的明显区别是它的亮度较暗。还原区由丙烷未完全燃烧的产物——氧化碳和氢组成，还原区的温度可达 3000℃。外焰即完全燃烧区，位于还原区之外，它由二氧化碳和水蒸气、氮气组成，其温度变化区间为 1200～2500℃。一般来说，切割 200mm 以下的钢板使用中性焰可以获得较好的切割质量。

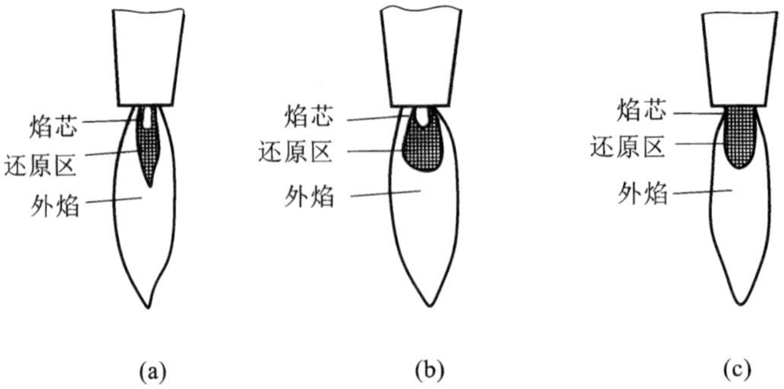

图 4-29 切割火焰

(a)氧化焰 (b)中性焰(正常焰) (c)碳化焰(还原焰)

思 考 题

1. 海洋平台主要包括哪些形式的构件?具有哪些特点?
2. 试比较冷加工和热加工对材料性能产生的影响。
3. 水火弯曲的成形原理是什么?
4. 水火弯曲不同冷却方式对成形的影响?
5. 海洋平台管节点的相贯线有什么特点?
6. 弯板成形存在哪些加工缺陷,产生原因是什么?
7. 采用滚弯机弯制圆柱形板和圆锥形板需要注意些什么?
8. 厚板的成形与普通板的成形原理存在什么区别?
9. 常用的板材切割工艺有哪些?各有什么特点?
10. 厚板的切割易产生哪些问题?如何解决?

5 海洋平台建造工艺

与常规船舶相似，建造海洋平台也是将已加工完成的零件依次装焊成部件、分段和总段，然后再将这些分段、总段在船台、船坞或船厂岸边水域区进行合拢。海洋平台尺度较大，且形式各异，因此，其建造方案需要根据海洋平台、承造厂的实际情况来制定。

虽然平台结构中部件、分段和总段的形式很多，但大部分结构特点与船舶相类似，如下船体、各种用途的模块等，其制造方法和施工要求也与船舶部件、分段相似。因此本章仅对海洋平台构件中具有一定代表性的若干部件、分段、总段的制造工艺进行介绍。

5.1 海洋平台建造方案概述

与船舶相比，海洋平台更庞大、更复杂，两者既相似，又有其独特之处，因此其建造方案、分段划分方案的制定均应充分考虑海洋平台和承造厂的特点，不能照搬船舶建造方案。海洋平台建造方案，就是根据平台产品的特点和制造要求，结合承造厂的生产条件制定的产品基本建造方案。它是进行生产设计、编制生产计划和组织施工的指导方针。海洋平台建造方案一般包括船体建造阶段的具体划分、分(总)段的制造方法、部件和组合件的制作方式、平台在船台上的建造方法、舾装阶段和内容的划分，以及应采取的各项技术组织措施等。

海洋平台制造中，沿用了船舶制造工程中的名词术语。但由于海洋平台和船舶的差异，这些名词有了新的含义。为了便于后面的叙述，下面对部分名词术语的具体含义进行介绍。

1. 建造方案

指最后组装成平台的建造方法，其总装方法有分段法、总段法，又可分为陆上总装法与海上总装法。

2. 分段、总段

各类海洋平台的上部结构(Topside)——平台，以及部分类型平台的下部结构，如：半潜式平台的立柱和下船体等都属于板梁结构，其分段和总段的含义与船舶相似。导管架平台的导管架、自升式平台的桁架式桩腿属于管状桁架结构，其总段和分段的含义如下：

(1)导管架平台

① 导管架分段：指的是分片，即导管架的一个立面。对于深水导管架，一般沿其高度方向将立面划分为若干个片，即分段。

② 导管架总段：指导管架分片(即分段)组装成的若干个单体；或沿其高度方向划分为几个环形总段，由这些单体或总段总装成整个导管架。

(2)自升式平台

① 桩腿分段：由部件组装成的桁架结构单体。

② 桩腿总段：由桩腿分段组装成的封闭型管状结构，或环形桁架结构。由于桩腿一般较长，建造中通常划分为若干个总段，然后再进行总装。

5.2 海洋平台建造方案选择

选择海洋平台建造方案时要考虑的因素很多，需综合考虑待造平台产品的特点、承造厂生产条件以及海上安装方案等。下面就主要的几个方面进行介绍。

5.2.1 船厂条件

1. 船厂可供场地及其位置

海洋平台尺度比与常规船舶不同，主要体现在宽度较大，高度较高。例如：

(1)各类海洋平台的上部平台宽度尺寸较大。半潜式平台的平台大多呈矩形，宽度尺寸较大。例如，在加拿大海域作业的半潜式平台 Bingo9000 的平台主尺度为：121m×85m。

(2)自升式平台的桩腿由于座底的要求，其高度必须与作业井区水深相适应，因此高度尺寸较大。例如，在我国渤海湾作业的几座平台的桩腿高度约为 70m；JU2000 型自升式钻井平台的桩腿全长接近 170m。

因此，平台承造厂需提供较为宽敞的总装场地。同时，由于下水的要求，总装区域一般都设置在海边。

一般情况下，海洋平台总装场地的特点主要包括以下方面：

(1)特制的干船坞

是一种比常规船坞宽得多的专用干船坞，坞壁多为斜坡式，排灌设施功率较大。坞内一般配有较多的中型起重机。

(2)纵向倾斜船台

由于海洋平台的上部平台宽度方向尺度较大，因此，这类船台的宽度尺寸比一般造船用的船台要大些。

(3)专用总装场地

一般是指在靠近水域岸边的场地，平台总装后便于下水。对此场地的要求是：要有足够大的面积、足够的承载能力，要便于物流。

(4)专用海上总装场地

一般是指在船厂岸线区内的水域，在此水域可以完成总装工程。其要求是：要有足够的水域面积及水深，岸边需配备一定数量和起重能力的起重设备，以及分、总段堆放场地，水流速度及风浪要小。

对于在船厂既有条件下建造海洋平台的情况，由于船厂场地条件及船台(或船坞)已定，往往在建造海洋平台时会受到场地和下水条件的限制，需因地制宜，灵活地根据船厂现有设施选择合适的建造方案，顺利完成生产任务。如，我国上海外高桥造船有限公司在其船坞内完成“海洋石油 981”号半潜式平台的总装工作。

2. 起重能力

在海洋平台大合拢时，不但要考虑起重设备的起重吨位，还要考虑起吊高度及幅度。在船厂岸边陆地或岸边水域进行大合拢时，可采用浮吊。

3. 下水设施

下水设施的方式及其承载能力，对海洋平台建造方案，特别是总装方案影响较大。在造船厂制造海洋平台时，一般会利用船舶下水设施，如倾斜船台、船坞等，而浮船坞、驳船等也经常被用来完成下水工作。

5.2.2 利用工艺方法解决建造方案

在船厂既有条件下承造海洋平台，会遇到现有设施不满足平台建造要求的情况。这时，技术改造可能也无法满足要求，而寻求工艺方法来解决问题是一种有效的途径。例如：

(1)场地及下水困难，可以采用水上合拢法；

(2)起重能力不足，可用浮吊，或采用机械顶升法；

(3)当场地、下水设施、起重设施都不能满足要求时，可采用水上合拢法、浮力顶升法、自升安装法、岸边起重机与浮吊联合吊装法等。

5.2.3 海洋平台井区定位方式的选择

自升式、半潜式平台等移动式平台在井区的定位工作比较简单，而导管架式平台海上落位及其安装较为复杂，制定建造方案时，必须综合考虑各要素的影响，做出正确的决策。

导管架在船厂完工后，通常由专用驳船运输至井区。下水后将导管架扶正、落位，再打桩灌浆。若深水导管架很高，可将导管架沿高度分成 2～3 段，在海上合拢。

5.2.4 预舾装原则

如前所述，海洋平台已采用"壳舾涂一体化"的制造模式，预舾装工作在平台总装前已全面展开。但它的工作量要比船舶舾装的工作量大得多，也更复杂。原因是它不但涉及一般的机器及电气设备，还涉及钻井装置、输油管系统、钻井移动装置、特殊的系泊装置、贮油装置等舾装工作。在预舾装项目划分中，其原则是：

(1)在起重能力允许范围内，尽量地开展分段舾装、总段舾装和单元舾装工作；

(2)将尽可能多的舾装工作安排为与主体工程平行的作业，从而缩短建造周期；

(3)尽可能多地安排陆上舾装，减少水上舾装工作量。

5.3 导管架平台制造工艺

导管架平台又称桩基式平台，是由打入海底的桩柱来支承整个平台，能经受风、浪、流等外力作用，可分为群桩式、桩基式(导管架式)和腿柱式。

桩基式平台用钢桩固定于海底。钢桩穿过导管打入海底，并由若干根导管组合成导管架。导管架先在陆地预制好后，拖运到井区安放就位，然后顺着导管打桩。桩是打一节接一节的，最后在桩与导管之间的环形空隙里灌入水泥浆，使桩与导管连成一体固定于海底。这种施工方式，使海上工作量减少。平台位于导管架的顶部，高于作业时的波高，具体高度需视当地的海况而定，一般高出 4～5m，这样可避免波浪的冲击。桩基式平台的整体结构刚性大，能适用于各种土质，是目前最主要的固定式平台。

导管架平台可以分为三个主要组成部分，即上部结构、导管架和桩。由于结构特点差异较大，导管架平台建造过程中，上部结构和导管架部分分开建造。安装过程中也是分开安装，即先安装导管架，然后安装上部结构。安装的工作通常在海上完成，有关导管架和上部结构海上运输、井区安装的内容见本书第 7 章。

下面介绍导管架平台陆上建造的主要工艺内容。

5.3.1 导管架平台上部结构制造工艺

1.导管架平台上部结构制造工艺

上部结构由各种组块组成，称为上层平台，亦称模块、组块。根据导管架平台规模大小，上部结构可以是一个多层甲板组成的结构，也可以是单层甲板组成的结构。组块结构的制造和船体平面分段的制造工艺流程相类似，其制造工艺流程见图5-1。

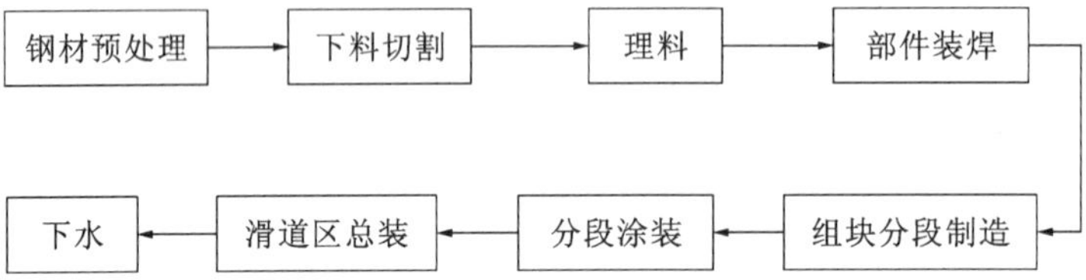

图5-1 上部结构制造工艺流程图

上部结构组块的建造目前有两种比较常见的方式，即组块分道装焊方式和分段装焊制造方式。

(1)组块分道装焊方式

首先将组块分层，并按设备单元安装的要求将各层甲板组块或分段进行结构制造，见图5-2。甲板分段结构建造一般采用分段反造法，并完成部分反态预舾装工作，然后在总组装区域进行分段翻身和部分预舾装工作，再吊运至滑道区域进行总装。

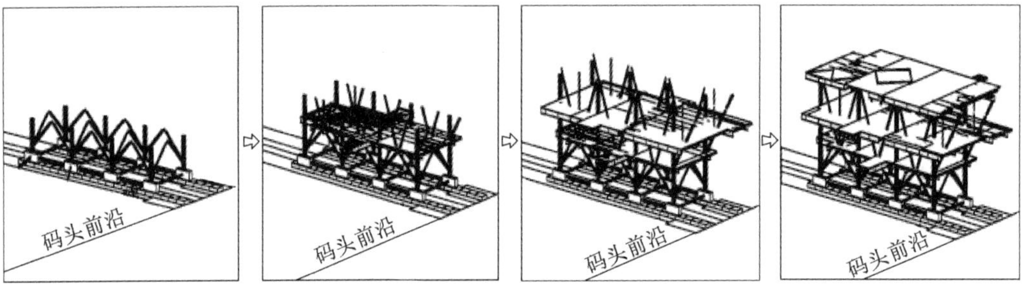

图5-2 组块分道建造示意图

(2)分段装焊制造方式

按照组块的结构特点，将组块以相应结构为中心分成几个大型分段，先进行分段结构框架的预制，然后焊接相应的甲板片(一般也是采用反造法)，再进行相应设备的预舾装、分段涂装，然后在总组装区域进行分段翻身和部分预舾装工作，最后吊运至滑道区域总装等。

目前，我国海工建造中较多采用分段装焊的组块建造方式。

2.导管架平台上部结构总装工艺

导管架平台上部结构总装包含三个部分的工作，依次介绍如下。

(1)上部结构总装工艺

上部组块通常在滑道区域完成总装。根据分道装焊或分段装焊的要求，将来自车间或外场的上部结构分段，利用履带吊或大型龙门吊进行分段翻身，使上部结构分段呈正态放置在滑道边的平台上。然后将机、管、电仪设备利用塔吊或汽车吊安装到位，最终以分段形式将完整的上部结构分段利用大型履带吊安装在滑道的总装工位上。

(2)上部结构下水和装船工艺

上部结构的下水一般采用滑移下水方式。下水时，上部结构的每根腿柱上设有滑靴，滑靴面积视上部结构大小而定。滑靴通过钢板和混凝土垫块接触，混凝土垫块铺设在两条滑道上，在滑靴和混凝土垫块之间涂抹油脂。上部结构装船时，采用牵引滑移装船方式，利用固定在驳船上的绞车将上部结构牵引到驳船上，并随着上部结构重心转移及潮位的变化对驳船进行适时压载调整。待整个上部结构安全滑移到驳船上之后再对结构进行适当稳固，最后，经海上运输到井区吊装。

滑道设置在码头后方并一直延伸到码头前沿，是专为平台的制造、装船而设计的钢筋混凝土结构物，主要由两条平行的桩基或弹性板基础承台结构组成。在平台建造中，由于滑道方面具有承载能力大、便于场地布置、便于平台装船等诸多优点，因此已经被广泛应用。

此外，上部结构的装船方式还有液压轨道小车载运上船、液压电动平板车拖运上船，以及重型浮吊装船等方法。

(3)上部结构的海上吊装与合拢

上部结构的海上吊装方式取决于上部结构的质量。对于功能较简单的小型上部结构而言，其海上安装可以采取整体吊装的方式，即借助于海上的浮吊将上部结构整体吊起，然后安装到相应的下部导管架或平台结构上去。

对于吨位较大的上部结构而言，比较常见的有多台浮吊联合起吊方法和浮拖法。此外，也可以采用分段海上大合拢的方法。

5.3.2 导管架制造技术

导管架是由导管(桩腿)和连接导管的纵横撑杆所组成的空间桁架，各管状构件相交处形成了管状节点结构。横向和斜向的钢管分别叫横撑和斜撑，也叫横拉筋或斜拉筋，竖向大直径圆管立柱称为导管。

导管架一般是由导管、钢桩、隔水套管、井口片、防沉板、靠船件、登船平台、泥浆管线、泵护管、立管卡子、电缆护管、吊点、桩腿连接、走道等部件组成。

导管架平台建造工艺流程图见图 5-3：

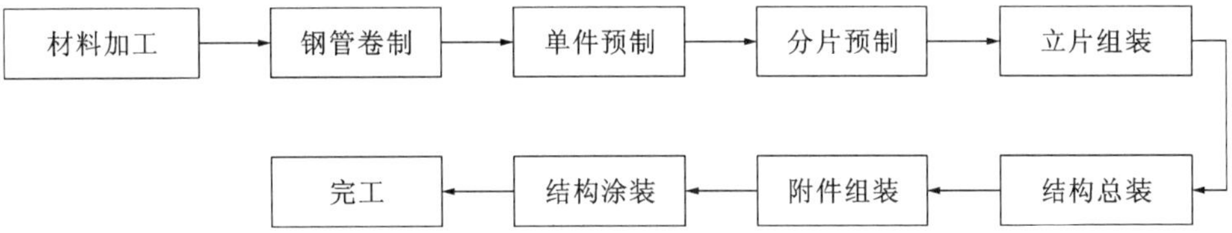

图 5-3 导管架建造工艺流程图

1.施工装备

导管架制造过程中所需要的施工设备主要包括以下部分：

(1)起重设备

主要包括：大型浮吊和各种型号的履带吊车、龙门式吊车、叉车、卷扬机等。

(2)加工设备

主要包括：板材、型材、管材切割机、卷板机等。

(3)焊接设备

主要包括：各种型号的埋弧自动焊、二氧化碳保护焊、氩弧焊和交直流手工焊等焊接机械及配套机具。

(4)无损检验设备

主要包括：γ 射线、X 射线探伤机、超声波探伤仪等。

2.常用工装

工装在导管架施工中起着非常重要的作用,导管架平台建造中使用的工装主要有:垫墩(临时支撑用)、滑靴(牵引用)、临时锚点(立片使用)、撑杆(大片吊装和翻身用)、挂式脚手架(方便、安全)等。

1)垫墩

导管架直立总装时,因各片质量较大,而导管架的根数有限,所以每根导管底部平均承重可达百吨以上。如果直接支撑在建造场地上,则集中负荷太大。因此,通常在导管底部设置较大的垫墩来分散集中负荷。常见的垫墩有混凝土垫墩和钢质垫墩,见图 5-4。

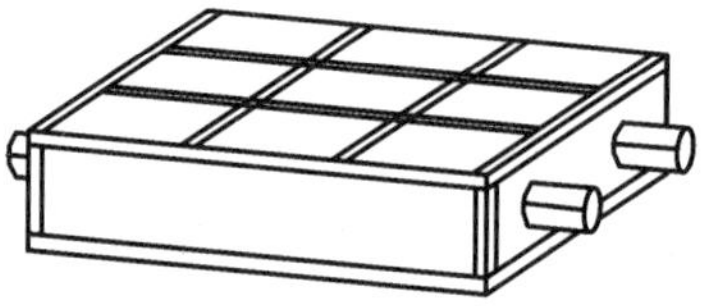

(a)

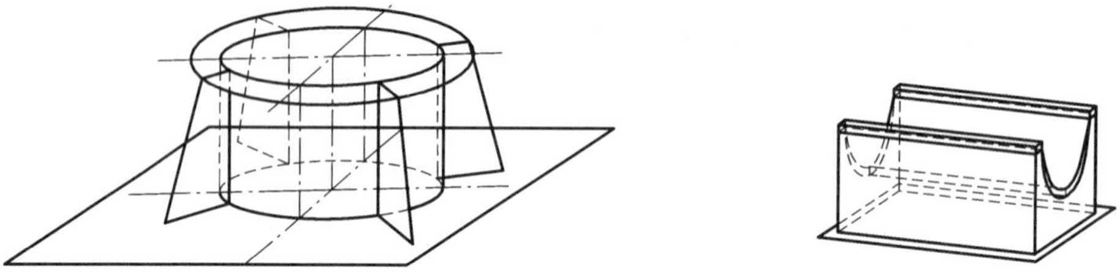

(b)

图 5-4 垫墩示意图

(a)混凝土垫墩;(b)钢质垫墩

垫墩设计需考虑的因素主要有:

(1)应满足施工方案的要求,并且考虑最重的单片或水平片的质量和主要构件的位置,以及整体结构形式。

(2)要考虑场地的承载力和施工的便利性。

综合考虑上述要素,最后决定垫墩的数量、高度及外形尺寸。

2)地锚

在导管架建造过程中,先把各个单片分别预制好,然后进行组装。组装时先立导管架片,然后从下往上安装水平片,最后将另一个导管架片合拢。立片完成后一般是用钢丝绳将其固定在地锚上,见图 5-5。地锚受力比较单一,一般只受拉力的作用。

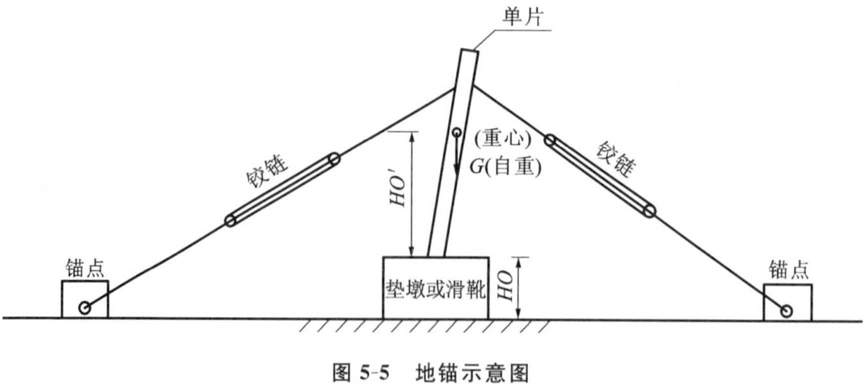

图 5-5 地锚示意图

3)撑杆

撑杆是导管架装配作业中常用的工装。在甲板单片进行平面反装组对后，需要翻身，或吊装时有的杆件出现绳扣挤压的情况时，通过撑杆来支撑绳扣。撑杆主要用于单片的翻身，还可以用来吊装设备，以防止设备外形受挤压产生变形，避免其功能受影响。

4)滑靴

作为海洋石油平台的基础，导管架在陆地建造完成以后要装船并运输到海上进行安装。因此在场地布置时要考虑导管架建造完成后如何装船的问题。

目前常用的方法是在导管架下面预先安放好滑靴，待导管架建造完成后，利用牵引系统克服滑靴与滑道间的摩擦力，把导管架沿滑道拖拉到码头边缘然后用浮吊吊装上船或者直接拖拉上船。

3. 导管架制造程序

1)立柱和拉筋管卷制

导管架上的立柱、拉筋管等结构管通常由钢板卷制而成。根据结构管的直径，选择合适的卷板机，卷制成长度为 3000mm 左右的管段，然后再进行接长。

2)平面预制

平面预制包括：单片组对、焊接，水平片(包括一个防沉板片，井口片)组对、焊接，以及阳极铸造、附件预制等。

(1)单片预制步骤

① 导管摆放

导管摆放这一步主要是在预制场地将已经接长、画线的导管按其在单片中的位置摆放在垫墩上。

② 组对拉筋

导管摆放就位后，就要组对拉筋。组对拉筋的顺序一般是先组对水平拉筋，再组对斜拉筋。

③ 整体焊接

拉筋组对完成以后，可以进行整体焊接。在进行整体焊接时，应该采取先焊水平拉筋，再焊斜拉筋，并且左右和各层同时进行焊接的方法。

④ 附件安装

立片上的导管架附件应该尽量在地面安装完毕。这样，可以大量减少高空作业量，省工、省时。

⑤ 涂装

单片预制完成后，需要完成单片喷砂、底漆、中漆和面漆的涂装工作。在进行单片的喷漆作业时，应注意将立片以及结构焊接的部位留出来，不喷漆。

(2)单片组装技术要求

单片组装过程中应满足的技术要求主要包括以下部分：

① 单片中各导管顶端齐平标高与理论值误差$\leqslant \pm 6$mm，相当高差也须$\leqslant \pm 6$mm。

② 任意两导管架的水平间距误差要在± 10mm 内。

③ 所有拉筋位置偏差要在± 6mm 范围内。

④ 单片对角线误差要小于或等于 19mm。

⑤ 所有拉筋接长误差要小于或等于$\frac{1}{10}$壁厚，且最大不超过 3.0mm。

⑥ 拉筋组对前应将坡口打磨干净，不得有气焊飞溅物、铁锈及污物存在。

⑦ 拉筋加厚段位置误差要在± 25mm 以内。

(3)施工时的注意事项

① 在编制方案的过程中,应该对立片过程中单片结构的整体和局部强度进行校核。如不能满足要求,就要考虑对单片进行加强或修改设计方案。

② 控制单片的质量是方案编制时要考虑的一个重要方面。因为,施工单位的大型履带吊的起吊能力、起吊高度和旋转半径是有限的,应该将单片的质量控制在履带吊的起吊能力范围内。控制单片的质量主要是通过是否安装单片上的阳极和附件来实现。

(4)井口片的预制

井口片(图 5-6)、水平片及防沉板片的预制是导管架建造的一个重要环节,其尺寸直接影响导管架建造完成的最终尺寸。

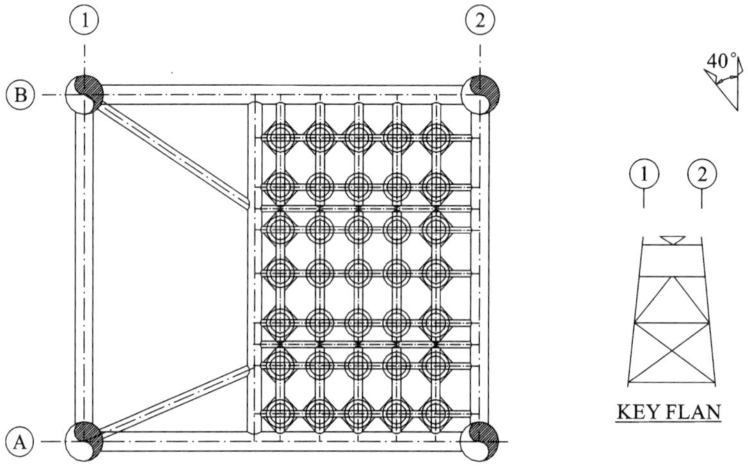

图 5-6 井口片示意图

井口片的预制技术要求主要包括以下方面:

① 拉筋所在位置最大允许误差:±5mm;

② 水平片预制上中心标高最大允许误差:±6mm;

③ 任意平面的两对角线最大误差:19mm;

④ 各个井口的位置与理论位置的误差:±6mm;

⑤ 任意两个井口的距离与理论距离误差:±12mm;

⑥ 拉筋接长的最大弯曲度为:3m 以内(包括 3m)不大于 3mm;12m 以内(包括 12m)不大于 10mm;12m 以上不大于 12mm。

预制完成后,井口片、水平片及防沉板片需要吊装就位。因此,编制方案时还需要根据吊车的起吊能力来核实是否满足起吊要求。如果选用吊车的起吊能力不能满足这些单片的吊装要求,就要考虑更换吊车,或考虑将一些附件(如:阳极)在预制时不安装。另外一种解决方法是增加一台吊车,并考虑多台吊车共同作业时的配合、同步等问题。

(5)单片上附件的安装

单片上的附件主要包括:阳极、电缆护管、立管卡子、主吊点、靠船件、登船平台等。在地面预制单片时,应该尽可能地将所有的附件都在地面安装完毕。如果附件在地面不能安装完成,而留在空中安装,会极大地增加施工难度和施工工作量。

(6)单片预制完成后进行喷砂、喷油漆作业

处于水面以下位置采用牺牲阳极法防腐蚀,处于水面以上的要进行喷漆。

3)立片

(1)立片准备工作

① 单片质量和重心位置

单片的质量及重心位置是吊车选用、吊装用钢丝绳选用、拖拉绳选用、地锚计算和布置的前提条件，其准确性直接影响立片作业的安全性，因此，计算应该准确、完整。

对于单片的质量，可以采用表格将其表达清楚，合计值就是最终的起吊质量，表 5-1 所示为实际工程中一个导管架上两个单片的质量统计。对于单片质量重心的位置，一般用图来表达更为清楚，见图 5-7。

表 5-1　单片质量统计示例　　单位：t

项目	Row 1 片	Row 2 片	备注
主结构质量	110.68	110.68	
泥浆管	0.6	0.6	Row 1/2 片各 2 组
立管卡子	6.71	1.78	A1：2 组，B1：2 组。B2：1 组
电缆护管	9.04	4.52	A1：1 组，B1：1 组。B2：2 组
阳极	12.87	12.48	Row 1：18＋3×2＋3＋2＋4＝33 Row 2：18＋3×2＋3＋2＋3＝32
合计	139.9	130.06	

② 吊装用钢丝绳选用

通过软件对立片过程进行建模、分析，可以计算出单片立片过程中不同位置、不同角度各吊车的受力情况，见表 5-2。

表 5-2　单片吊装过程中吊车受力计算结果示例　　单位：t

角度	吊车号			
	1 号车	2 号车	3 号车	4 号车
0°	36.2	35.0	33.7	35.0
30°	36.1	35.0	33.8	34.9
60°	35.8	35.4	34.2	34.5
90°			60.6	79.3

起吊用钢丝绳的选择，一般采用 4 倍的安全系数，因此，对于表 5-2 中的各台吊车，钢丝绳的破断力应该分别为 144.8t(约合 1419.04kN)、141.6t(约合 1387.68kN)、242.4t(约合 2375.52kN)和 317.2t(约合 3108.56kN)。同时，钢丝绳一般成对购买。所以，考虑 1 号、2 号吊车选用一种钢丝绳，3 号、4 号吊车选用一种钢丝绳。

③ 吊车选用

对于吊车选用的原则，考虑到吊车作业时的一些不可预知的情况，以及多台吊车联合作业时的配合、同步造成吊车受力再分配等因素，出于安全考虑，施工单位都会对吊车的起吊能力的利用率做出明确的管理规定。

一般情况下，单台吊车作业时，吊车的最大荷载不得超过其安全吊装量的 90%(吊车作业的利用率)；多台吊车联合作业时，各台吊车的最大荷载不宜超过其安全吊装量的 80%。根据计算结果及吊车参数，1、2 号吊车选用 2 台 M250，3、4 号吊车选用 M350，见图 5-7。

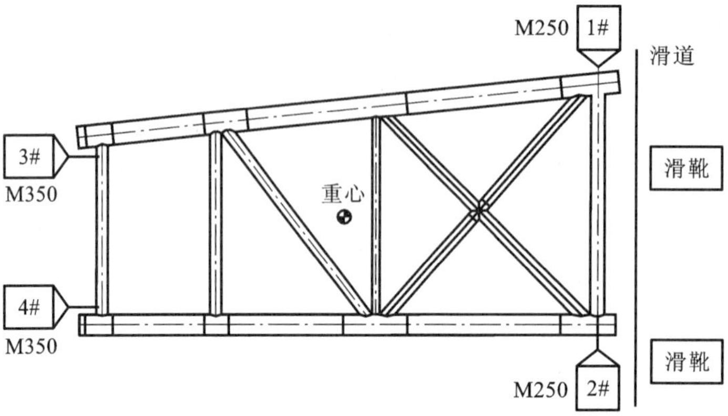

图 5-7 吊车布置示例

(2)拖拉绳、地锚计算和布置

① 拖拉绳

根据据各绳受力情况选用钢丝绳作为拖拉绳，布置图见图 5-8。要求拖拉绳绷紧后与地面的夹角不大于 30°。

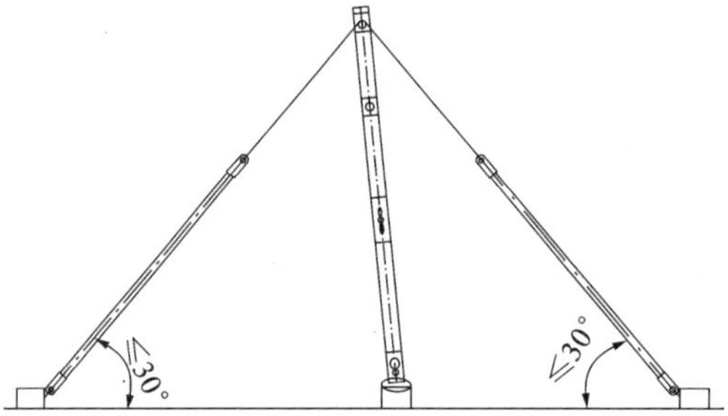

图 5-8 拖拉绳布置示例

② 地锚布置

固定拖拉绳用的地锚根据现场的实际情况选取。若地面摩擦力足够，可以将地锚直接放在地面上。如果地面摩擦力不够，应将地面挖出深为 300mm 的坑，将地锚放入坑中，周围填土，并且砸实，或者使用埋地式地锚。地锚布置见图 5-9。

4)整体合拢

单片组对、焊接完成后，就可以将其他没有完成的附件安装就位。

5)整体涂装

整体涂装是导管架陆地预制的最后一道工序。此时，要对没有进行喷砂、喷漆作业的表面完成喷砂、喷漆工作，以及将施工过程中油漆被破坏的表面再将油漆补上。

4. 导管架建造形式

导管架在滑道上建造的形式主要有立式和卧式两种，如图 5-10 所示。

确定导管架的建造形式时，应注意以下要点：

(1)在进行场地布置时，应根据导管架的尺寸、质量、结构形式等，结合滑道承载能力和导管架

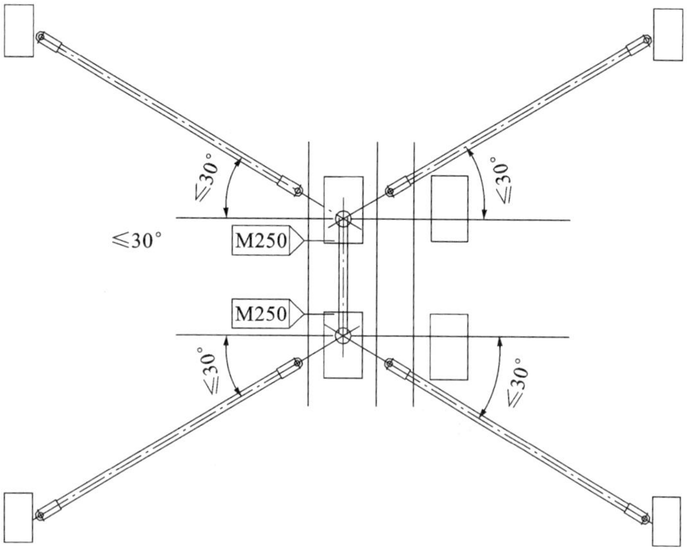

图 5-9　地锚布置示例

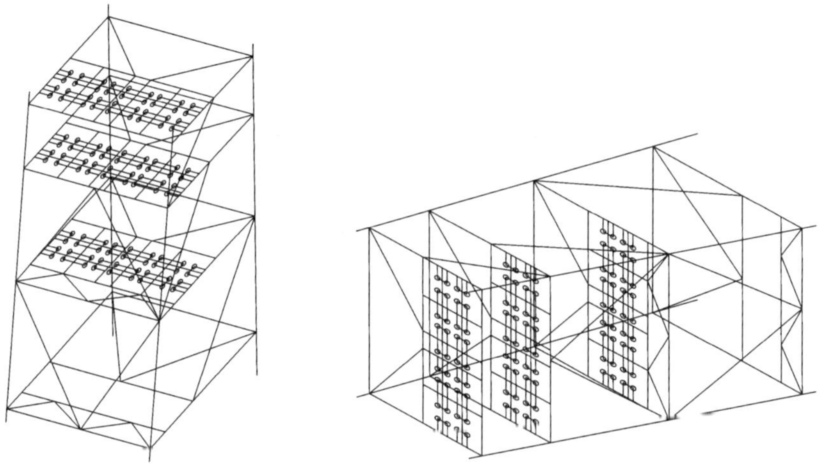

(a)　(b)

图 5-10　导管架建造示意图

(a)立式;(b)卧式

的装船形式等来选择导管架的建造形式。

(2)对于设计水深在几米至二三十米范围的导管架,由于其高度不是很高,质量一般在千吨左右,装船方式多为立式装船,因此这种导管架的建造形式多选择立式建造。组装顺序见图5-11。

(3)对于设计水深在几十米甚至上百米的导管架的建造,由于其高度尺寸大,质量大,装船方式多为卧式拖拉装船,因此这种导管架在陆地建造时也多选择顺着滑道卧式建造的形式。组装顺序见图 5-12。

选择合适的建造方式,既有利于充分发挥滑道承载能力,又能顺利完成拖拉装船作业。

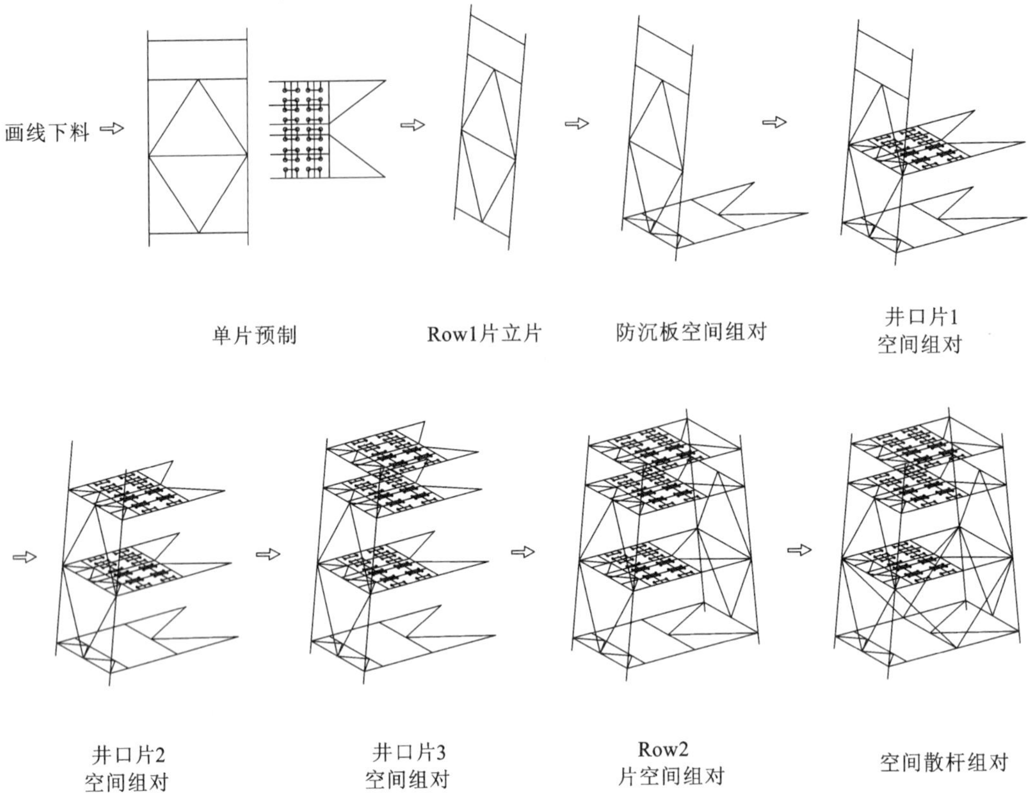

图 5-11　导管架立式安装组装顺序

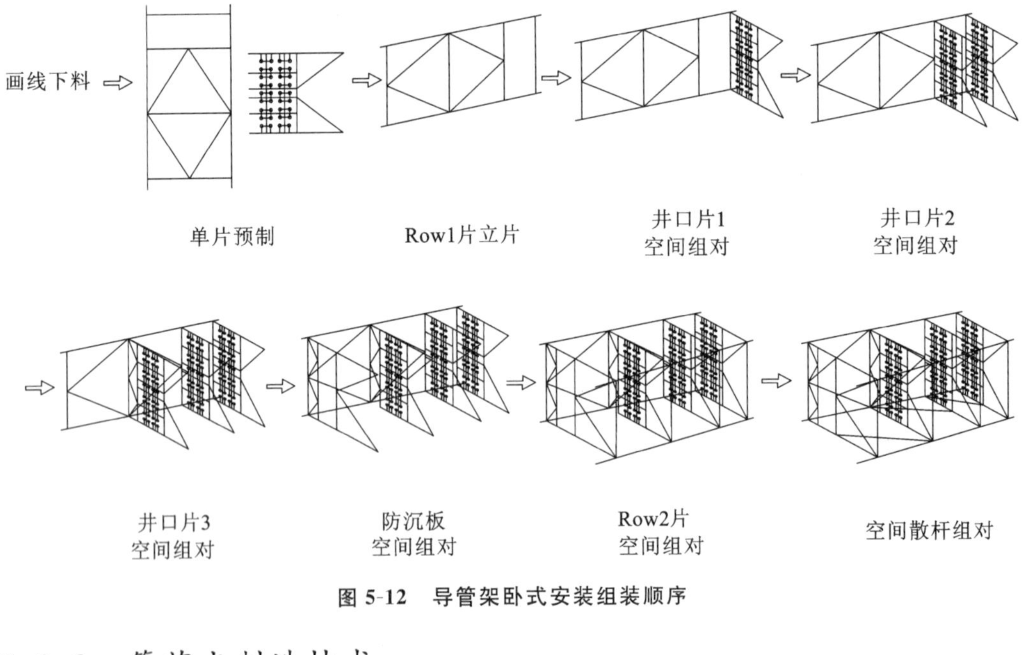

图 5-12　导管架卧式安装组装顺序

5.3.3　管节点制造技术

导管架是由圆管焊接而成的空间框架结构。若干圆管汇交的节点，简称为焊接管节点。在近海工程发展的过程中，海洋导管架平台的失事，很多都是由导管架的节点破坏造成的。因此，应该对管节点制造给予足够的重视。

1.管节点的类型

如果从三维空间几何形状考虑，管节点的布置形式很多，即使只考虑常见的位于同一平面内的管件连接，仍有许多种类，但基本形式有三种：T 形、Y 形和 K 形，其他各种形式的节点可以由这三种基本节点形式派生出来，图 5-15 所示是典型管节点结构图。

T、K、Y 形管节点就是将支管(小直径管)的一端焊接在主管(大直径管)上。为保证焊接质量，在支管一端开坡口进行焊接，所形成的马鞍形接头就称之为管节点，其焊缝称为管节点焊缝。常用的几种管节点有如下特点：

(1)T 形节点：支管与主管正交；

(2)Y 形节点：支管与主管锐角相交，交角通常为 30°～60°；

(3)K 形节点：两支管与主管均呈锐角相交，交角一般为 30°～60°；

(4)TK 形节点：T 形节点与 K 形节点的组合，支管交于主管的同一侧，三根管中一根与主管正交，另两根与主管锐角相交，通常为 30°～60°；

(5)TY 形节点：T 形节点与 Y 形节点的组合，有时也称 N 形节点；

(6)X 形节点：交于主管两侧的支管与主管呈 X 形相交，也称十字形节点。

若考虑有无偏心及不同心度，又可得出许多种类型的节点。以上主要从管节点外形上考虑。若对节点采取加强措施，如设置加强板、内外加强环、隔板等，则称该节点为加强节点。支管间相互搭接，则称为搭接节点。若支管连接端部分管段截面扩大，以改善应力状态，则称之为扩大节点。

2.管节点构造简介

1)简单管节点的构造

如图 5-13 所示，管节点的主要特点如下：

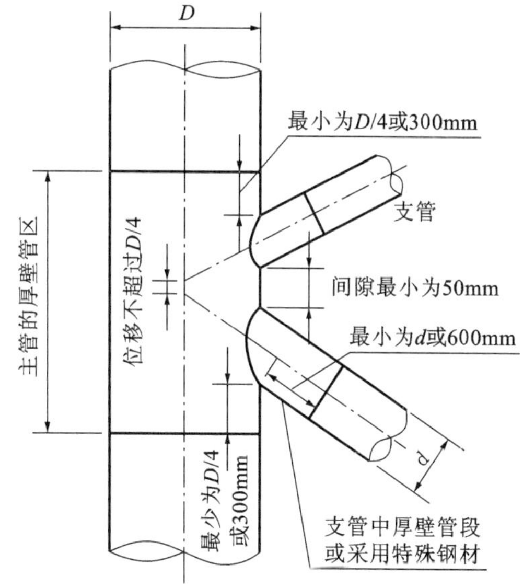

图 5-13　K 形管节点的构造

(1)支管不应穿过主管管壁，支管与主管的轴交角不宜小于 30°

(2)节点处主管管壁若需加厚，则主管加厚部分长度应超出支管外边缘(包括焊角)至少 $D/4$ (D 为主管直径)或 300mm，取其较大的值。

(3)节点处支管，若需加厚或改用特型钢材，则其加厚部分长度应从连接端起延伸最小等于支管直径 d 或 600mm，取其较大者。

(4)工程上非搭接节点的支管间至少有 50mm 的间隙。为了使主管节点管段部分不致过长，支管轴线和主管轴线的交点与过支管间隙中点对主管垂线的距离，不能超过 $D/4$。

在简单节点中，若支管间的间隙小于 50mm，则应设计成搭接节点。

2)搭接节点的构造

搭接节点是指两个支管相互重叠在一起焊接到主管上的管节点，见图 5-14。搭接节点承受的载荷，可部分地从一个支管传递到另一个支管上。搭接节点的构造必须满足以下要求：

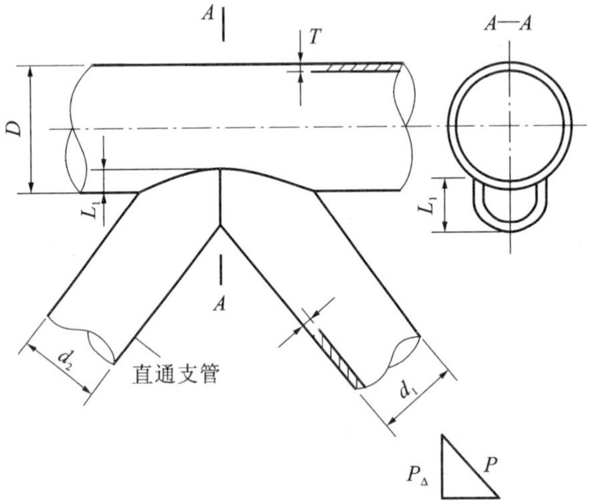

图 5-14 搭接管节点的构造

(1)两支管搭接部分的高度，必须保证搭接部分至少能承受垂直于主管的支管分力的一半；

(2)支管的壁厚不应超过主管的壁厚；

(3)当各支管承受显著不同的载荷或两支管壁厚不一样时，应将负荷较大的或壁厚较厚的支管做成直通的，壁厚一样时取直径大者，并将其沿全部相贯线满焊于主管管壁上；

(4)支管轴线交点相对轴线的偏心距没有具体要求，但由于偏心而引起的附加弯矩在结构分析中应予以考虑。

3. T、K、Y 形管节点焊接工艺

T、K、Y 形管节点就是一般所谓的“马鞍形”接头，它由一个或几个支管交于一个主管同一位置。由于主管表面为非平面，造成支管的坡口面的走向也不在一直线上，而是沿着一条相贯线行进。

对于海洋工程来说，T、K、Y 形管节点一般都是全熔透接头，无法进行双面焊接，焊接衬垫也不适用。因此，在焊接 T、K、Y 形管节点时，根部焊道的焊接尤其重要，需要焊工掌握根部焊道单面焊成形技术，是焊接 T、K、Y 形管节点的难点之一。对于 T、K、Y 形管节点，整个节点一般分为趾部区、侧面区、过渡区和根部区，支管与主管夹角为 15°～165°，当根部区的夹角及二面角小于 40°时，此区域的焊接坡口面就为主管和支管的表面。40°已小于通用的焊接坡口角度，所以焊工应具有小角度焊接面的焊接技能。

T、K、Y 形管节点焊接需要焊工的等级为最高，即应达到 6GR 级。

管节点焊接施工必须实行严格的质量控制，将管节点焊接质量引起的结构破坏的可能性降到最低。焊接必须使用适当的焊接工艺，并对焊接材料进行严格管理。

4. T、K、Y 形管节点超声波检测工艺

由于相贯焊缝复杂的结构特点，加上主支管的壁厚均较大，难以用射线照相法进行检测，只能采用超声波检测 UT(Ultrasonic Testing)。

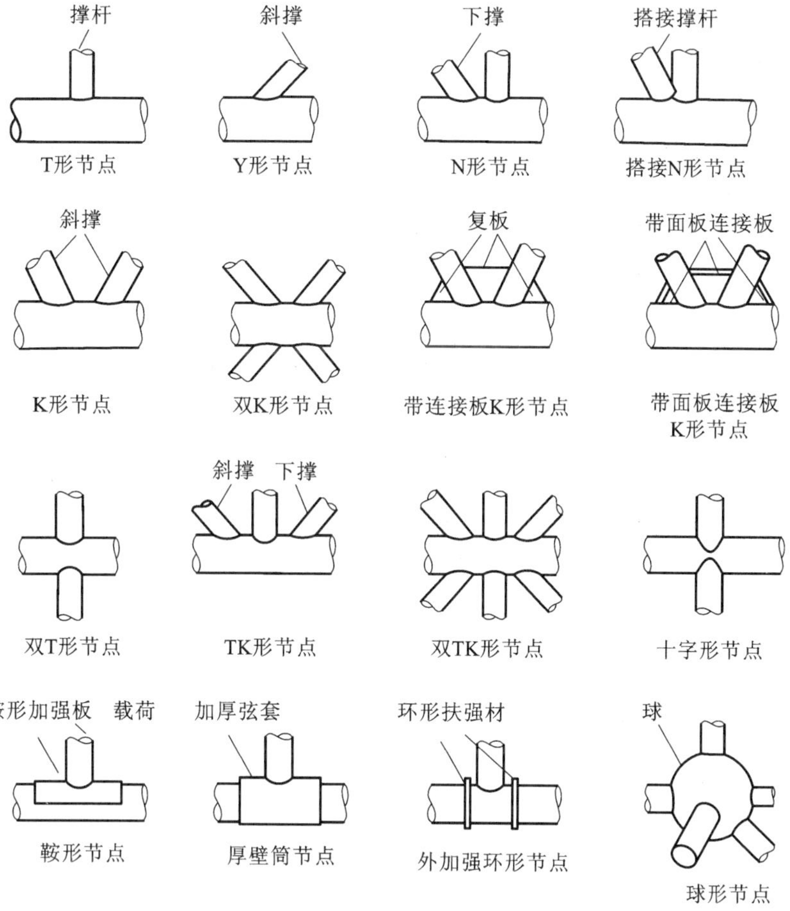

图 5-15 典型管节点示意图

1)T、K、Y 形管节点焊缝截面形状的几何特征

(1)焊缝截面是连续变化的;

(2)两面角与坡口角度是连续变化的;

(3)根部间隙是连续变化的;

(4)焊缝截面形状较复杂,主支管截面相交是椭圆形,这将导致超声探伤的声程不断变化。

2)T、K、Y 形管节点焊缝超声检测要点

T、K、Y 形管节点焊缝超声检测定位主要是用作图解析法解决,其要点是:

(1)移动探头找到反射体最高反射波位置,并从探头中心位置画条与焊缝垂直的直线;

(2)用取形规或橡皮泥沿画好的直线对焊缝及其两侧主、支管表面取形,并画在记录纸上;

(3)根据已知节点焊缝的相关数据(如:主支管板厚、根部间隙、坡口角度等)完成焊缝 1∶1 剖面图的绘制;

(4)在剖面图上量出探头入射点的位置,并在入射点处画切线、法线;

(5)用量角器量出所用探头折射角,并画出探头声束中心线;

(6)量出反射体声程,从而确定出反射体位置。

3)合格与判废标准

管节点焊缝 UT 的合格与验收标准,目前,主要采用美国石油协会 API RP 2X“近海结构建造的超声波检验和超声波技术人员考核指南”。按照保持质量等级与设计相一致的原则,该标准立足于疲劳特性的试验,将 UT 的拒收标准分为 A、C 和 F 级三个等级。除了固定式近海结构的

UWNDT 选用 F 级外，通常以 A 级作为管节点焊缝 UT 的最终判废依据。

4）人员资格要求

T、K、Y 形管节点焊缝超声波检测与常规平板焊缝超声波检测相比，技术难度更大。《无损检测 人员资格鉴定与认证规范》（GB/T 9445—2015）规定：从事 T、K、Y 形管节点焊缝超声波检测的人员，在具备了 CCS Ⅱ级超声波检测人员资格的基础上，经 T、K、Y 形管节点焊缝超声波检测Ⅱ级专门培训和考试合格后，取得 T、K、Y 形管节点焊缝超声波检测Ⅱ级专项资格后，方可从事 T、K、Y 形管节点焊缝超声波检测工作。

5.4 自升式平台制造工艺

5.4.1 自升式平台制造工艺流程

自升式平台的建造可分为五个阶段：（1）准备；（2）设计；（3）建造；（4）装载托运、下水定位、水下总装和试验调试；（5）验收完工交付等五个阶段。从制造环节上看，其主要制造工艺流程如图 5-16 所示。

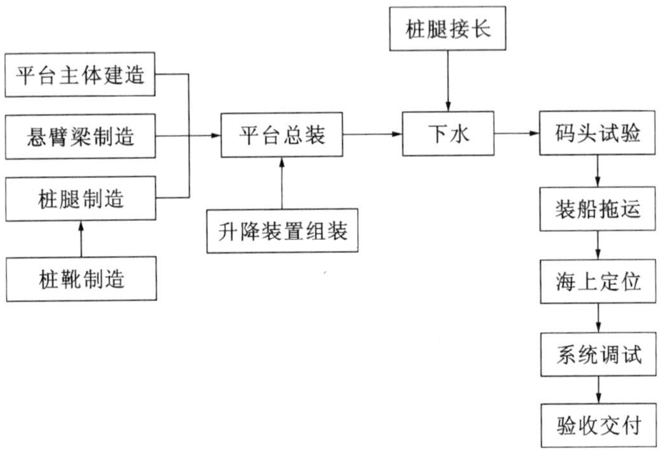

图 5-16 自升式平台制造工艺流程图

1. 自升式平台主体装焊工艺

自升式平台的建造要求加工车间的加工能力较强，需要较大的平面组装场地，特别是便于桩腿的对接和组装作业。

自升式平台为全焊接结构，高强钢和超高强钢大量使用，使得对焊接质量的要求远高于一般船舶。建造时，应采用合理的焊接工艺和程序，以减小焊接变形和残余应力，所有结构的应力水平均应满足船级社和有关规范的要求。自升式平台不同的结构区域对焊工资质有不同的要求，需进行严格的焊工培训和上岗资格管理。焊接工艺应根据母材、焊材、位置、坡口形式、电流等各参数制定并严格执行；焊前需进行预热，焊接过程中需进行层间温度控制，焊接速度需通过试验认证；焊后需保温，在焊接过程中的控制失当将产生氢延迟裂纹等焊接缺陷。对无损探伤要求通常包括：桩腿100%无损探伤、升降装置100%无损探伤、主要结构和设备底座大范围无损探伤。

焊接材料、施焊工艺及焊缝质量应符合有关要求，主体结构的主要焊缝除进行外观检查和磁粉（MT）无损探伤检验外，还应按规范的要求进行 X 光（XT）和超声波（UT）无损探伤检验，并提供检测报告。

无损检测(Nondestructive Testing,NDT),又称无损探伤,是指在不损伤被检测对象的条件下,利用材料内部结构异常或缺陷存在所引起的对热、声、光、电、磁等物理量的变化,来探测各种工程材料、零部件、结构件等内部和表面缺陷。

MT、XT、UT无损检验的比例和部位应按船级社的规范要求确定。主体构件的焊接应按主体结构焊接规格表的要求进行,其中未包括的构件可按有关施工图样或同类构件的要求施焊。平台主体各分段施工完毕在入坞搭载前应进行质量检查,并记录验收。关于装焊公差的检查应参照船体建造精度标准执行。

自升式平台主体装焊过程中,应遵循的要点主要包括:焊接工艺、密性试验、装配和开孔等,以下介绍相关内容。

(1)焊接工艺要点。自升式平台钢结构的装焊工艺要求基本上和其他钢质平台相同,其焊接工艺要点有:

① 点焊必须在加热后进行;

② 保温桶内所有的焊条在开封后6h内用完;

③ 焊前预热;

④ 焊接过程中进行层间温度的测量及控制;

⑤ 对称施焊,控制焊条摆幅;

⑥ 焊接过程须连续,如需暂停,则进行保温;

⑦ 焊后根据焊接工艺进行保温,再控制温度,缓慢冷却,冷却速度约50℃/h,直至常温。

焊后应对焊缝进行打磨,使其表面光滑,便于进行NDT。100%MT和100%UT必须在焊件冷却至常温后,再过72h以后进行。此时,结构如有焊接缺陷,将产生延迟裂纹;焊缝缺陷的修补必须严格按工艺执行。存在缺陷的焊缝应打磨去除,如用碳刨刨除,需留3mm厚度进行打磨,以保证不会有碳渗透,切不可用火焰切割进行修补。焊缝修补需预热,进行层间温度控制并进行焊后加热保温。

(2)密性试验。主体结构完工后,油漆之前应按船级社的规范进行密性试验,并提供密性试验报告。每一个舱均应根据船级社的要求,按认可的程序,进行密性试验,以保证水密要求。

(3)装配和开孔。外板线型应光顺。横梁、肋骨和桁材等应根据有关规范和法规的要求,按照适当的顺序进行正确的安装。舱壁和甲板应合理装配以确保具有良好的外观并防止水的聚集。开孔和腹板应具有足够半径的圆角。在整个平台建造的过程中,应尽量减少用于管系、电缆、通风管等开孔的尺寸和数量。确实需要开孔的地方,应仔细设计开孔与加强方案,精心施工。主体结构上的永久或暂时开孔应得到船东、设计方和船级社三方认可。

所有钢材的切割口处必须打磨光顺。因建造需要而设的临时支撑、眼板等完工前应全部拆除,并将焊疤、填焊等磨平。因维修和检查所需的脚手架、托架、吊环等,可根据建造方的经验在船东许可的情况下加以保留。所有的焊瘤必须磨平。平台构件的流水孔、通气孔、骨材通过构件处的切口以及结构节点形式应根据船体结构节点标准图册施工。

2.自升式平台的总装工艺

自升式平台的建造周期较长,一座工作水深400ft(约120m)的自升式钻井平台建造周期约需24个月。若在坞内组装,坞期占6~8个月。在坞内,除完成自升式平台主体的搭载外,还将进行升降装置的安装、下部桩腿与桩靴合拢、上下桩腿的对接、上部模块安装、直升机平台安装、悬臂梁安装以及部分舾装工作。桩腿和桩腿升降装置、悬臂梁及其底座的建造与配合的精度要求很高。在出坞及调试工作开始前,需完成对工厂码头地质状况的调研,选定出坞后的插桩、升降及压载试验场地。平台的倾斜试验与一般船舶不同,需用悬臂梁及钻台作为配重,所以事先需对悬臂梁及钻台进行称重。

(1)平台主体总组搭载工艺

平台主体总组基本上都采用平面分段下坞(或上船台),采用塔式搭载进行大合拢。因平台主体线型平直简单,因此,各分段吊装时,可将余量全部割去,即采用无余量上船台(或下坞)的先进工艺。

在主甲板分段合拢前,应将各种设备和舾装平台吊进舱室定位,要特别重视桩腿套管舱部位的定位安装。其安装精度直接影响平台体能否顺利升降,因此,安装定位要求十分精确。安装时,只能先选定其中之一作为基准。然后,再以其实际中心为准,进行余下两个桩腿套管的定位安装。全部装焊完毕后,应进行一次全面测量,并将其中心坐标驳移到桩靴上,作为桩靴、桩腿的定位安装尺寸。

以图 5-17 所示双层底分段图、图 5-18 所示 22A 总段定位图为例,平台主体总组搭载工艺流程为:以双层底总段 22A 为定位总段→搭载 22B 总段→围井分段→双层底其他分段→中间甲板分段→主甲板分段。

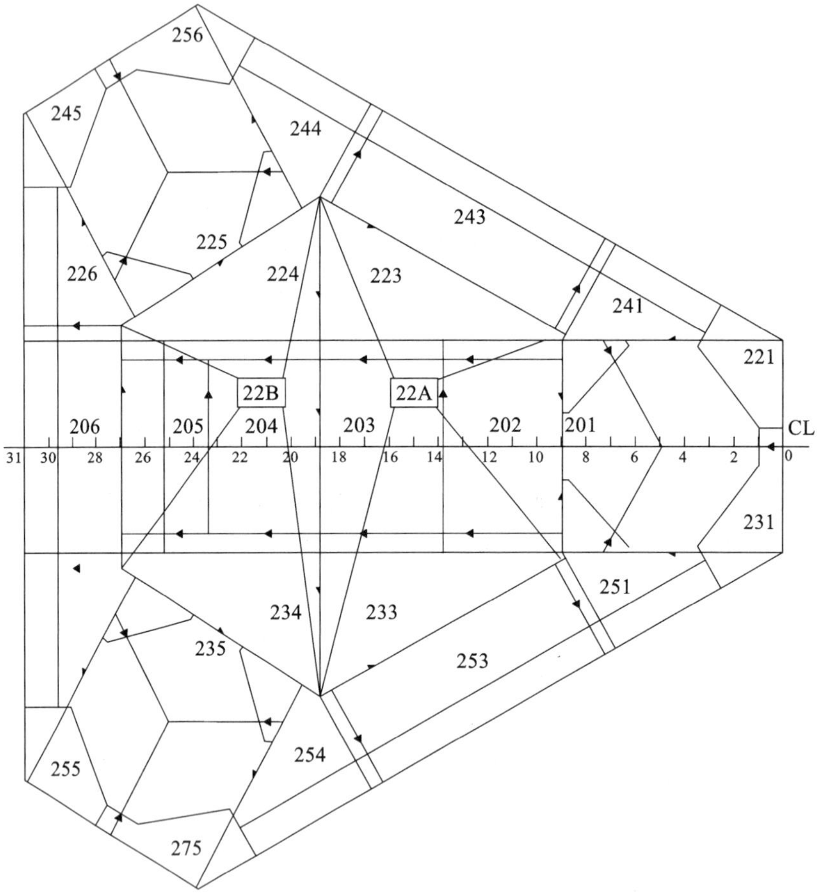

图 5-17 自升式平台双层底分段示意图

(2)桩腿升降装置装焊工艺

近年来建造的自升式平台几乎全部采用齿轮齿条式升降装置,其主要组成为:大模数大尺寸齿条,由变频电机通过齿轮箱带动与齿条啮合的爬升齿轮,高可靠导向与锁紧装置和升降系统调速同步控制台。

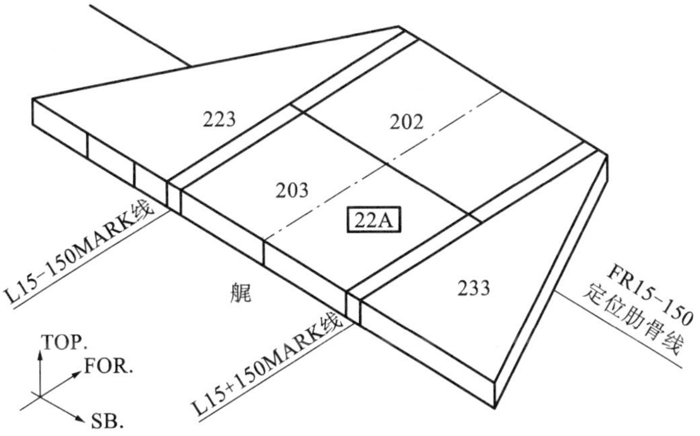

图 5-18 22A 总段坞内定位图

升降装置分布在3个围井内，每个围井有3套，全船共9套。升降基础负责桩腿提升、锁紧及定位整个平台，是整个平台垂向移动以及准确定位的关键。它的结构特点：第一，钢板厚、强度级别高和全熔焊范围广；第二，结构紧凑，施工空间狭小；第三，由于升降基础建造完成后要进行机加工及机械设备安装，因此建造和安装精度要求高。

单套升降装置的结构部分（不包括提升齿轮箱）质量近百吨。

桩腿升降装置结构复杂，材料为特殊的高强度钢，焊接量大，即使是很小的焊接变形都必须尽量防止、控制，焊后要作应力释放处理；升降装置上的齿轮箱座孔的机加工工艺及精度要求很高，须在大型机加工设备上进行；完成后的升降装置安装到围井结构时自身的精度要求高，要求与桩腿齿条啮合的间隙很小。

在进行桩腿升降装置和锁紧装置的装配时，应制定详细的安装工艺和公差控制测量程序，满足产品的公差要求，并在焊接完成后，精确测量及记录安装偏差。

(3)钻井系统安装工艺

自升式平台的钻井系统包括钻台、钻台底座结构及钻台上的设备，通常由船东提供。建造方提供模块的整体安装服务（包括提供钻台下底座与悬臂梁间常规船用管路和电气系统的连接附件和安装整体连接的安装工作），并负责悬臂梁结构建造及悬臂梁上所有设备的安装工作。钻台、钻台底座和悬臂梁的配备应符合图纸的要求，但最终布置应依据船东选用的钻井设备为基础进行设计布置。建造方应核实所有的设备尺寸和局部载荷，确定这些载荷是否在合同图纸要求的许可载荷之内。若有较大差异，建造方应提请船东注意，且应负责监控最终重量和用于钻台、底座和悬臂梁的甲板结构的各种材料和数量。

钻井模块主要包括钻井设备和固控（钻井液固相控制）及泥浆混合设备，钻井设备主要包括井架、天车、绞车、顶驱（顶部驱动钻井系统）、转盘等，这些钻井设备分别安装在井架及钻台、上底座、泥浆泵房、BOP(Blowout Prcvcntcr，防喷器）防喷器井口、悬臂梁箱形结构、悬臂梁上甲板等区域。通过这些设备可以实现在司钻房内操作的排管、起下钻、下套管等钻井作业。排管系统可将钻杆、套管、隔水管水平传送至钻台。钻井作业和垂直排管作业可以由两个操作者在司钻房内通过先进的操作控制系统完成，同时，可以对泥浆泵、井控（油气井压力控制）设备、固控设备进行操作和监控。

在总装过程中，应确保钻台能够靠钻台移动系统在底座上沿轨道横向滑动，且能够在自升式平台中心线左右舷的一定范围内进行定位。钻台移动装置的配置用于保持钻台在底座横向滑轨上的完全定位。钻台上的可移动式固定装置能够确保钻台在底座的任何位置处固定。

(4)悬臂梁安装工艺

悬臂梁组装完成后，应采用液压移动系统在主甲板上前后移动，且在任何位置都能够被移动系统固定。悬臂梁前端夹具夹紧装置和平台尾部上推结构可以确保作业时提供设计所需要的最大钻井载荷。

5.4.2 自升式平台的系统调试

自升式平台的系统调试包括桩腿升降系统的升降及压载试验、悬臂梁与钻台滑移系统、悬臂梁、钻台及井架的负荷试验、预压载系统调试、与钻井作业有关的系统调试等，其中与钻井作业有关的系统调试比较复杂，需较长时间完成。建造方负责组织设备，供货商完成所有钻井设备、固控及泥浆混合设备的调试、试运转、联合试运转，并为这些工作提供必要的支持，如水、电、气等的供给，管线的连接等工作。

5.4.3 桁架式桩腿制造工艺

桩腿制造精度要求高、难度大，是整个平台制造的关键。桩腿的制造工艺流程见图 5-19。

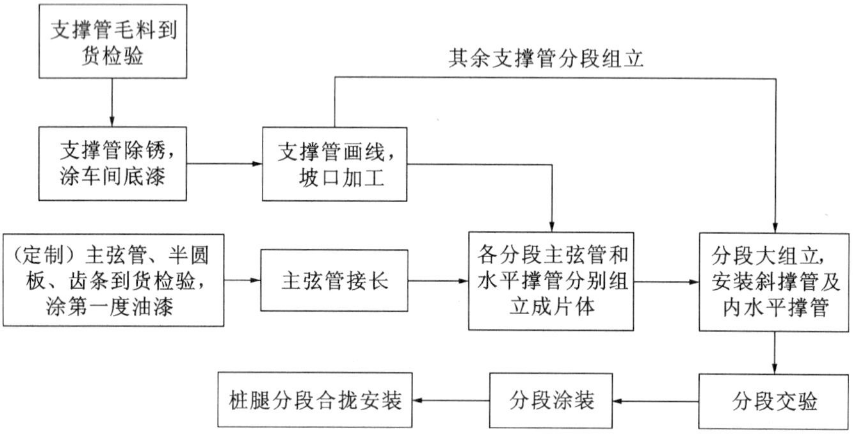

图 5-19 桩腿齿条装焊工艺流程图

桩腿建造主要包括：① 程序文件准备；② 拉筋管坡口加工；③ 齿条弦管焊接和接长；④ 齿条和拉筋管的单片预制；⑤ 桩腿分段制造；⑥ 桩靴制造；⑦ 桩腿接桩。

下面介绍相关的内容。

5.4.3.1 程序文件准备

在制造过程中，要制定相关的施工方案、准备工艺类文件，主要包括以下内容：

(1)组对程序、装配公差、点焊工艺要求等；

(2)焊接程序、焊接顺序、焊接温度控制、电流电压等；

(3)变形控制程序、变形情况分析及预防措施；

(4)测量程序；

(5)检验程序、公差要求、检测范围和步骤；

(6)探伤程序、探伤要求、操作方法等；

(7)焊材控制程序，还有一些其他的程序，不同程序有不同的要求。

5.4.3.2　拉筋管坡口加工

拉筋管坡口加工的工艺流程分为车间底漆、画线、坡口加工和检测 4 个阶段。

拉筋管的画线非常关键，需要用划针进行画线，其内容包括：切割坡口用的拉筋管内径线及坡口线（切割机画线）和检测尺寸用的中心横向检查线、端部检查线，并确定检测点和切割点，对所有检查线和关键点，均需要用洋冲打上标记，以便于在尺寸检测和装配阶段对位时使用。画线范围及方式由加工部门提供，画线数据应由技术部门提供。

拉筋管的坡口加工可使用管道相贯线自动切割机进行。切割的管端形式应满足两管及多管相贯，相贯的方式包括：异径垂直正交、异径斜交、异径偏心斜交、同径斜交等，可以满足钢管相贯切割最小的角度为 20°。在管端的切割过程中，可以同时切割变角度坡口，角度坡口的形式满足 AWS-D1.1 的要求。

为保证拉筋管坡口切割的准确性，现场切割时将采用管子样板画线（样板由设计部门提供）和切割机试走（切割机程序提供）相结合的方式进行。拉筋管的坡口切割程序见图 5-20。

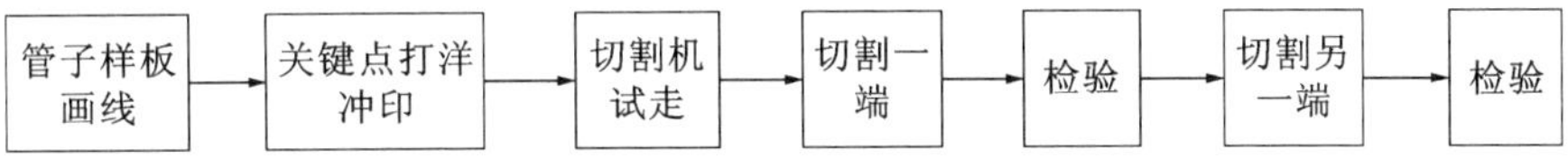

图 5-20　拉筋管的坡口切割程序

加工好的拉筋管要进行检验，检验分为长度尺寸检验和坡口形状检验两部分。长度尺寸检验将以管子内皮为基准，沿母线方向按照 0°、90°、180°和 270°进行检验，公差要求为：0～－2mm。坡口形状检验采用专门的模板进行，模板的制作数据由技术部门提供。

在进行支撑管的坡口切割时应当注意以下问题：

① 支撑管的相贯坡口切割作业需在专门场地进行。

② 作业环境要保证一定的温度，要有预热和保温、缓冷措施。

③ 支撑管在切割前必须做好画线工作，画线要准确、完整，不仅要有利于切割，还要有利于检验。

④ 考虑到焊接间隙，支撑管端部画线通常要比理论值短 2mm。

⑤ 管子两端坡口的相对位置一定要准确，以确保坡口正确。

⑥ 起弧点需要设在坡口线的外侧，且切割时要在线外切割。

⑦ 为保证坡口切割质量，要制定专门的支撑管坡口切割操作程序及尺寸检验程序。

坡口加工后需对焊道进行清洁。首先用砂轮清磨焊道边缘，以方便尺寸检查。在分段和结构安装之前，用砂轮清磨焊道，且保证焊道两侧 100mm 范围以内没有油渍、污物等。

检验完后，拉筋管将分别运送到桩腿齿条和拉筋管的组装场地和桩腿分段装配场地进行组装。

5.4.3.3　齿条弦管焊接和接长

桩腿建造精度要求高、难度大，特别是对焊接变形和焊接裂纹的控制要完全靠焊接程序和顺序来控制，因此，仅有桩腿建造方案是不够的，它还必须包括桩腿建造相关联的各个环节的工艺方案以及各种胎架、卡具、工具及工装方案。除此之外，桩腿建造还需要每个相关部门的密切配合和相互协作，包括技术、质量、施工、安全环保等部门的密切配合以及建造项目组的有力协调。

桩腿齿条弦管装焊工艺流程如图 5-21 所示。桩腿齿条弦管装焊工艺内容主要包括：桩腿组装、组装尺寸检验、齿条弦管焊接、焊后消氢处理、焊后检验和桩腿齿条接长等。

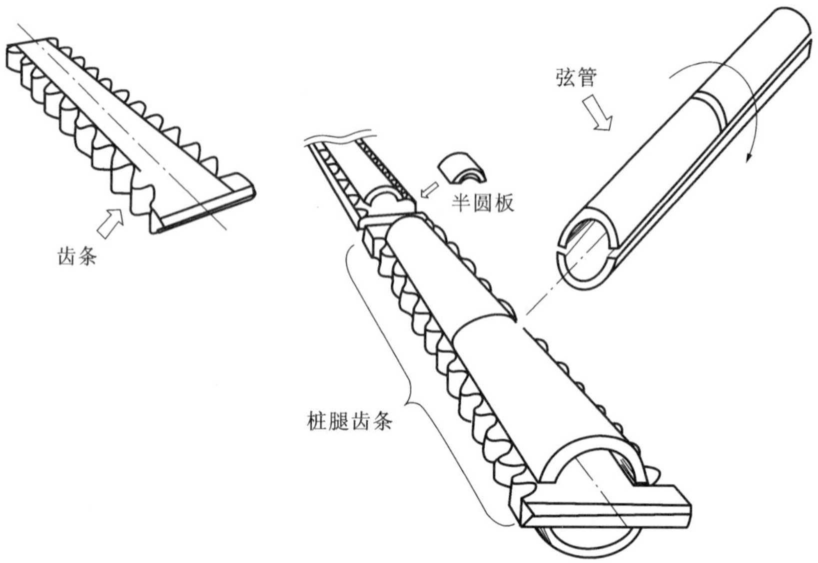

图 5-21 齿条弦管焊接流程图

1. 桩腿组装

齿条弦管焊接之前，应先选择构件进行组合，并进行预处理，才能保证桩腿质量。组装工作内容主要包括：

(1)对组装构件编号进行校核，保证其正确。

(2)将构件运输到组装场地，对焊缝区域进行打磨。

(3)将构件吊装至平面胎架进行弦管与齿条组装(单面)，见图 5-22。

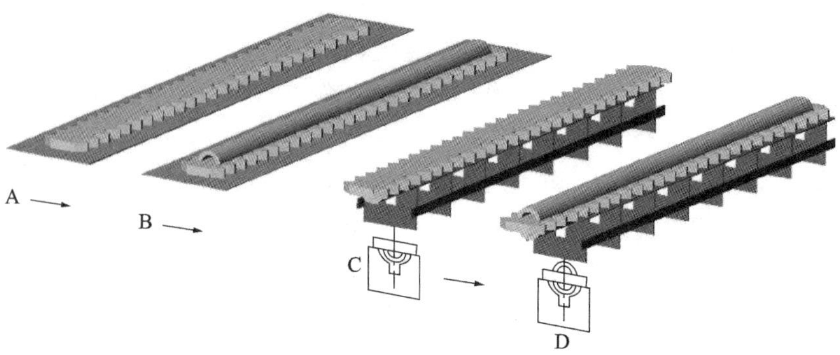

图 5-22 组装流程示意图

(4)对点焊区域进行火焰预热，通常预热温度为：25mm、28mm 弦管 50℃以上，50mm 弦管 110℃以上。

(5)点焊，点焊长度为 50mm，点焊 2 层(在正式焊接时打磨清除)，点焊间隔 600mm，完成单面弦管安装工作。

(6)将构件吊装到组装胎架进行另一面弦管组装，方法同上。见图 5-23。

2. 组装尺寸检验

构件组装完成后，应对组装尺寸进行检验，确保安装尺寸精度符合要求。检验的内容主要包括：

(1)坡口检验，弦管定位检验。

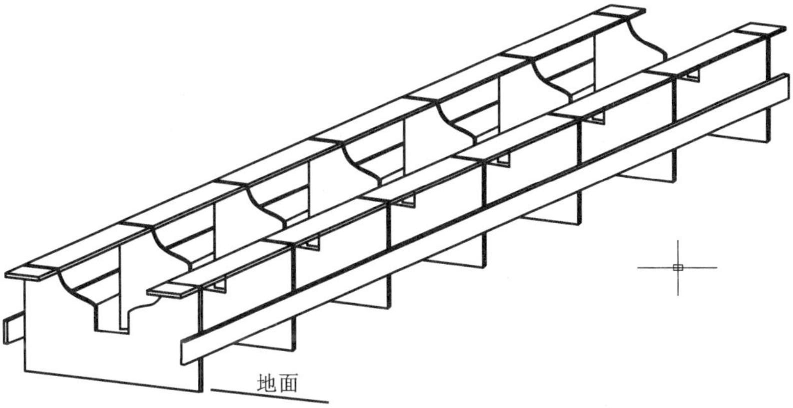

图 5-23 组对胎架示意图

(2)主尺度检验:半圆板高度、宽度可以用专门的样板进行;直线度、平面度和扭曲度检测可以用激光经纬仪和拉钢丝结合进行。

(3)将检验结果记录在检验表格中,合格的进入焊接工序,不合格的进行返修校正。

(4)基本公差的检验内容主要包括:齿条直线度、齿条平面度、扭曲度、弦管高度、弦管宽度等。

例如,某平台的基本公差范围如下:

① 齿条直线度:±2.6mm/28′

② 齿条平面度:±2.5mm/28 齿

③ 扭曲度:最大 2.4mm

④ 弦管高度:±3.0mm

⑤ 弦管宽度:±3.0mm

3. 齿条弦管焊接

齿条弦管构件组装完成,经过尺寸检验后,即可进行焊接,其工艺内容主要包括:

(1)用卡具卡住齿条弦管,吊装至焊接转胎胎架[见图 5-24(b)],应保证转胎和桩腿均处于水平状态。

(2)将专用加热片均布到焊缝周围(距焊口 50mm),并对齿条进行特殊保护。

(3)启动加热器对焊缝区域进行预热,通常预热温度为:25mm、28mm 弦管 50℃以上,50mm 弦管 110℃以上。

(4)预热范围为焊缝中心至两侧各 76mm 区域。

(5)焊材预热,预热温度为 340~360℃,保温 2h。

(6)开始焊接、焊接顺序为由中间向两边,上下各 2 个纵缝对称退焊焊接[焊接顺序见图 5-24(a)],每个焊缝焊接 1 道翻转一次,在层间温度和变形控制允许的前提下可适当增加焊接道数以便减少翻转次数,要严格控制层间温度,焊接翻身工作通过转胎[翻转胎架见图 5-24(b)]转动完成。

(7)焊接过程中要定期进行监控测量,及时修正尺寸偏差。

(8)只允许有一次焊接不合格,且不合格处必须有相应的标记和记录。

(9)焊接完成后对焊缝区域飞溅等进行打磨处理。

4. 焊后消氢处理

焊后消氢处理,是指在焊接完成以后,焊缝尚未冷却至 100℃以下时,进行的低温热处理。一般规范为加热到 200~350℃,保温 2~6h。

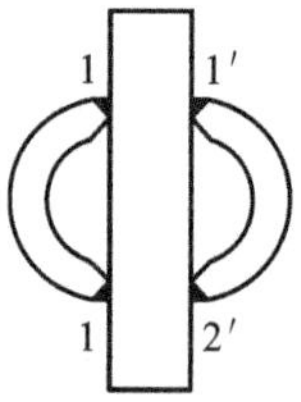

(a)

(b)

图 5-24 齿条弦管焊接

(a)焊接顺序示意图;(b)焊接胎架示意图

焊后消氢处理的主要作用是加快焊缝及热影响区中氢的逸出,对于防止低合金钢焊接时产生焊接裂纹的效果极为显著。这个温度是通过大量试验确定的,马氏体组织下转变温度相同。不过,并不是所有钢种都能产生马氏体组织,珠光体钢如低碳钢、低合金钢等难淬火钢是不能产生马氏体组织的。

消氢处理的主要工作内容包括:

(1)将焊缝用保温棉包裹。

(2)用电加热器加热到 200℃+25℃后保温 2h。

(3)开始冷却、温度区间为:200~50℃,冷却速度不能大于 50℃/h。

(4)50℃以下时,在保温状态下自然冷却到环境温度。

5. 焊后检验

焊接完成后,应进行检验,检验的主要内容包括:

(1)对焊缝外观进行最终表面处理并验收。

(2)对相关标示数据进行参数检验。

(3)进行尺寸检验,检验内容主要包括:齿条直线度、齿条平面度、扭曲度、弦管高度、弦管宽度。尺寸检验的公差见组装尺寸检验要求。

①齿条直线度:±2.6mm/28′

②齿条平面度:±2.5mm/28 齿

③扭曲度:最大 2.4mm

④弦管高度:±3.0mm

⑤弦管宽度:±3.0mm

(4) 72h 后进行 UT、MT 探伤检验,不合格的进入返修程序。

6. 桩腿齿条接长

(1)应在室内专用场地(或车间)进行。

(2)为了保证桩腿齿条的对接精度,需要制定专门的胎架。胎架的作用是焊前用来定位,焊中限制过度的变形。

(3)胎架的设置要满足定位、焊接、画线的需要,胎架的形式见图 5-25。

(4)桩腿齿条在对接前,应仔细查看每根弦管的来料尺寸检测结果(主要有端部齿距、长度、平面度、拱高等),便于对一些不合理的尺寸进行适当修正。

(5)桩腿齿条的对接工艺顺序及焊接要求如下:

① 支胎,并交验。支胎应当注意胎架和对接缝的距离约为 1m。

② 胎上定位时,应以齿条板的板厚中心线和纵向中心线分别进行左右和水平定位,且齿条板应垂直于胎前。左右及水平定位完成后,需要现场用加强材把桩腿齿条紧紧固定到胎架上。

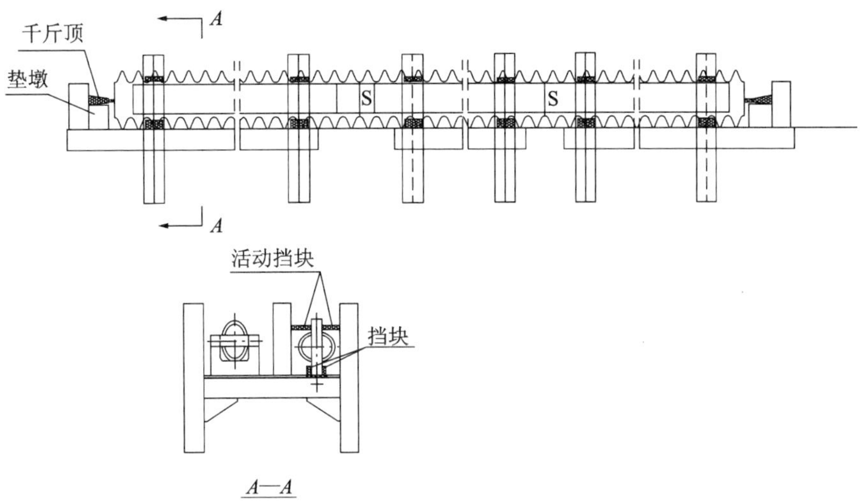

图 5-25　桩腿齿条接长胎架示意图

③ 桩腿齿条对接顺序

桩腿齿条对接工艺内容主要包括：齿条定位、焊接，半圆板装配等，其对接顺序见图 5-26。

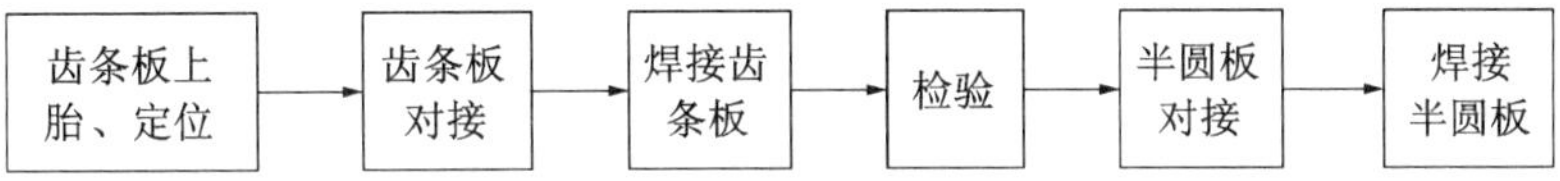

图 5-26　桩腿齿条对接顺序

④ 齿条板的焊接，方法是手工电弧焊立焊，焊条需采用专门的焊条，焊前应先把引弧板点好。焊接时应采用两个焊工对称施焊，先由一个焊工对一侧焊缝进行施焊 2～3 道，在对背面进行打磨处理之后，由两个焊工同时对称施焊（立焊）。在板后距中心 2/3 的区域填充时，采用两步退焊法施焊。

⑤ 齿条板焊接过程中，应随时进行尺寸检验，主要是直线度、水平度（即齿条板的平面度和拱高）及齿距。平面度和拱高检验方法可以用激光经纬仪和现场拉钢丝结合进行。齿距需要用样板检测。

⑥ 齿条板焊完后，应拿掉引弧板，两端焊点打磨平整后作 UT、MT 探伤检验，然后进行交验，包括焊接检验和尺寸检验。

⑦ 焊接完后进行焊缝探伤。

⑧ 为防止产生裂纹和减少残余应力，在焊前需要进行预热，预热温度为 150℃，预热范围为焊缝中心至两侧各 76mm，预热方法采用电加热器进行。焊接过程中应控制层间温度，使层间温度不低于预热温度且不超过 250℃。焊后应控制冷却速度，每小时不超过 50℃。

⑨ 桩腿齿条对接后，对齿条焊缝进行清理，而后进行尺寸检验。检验内容主要包括：长度、拱高、齿条平面度、焊缝处齿间距、齿相对偏移等。例如，某自升式平台的检验内容和误差范围为：

长度（主要考虑来料公差）：±4.0mm

拱高（上下 18 个齿齿顶）：≤3.2mm/36 齿

齿条平面度（上下各 5m 间）：≤3.2mm/10m

焊缝处齿间距（P3）：±2.0mm

齿相对偏移（O）：±0.5mm

(6)将接长后的桩腿齿条,运输到分段预装配场地和拉筋管进行组装,然后进行分段组装。在转运过程中应注意保护桩腿齿条。如在吊运时,吊绳和桩腿齿条接触部分应用胶皮裹住(也可以用吊带来代替吊绳),存放时应使用垫木,以免损坏齿条。

5.4.3.4 齿条和拉筋管的单片预制

根据水平拉筋管的节点形式情况,为保证焊接要求,在桩腿分段组立前,桩腿齿条需要在专门场地和拉筋管进行单片预制。相关要求如下:

(1)单片预制场地需要专门场地,并要有一定的防风保温措施。

(2)画地样线时,为方便检测,除应当画出各种位置线、对位线以外,还应当在桩腿齿条上画出检查线,便于检查。

(3)预装前需要支胎并交验,胎架高度应保证在800mm以上,胎架形式见图5-27。胎架模板需要按照胎架布置图的要求进行加工和画线。在每一部分构件预装完后,进行下一部分构件预装前,需对预装胎架精度进行复查。

(4)根据焊接收缩量(约2mm),支撑管对位时需要留出2mm的反变形量。在焊前及焊后的交验过程中,检查部门需要对与反变形量有关(半宽、焊接间隙、中心线对位等)的尺寸进行检查,施工单位还应当对焊接参数情况进行记录,如温度、速度、电流大小、焊接时间、冷却速度等。

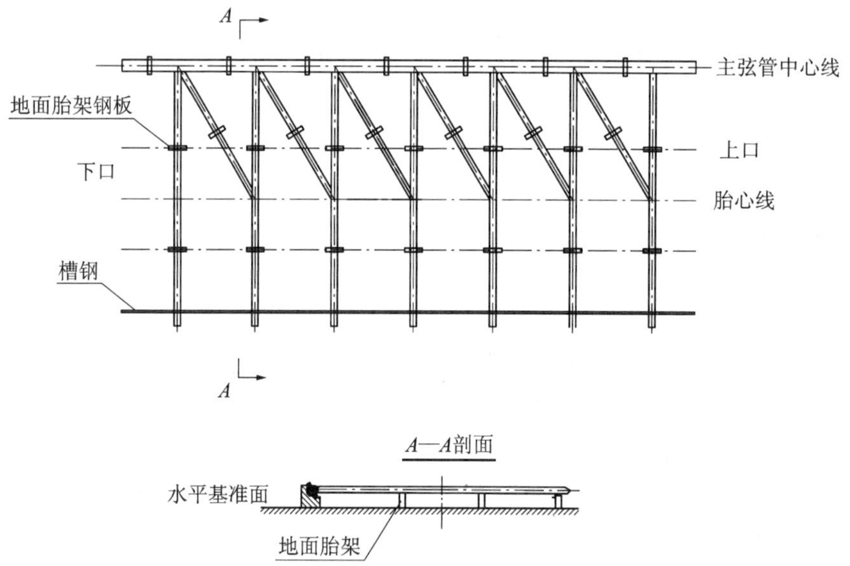

图5-27 单片预制胎架示意图

(5)根据水平拉筋管及斜拉筋管焊接要求,对桩腿和拉筋管的组合方式进行规定并预制,如图5-28所示。

(6)预装配顺序规定如下:

① 安装主弦管并定位,弦管中心线应和胎架上检查线以及地样线对齐。

② 安装水平撑管并定位,水平撑管中心线和地样线对齐。

③ 定位时,主弦管和胎架及水平撑管和胎架均不可以用点焊固定(主弦管可以用楔块,支撑管可以用三角形框架),自由端在焊前需要用加强材料把各个自由端以三角框架的方式和胎架连接固定。

(7)桩腿单片预装焊接顺序规定

① 由于是TKY形节点,焊工必须具有船级社认可的6GR等级;

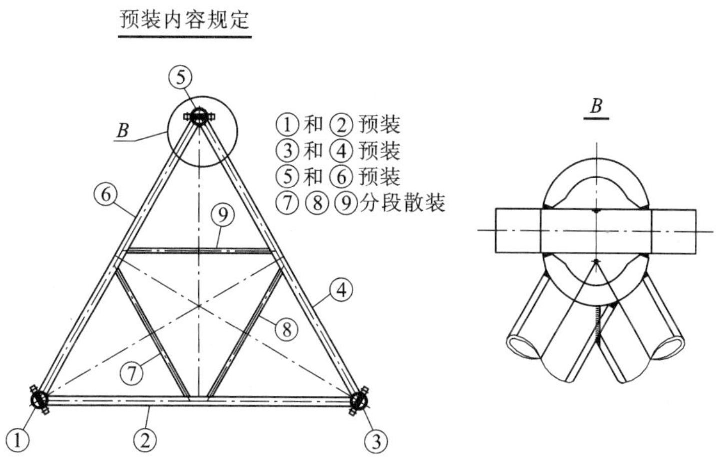

图 5-28　桩腿和拉筋管的预制内容示意图

② 在焊接过程中应当随时检测主尺寸（主弦管中心线及角度、支撑管中心线），掌握支撑管自由端的变化，并及时进行修正。

③ 为防止产生裂纹和减少残余应力，在焊前需进行预热，预热温度为 150℃，预热范围为焊缝周围 76mm。预热方法可以采用电加热器进行。焊接过程中应控制层间温度，使层间温度不低于预热温度且不超过 250℃，焊后应控制冷却速度，每小时不超过 50℃。

（8）尺寸检测

在桩腿预装过程中，需要进行尺寸检测，尺寸检测分为地样线尺寸检测、胎架尺寸检测、装配定位后（焊前）尺寸检测、焊接过程中尺寸检测、焊后尺寸检测等几个阶段。

例如，某平台的精度检验内容和要求如下：

① 桩腿齿条长度：±4mm

② 桩腿齿条角度：±0.25°

③ 桩腿齿条直线度（拱高）：≤3.2mm/36 齿

④ 齿条水平度：≤3.2mm/10m

⑤ 拉筋管位置线偏差：±2mm

⑥ 水平拉筋管垂直度：±2mm

⑦ 子分段半宽：±1.5mm

⑧ 桩腿齿条中心线偏差：±0.5mm

⑨ 桩腿齿条角度线偏差：±0.5mm

⑩ 子分段中心线偏差：±1mm

5.4.3.5　桩腿分段制造

1.分段装配将在专门的场地进行。为保证焊接质量，装配场地要有防风及保温设施。

2.分段装配的工艺顺序

包括：画线、胎架定位、吊装桩腿齿条组合件、焊接等，其工艺顺序见图 5-29。组合件含义见图 5-28。工艺要点如下：

（1）画地样线时，需要画出弦管中心线、胎心线以及各种构件的位置线、对位线，还应当在两端画出检查线。

（2）考虑到焊接收缩（假定桩腿齿条和拉筋管焊接收缩量为一边 2mm），在画地样线时，需要留

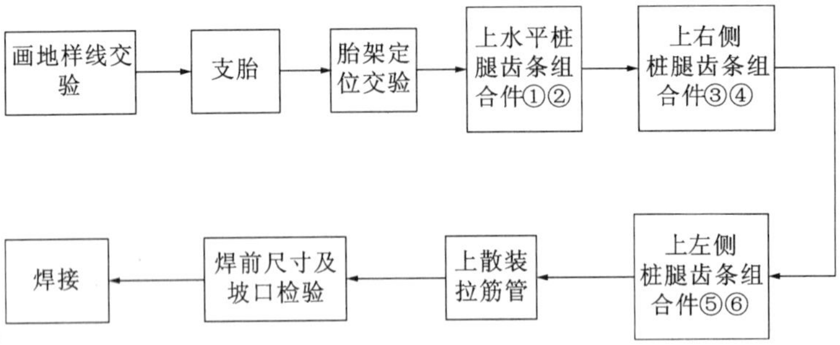

图 5-29　桩腿分段装配的工艺顺序

出 2mm 的反变形量。但是,需要参照预装件的检测结果,来决定反变形量的大小。

3.分段胎架

(1)分段组装将在专门的胎架上进行,胎架模板要进行加工和画线(包括对位用的齿条板的宽度、厚度中心线以及模板定位用的桩腿齿条中心水平线和垂线,具体见图 5-30),以满足装配需要。

(2)考虑到模板形状及结构节点需要,胎架的右侧模板应便于整体移动,在胎架尺寸交验完毕后,右侧模板整体在右侧的侧向拉筋管就位后,再整体移到相应位置,地样线和模板线对齐。

(3)为便于右侧的模板的准确回位,在右侧模板交验完后,应当在右侧模板的固定方向,现场设置三角挡板。

(4)为便于上部单片分段的装配,在上部模板的两端,可以现场加挡板,挡板要插入齿条板的两齿中间。

(5)在上部单片分段的对位之前,应当对上部胎架模板进行横向固定,以防止模板移动或变形,以及其他情况的发生。

(6)为方便焊接内水平撑管等构件,现场应设有移动施工平台,见图 5-30。或者现场应搭设脚手架平台,脚手架搭设应严格按照相关规范进行。

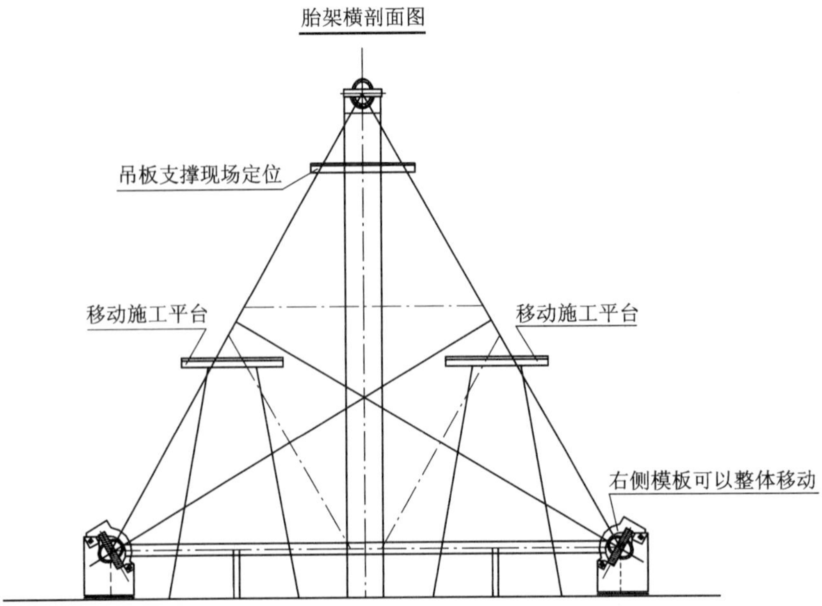

图 5-30　桩腿分段制造胎架示意图

(7)分段地样画线及胎架精度必须进行检验。某型平台的检验精度要求如下：

① 胎架(桩腿齿条)中心线：±0.5mm

② 胎架水平线：±1mm

③ 地样中心线：±1mm

④ 桩腿齿条中心线相对胎心：±1mm

⑤ 对角线偏差：±1mm

⑥ 模板同面度：±1.5mm

⑦ 模板位置线偏差：±1.5mm

⑧ 模板线型与数据偏差：−2/0mm

⑨ 模板垂直度：±1.5mm

4.分段装配的内容主要为三个主弦管单片的装焊以及部分散装支撑管的装焊。

5.分段构件定位(包括构件和胎架之间以及构件之间，但主弦管和胎架件定位除外)均可以采用定位焊的方法进行，定位焊需要按照相关工艺要求进行。

6.焊接要求

①焊接顺序：先焊水平管和桩腿齿条的焊缝，再焊侧向管和桩腿齿条的焊缝，三根桩腿齿条可同时施焊，最后焊内水平管和散装管。焊接过程中应随时检测，发现尺寸偏差应随时修正。

② 焊接过程中应随时检测，发现尺寸偏差应及时修正。

③ 为防止产生裂纹和减少残余应力，在焊前需进行预热，预热要求和方法同 5.4.3.3 节第 6 条第(5)项第⑧。

7.在桩腿分段组立过程中，需要注意以下几点

① 对施工过程中出现的问题，诸如来料尺寸不好、尺寸超差、定位困难、工装不合理等，一定要及时向主管部门反映，决不允许擅自处理。

② 主弦管定位及焊接时，一定要考虑上一道工序的公差情况，尽可能消除或减少前一道工序的公差影响。

③ 焊接过程中，一定要对重要尺寸随时进行检测，便于及早发现问题，及时解决。

④ 现场画线及检测时，一定要用专门的工具，拉尺时要用拉力计进行，各阶段使用的量尺要经过相关部门检测，且公差要一致。在各个阶段的检测结果中，要注明检测工具的公差以及检验时的环境温度。

8.尺寸检测

在桩腿分段装焊过程中，需要进行尺寸检测。尺寸检测分为地样线尺寸检测、胎架尺寸检测、装配定位后(焊前)尺寸检测、焊接过程中尺寸检测、焊后尺寸检测等几个阶段。

例如，某平台分段精度要求如下：

① 分段同面度：±0.5mm

② 上部桩腿齿条中心线和地样线偏差：±1mm

③ 拉筋管位置线偏差：±2mm

④ 水平拉筋管垂直度：±2mm

9.焊缝检测

分段焊接施工结束后，需要对焊缝进行 100%无损探伤，探伤应当在焊接施工完工 72h 后进行，并提供检测报告。

10.分段涂装

焊缝检测及尺寸检验结束后，对分段进行涂装，涂装按照相关工艺文件进行。

11. 分段重量检验

分段重量检验应按照重量控制程序进行。

5.4.3.6 桩靴制造

自升式钻井平台桁架式桩腿每个桩腿由下端的桩靴支撑。三个桩靴结构相同，建造方法也完全相同。

桩靴采用以下底板为胎、在模板胎架上正造的建造方法。桩靴建造完毕后，先于主船体桩腿围井分段在船坞进行定位。

5.4.3.7 桩腿接桩

自升式钻井平台每根桩腿划分为若干个分段，受龙门吊吊高限制，在船坞内只能吊装桩腿的前几段，后几段必须待平台出坞在码头插桩后用浮吊吊装。其中，第一段桩腿与桩靴的搭载工艺与其他桩腿分段之间的搭载工艺不同。

1. 第一段桩腿与桩靴的搭载工艺

在升降基础及拉紧装置结构全部装焊完毕并精度检查合格后，再次确认桩靴定位尺寸。若桩靴定位尺寸有偏差，则需要重新精确调整定位使之满足要求。

吊装第一段桩腿与桩靴对接时，用龙门吊将桩腿分段吊至升降基础正上方，精确调整桩腿齿条与升降基础上下滑道的相对位置后，桩腿分段缓慢下降，直至桩腿齿条板下端口与桩靴 0°、120°、240°大肘板上齿条和盲齿条对接处过焊孔中心对齐，桩腿分段基本到位。再根据精度测量结果精确调整桩腿的定位，合格后对桩腿和桩靴进行定位焊和马板固定，见图 5-31。

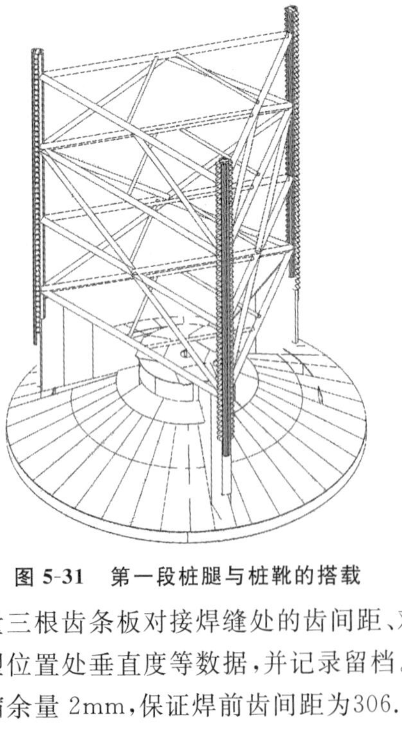

图 5-31 第一段桩腿与桩靴的搭载

安装桩靴和桩腿之间连接的散装结构，包括桩靴 0°、120°、240°大肘板上加强结构以及桩腿分段第一层水平管、斜撑管、内水平管等。

2. 桩腿其他段的搭载工艺

在第一段桩腿与桩靴的装配焊接全部完成并精度检验合格后，可以进行第二段桩腿的吊装。桩腿吊装到位后，通过定位座配合油缸工具调整三根齿条板对接处的齿间距、齿条板的平面度、直线度及垂直度等数据。定位精度测量合格后将上下定位座焊接，并在齿条板内侧安装马板进行固定，马板材质必须为 EH36，焊接必须按照对应 WPS 要求进行。定位座和马板焊接完成后，吊车吊钩负荷可以松至 0，但此时不能脱钩。

其他段桩腿吊装定位流程与第二段桩腿相同。

3. 焊前尺寸测量

在正式焊接前，应对合拢定位的尺寸进行测量，主要测量三根齿条板对接焊缝处的齿间距、对接处上下各 5 个齿的齿板平面度和直线度(拱高)、主弦管典型位置处垂直度等数据，并记录留档。例如，某型平台齿间距理论值为 304.8mm，焊前加放焊接收缩余量 2mm，保证焊前齿间距为306.8mm。尺寸测量前，定位座和马板焊接必须施工完毕，吊车吊钩负荷为 0。

4. 焊接

桩腿分段合拢的焊接过程应严格按照 WPS 要求执行，焊接过程中应同时监控分段对接处精度数据，以便及时调整焊接顺序，保证对接处精度。当三根齿条板对接焊缝焊接量超过 1/2 后，此时吊车可以脱钩。齿条对接焊缝全部焊接完成并探伤合格后方可安装窗户板。

5.上部桩腿分段在水上安装，采用滑道架工装拖移的方法，升船地点选择在码头附近。方案简述如下：

(1)插桩、升船使平台高出水面。

(2)使用吊车将桩腿分段吊到滑道架上，并封固好。

(3)升船至预定高度。

(4)将桩腿拖到安装位置，对中，找正，定位。

(5)进行焊接，然后进行焊缝检验及尺寸检验。

(6)降船至一定高度后，使用浮吊将桩腿分段吊到滑道架上。重复以上步骤。水上桩腿安装见图 5-32。

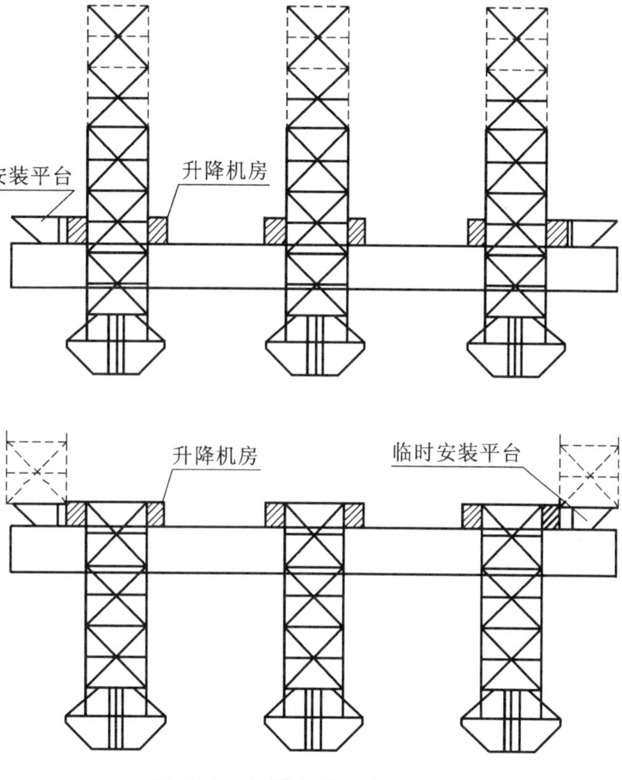

图 5-32　桩腿安装示意图

6.桩腿在主尺度和焊缝检查结束后，需要进行补油漆工作，并做好各种标记。

5.5　半潜式平台制造工艺

半潜式钻井平台由于其自身特有的小水线面运动性能佳、排水量大以及甲板面积大等优点，已逐渐成为深海石油开发的主流装备之一。

5.5.1　半潜式平台制造工艺流程

半潜式平台的制造工艺流程和船舶制造工艺流程相似，为：钢材预处理→浮体/立柱等结构分片制造→浮体/立柱等分段制造→浮体/立柱等总组→总段搭载→出坞/下水→码头舾装→系统调试→系泊试验→海试到交付。

5.5.1.1 分段制造工艺基本原则

1.建造精度原则

建造过程中，为了更好地控制精度，主要采取以下精度原则：

(1)从设计、放样开始，零件加工应为无余量、少余量。

(2)以加放补偿量取代各组立阶段零部件的余量。

(3)线型复杂、涉及冷热加工的零件，加工时必须加放余量。加工结束后按要求进行二次画线、切割工作。

为了在实践中积累经验，施工班组需将精度造船中的余量、补偿量实施结果、板材收缩值等及时向精度管理小组反馈，设计部门和精度部门及时沟通，便于在后续建造过程中修正相应余量和收缩量。

分段的长度与各船厂的设施密切相关，以最大效能发挥船厂各设备的性能等为指导原则。当分段板厚较薄、强框架之间的距离较小时，分段部件制作过程中必须增加吊点，减少分段变形。必要时可以采用有限元软件对分段吊装过程的应力、应变进行分析，准确进行变形控制。

2.切割作业工艺原则

切割作业中，应遵循以下原则：

(1)切割车间将有关钢材信息：材质、规格、船级社钢级、数量，以及检验合格编号、生产炉批号等输入计算机系统以备跟踪、抽查；

(2)预处理喷丸质量、涂膜厚度必须符合质量标准和有关技术要求，未经预处理的材料不得流入工位；

(3)以分段为单元进行材质的跟踪与传递；

(4)切割中心负责炉批号汇总，品质保证部门负责炉批号传递和提交；

(5)切割中心须将有关材质、规格移植到钢板余料上，通过以上程序可以确保每个零件都可以跟踪到它的炉批号。确保上述工作完成后，进入零件切割下料阶段；

(6)零件划线编码必须齐全，对合线、矫正线、构架线数控划线必须清晰，零件的坡口形式、企口上下、首尾、正反、左右等零件加工符号、尺寸、标注必须正确无误；

(7)下料后零件的减轻孔、人孔、透气孔、漏水孔、切口、面板的自由边都必须打磨；

(8)切割下料零件，严格按分段小组立、中组立、大组立、散装件、标准件等，分阶段配套、堆放，确保分段零件配套完整及零件分流正确；

(9)切割材料严格按下料工艺单要求，材料规格材质不准擅自替代；

(10)型材加工必须控制其直线度、水平度、垂直度及焊接质量；

(11)拼板切割零件其直线度精度、对角线精度达到质量标准。

3.船体焊接工艺原则

海洋平台对焊接工艺有十分严格的要求，半潜式平台在制造过程中应遵循以下工艺原则：

(1)焊前先清除焊接坡口及两侧范围内的氧化物、水分、油污及其他污物；

(2)遵循焊前预热要求；

(3)焊接时，应严格按工艺规范要求进行，整条焊缝的焊接工作尽量一次完成；

(4)采用多道焊时，焊工在每一焊道后须清除焊渣与飞溅，每一焊道的接头应相互错开一定距离；

(5)不同方式的焊接有不同的要求,都应满足规范;

(6)焊接完成后,对焊缝进行无损检测并实施舱室角焊缝气密检测试验;

(7)深水半潜式平台中有很多高强度钢和大厚度板,对其焊接,应满足不同的工艺要求。

5.5.1.2　主体结构制造工艺

半潜式平台主体结构形式与常规船舶有很大的不同,局部结构与小型船舶类似。高可变载荷的要求使得设计者必须严格控制半潜平台主体结构的质量,所以,平台主体构件一般均采用高强钢,如:低级别钢板 AH36、高级别钢板 EQ70 等。相对较薄的钢板使得分段制作过程很容易产生大的结构变形,加上平台本身对精度控制要求高,因此,必须采用相应的工艺来控制分段变形。下面将以某型第六代半潜平台为例,介绍平台主体结构的制造工艺。

1.下浮体制造

每个下浮体分为六个环形总段,如图 5-33 所示。

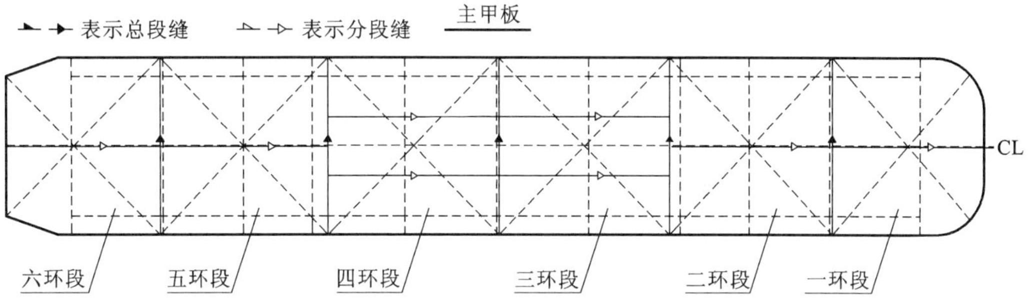

图 5-33　舟体分段划分图

根据结构特点和舱室的性能,将前后推进器舱、泵舱分别划分在一个环段内。推进器舱位于艏艉环段,分段内部分底部为双层底结构;泵舱与立柱连接处两道舱壁划分为同一分段,位于二、五环段,有利于控制立柱与浮筒对接精度,且为双层底结构;钻井水舱、燃油舱、盐水舱等位于三、四环段,但左右舷结构并不完全对称。

前后各两个环段(一、二、四、五环段)分为四个分段,舾装阶段分别以浮筒甲板和底板为基面,舾装完成后,甲板分段翻身与底板分段对接,形成环段,提高舾装率。

总组阶段以中间三环段为基准向两端搭载。推进器基座面板可以在分段搭载到坞内,根据搭载焊接后的情况,在坞内进行机加工,确保基座表面平整度和粗糙度。

2.立柱和横撑制造

立柱和横撑区域分段划分如图 5-34 所示。

每个立柱分为上、中、下三个环段。上下环段有曲面线型部分可采用贴装外板形式,以避免为部分分段制造特殊胎架;中间环段包括了全部平直部分,最大限度利用现有胎架;立柱最下层带有部分横撑结构,有利于横撑的结构建造,同时利于控制横撑外形尺寸、缩短横撑对接时间;立柱区域两个环段分段各有一个平台,有利于分段吊装和总段预舾装。将上部与中部两个环段组成总段后,与下部环段分别完成坞内搭载,并考虑与横撑的连接部分。

3.上平台体(上部甲板)制造

上平台体分为双层底(16 个分段)、中间甲板(16 个分段)、主甲板(16 个分段)三层区域进行分段划分,依次如图 5-35、图 5-36、图 5-37 所示。

上平台体双层底两侧四个分段分别总组后吊装到立柱上,可以利用立柱作为总段支撑,降低分段搭载风险;中间分段做成总组分段,在平台上舾装完整后吊装到船坞内嵌补,嵌补过程中,下部使

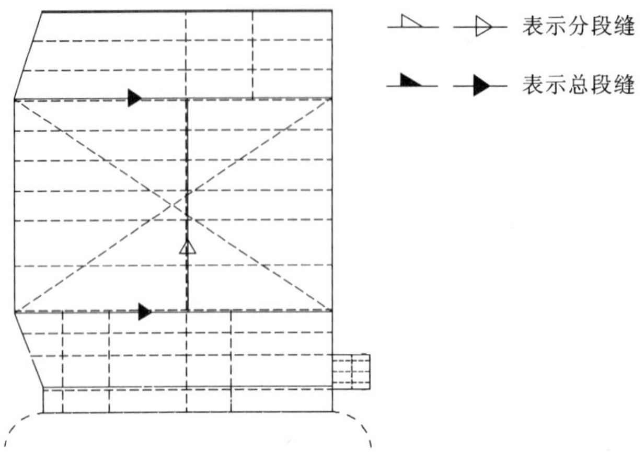

图 5-34　立柱和横撑区域分段划分图

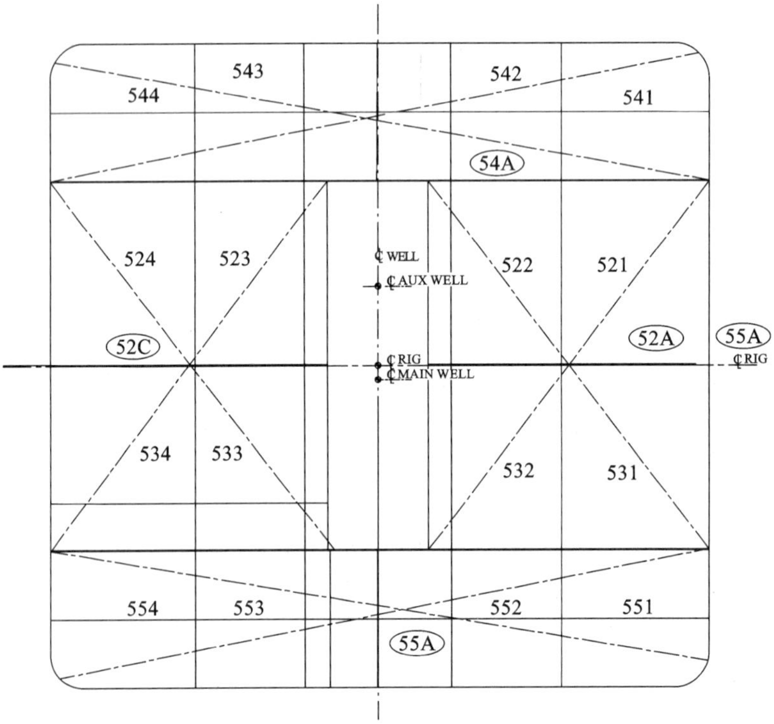

图 5-35　上部平台双层底部分分段划分图

用四个支撑确保分段吊装安全，同时可以快速脱钩。

完成双层底区域的总段搭载后，再进行上面两层甲板区域的搭载。为保证其精度与搭载效率，将中间甲板、主甲板两层区域相应分段完成总组后再进行坞内搭载。生活楼区域分三层进行分段划分，并与直升机平台支撑结构一起完成总组后再进行搭载吊装。

4. 钻台结构

钻台结构在半潜钻井平台中是非常重要的部分，有大量舾装件与大型设备安置在钻台上，不仅其结构强度是所有分段中要求最高的，建造精度要求也是相当严格的。建造过程中，将支撑腿与钻台主要结构分开建造，将支撑腿安装到主甲板上，然后用吊车将钻台结构与支撑腿拼装连接，完成钻台的搭载。

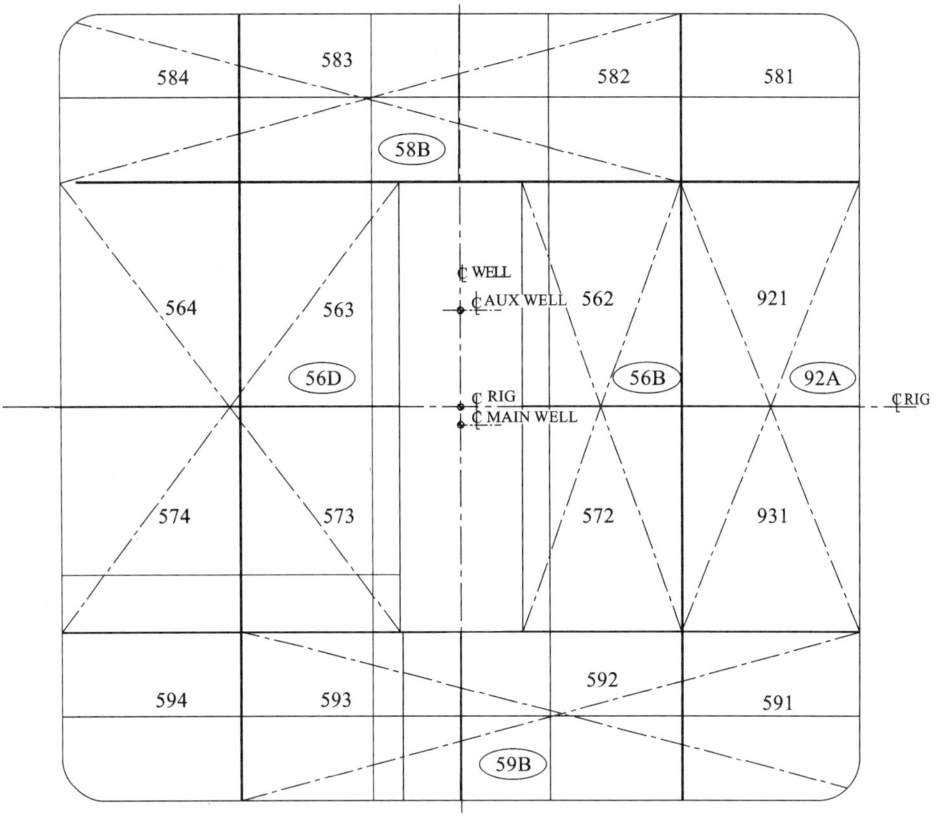

图 5-36 上部平台中间甲板部分分段划分图

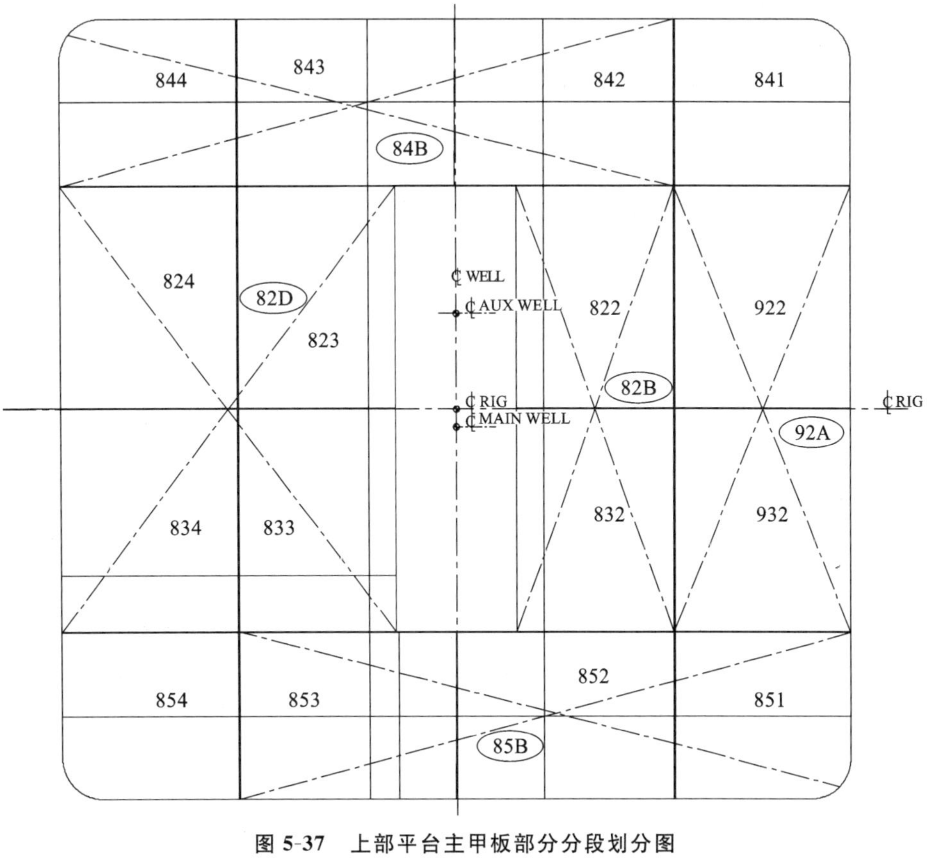

图 5-37 上部平台主甲板部分分段划分图

5.5.1.3 半潜式平台总装工艺

在半潜式平台日益大型化的今天，建造半潜式平台的核心、也是决定整个平台建造周期的关键技术问题，即如何将面积约 6000m^2，质量超过 10000t 的上平台体、钻台和井架结构在高度约 30m 的 4～6 个立柱上进行总装合拢。经过近几十年的发展，国内外半潜平台总装方法大致包括如下四类：吊装法、下沉法、滑移法和顶升法，其中吊装方法仍然是目前国内外建造半潜式钻井平台的主流方法。上平台体、钻台及井架与下平台体的总装吊装方法又可以分为如下几类：

1.陆地吊装法

在陆地平台上或者船坞内进行半潜平台所有的分段或者总段的吊装。采用这种总装方案时，先在陆地平台上或者船坞内将下平台体整体合拢完毕，然后将上平台体的分段或者总段逐一吊装到立柱之上进行装配焊接。

陆地吊装法的关键是制造厂必须具备适合建造半潜平台的超宽船坞(一般应大于 80m)或者具备合适的码头水深，便于将完工的半潜平台主体结构，通过水平滑道拖至半潜船后完成下水作业。同时，制造厂应配置比较先进的起吊设施，如大型龙门吊(600t 及以上)或者大型履带吊。

这种方法对船厂来说可充分利用船厂原有的造船生产设施，而不需要另行添置大型的工装设施，对降低建造费用是有利的。但是其缺点也相当明显：

(1)高空作业量巨大，这是由半潜平台结构的布置特点决定的，无法回避，如脚手架的搭设、上平台体外壁的结构和舾装工作等，造成作业环境差、施工周期长，特别是给安全和质量控制带来了很大困难；

(2)由于起重能力的限制，在吊装搭载过程中，上平台体某些分段或者总段可能无法全部由立柱来支撑，这样在总装作业时就必须搭设与立柱等高的临时支撑，一般需要 4～8 个约 32m 高的临时支撑，这样极大地增加了搭载过程中辅助工作量；

(3)另外，分段或者总段数量多，影响预装率，造成高空或者狭小密闭的舾装作业增多，而这些舾装作业相当困难，影响施工周期。

2.水上吊装法

在下平台体起浮的状态下利用起重船吊装上平台体的分段或者总段，甚至是整体吊装上平台体。采用这种总装方法时，先在陆地平台上或者船坞内将下平台体整体合拢完毕后，配上必要的临时工装，以保证下平台体起浮后不发生大的变形，便于立柱之间间距的精度控制。下平台体下水后，利用起重船逐一吊装上平台体的分段或者总段。在起重船起吊能力日益大型化的今天，水下吊装法可以使上平台体的分段或者总段数量尽可能地减少，同时，也节约了船厂的陆地平台或者船坞等核心资源；但是相应地增加了由水上吊装带来的风险和成本，比较适于海况条件较好、潮汐不明显的海域采用。

3.巨型吊车吊装法

利用巨型起吊设施整体吊装上平台体，这一方法突破了传统思维。烟台中集来福士海洋工程有限公司为实施这一吊装法建成了 2 万 t 固定式龙门吊车(“泰山”号)。其建造方法就是在陆地平台上分别建造半潜平台的上平台体部分和下平台体部分，利用半潜船将上平台体移位至船坞内，用“泰山”号吊起，再将下平台体移至船坞定位后，实施上下平台体的合拢工作，如图 5-38 所示。该总装方法克服了上述两种吊装方法的弊病，最大限度地降低了高空作业的工作量，对控制项目的建造周期有着非常积极的意义。但是由于投资巨大，不易推广。

4.下沉法

采用下沉法建造半潜平台时，需要先在陆地平台上或者船坞内将下平台体整体合拢完毕后，配

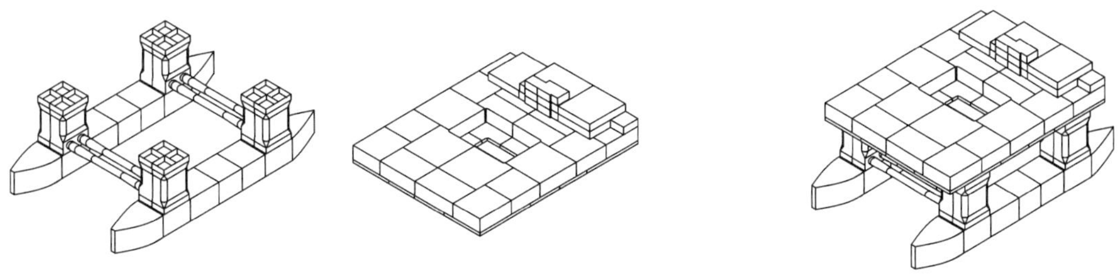

(a) (b) (c)

图 5-38 巨型吊车吊装法示意图

(a)下平台部分;(b)上平台部分;(c)平台整体

上必要的临时工装,以保证下平台体起浮后不发生大的变形,便于立柱之间间距的精度控制。下平台体下水后,利用拖轮拖至水深 30m 以上的无风港或者海面上,向压载舱内注入压载水,使半潜平台立柱顶部距离海水面 1.5～2m 后,用驳船将建造完毕的上平台体拖至立柱上方的指定位置就位,然后慢慢排出半潜平台下平台体内的压载水并上浮,使立柱和上平台体对接合拢。

下沉法合拢避免了大型总段的高空吊装活动,使高空作业大大减少,最大限度地保证了建造过程中的安全性,甚至驳船也可以租用,对于降低建造成本和建造工时大有好处。但是,该方法需要比较良好的水域条件,对于电站系统布置在上平台体内的半潜平台,还要解决临时电源以及可靠的液位遥测系统的问题,以安全可靠地驱动压载系统。另外,对于立柱间存在大量斜撑的半潜平台而言,下沉法不太适用,因为斜撑妨碍驳船被拖入立柱的中心位置。

5.滑移法

韩国现代重工在建造 RBS-8M 型半潜式钻井平台"深水鹦鹉螺"号时,采用 24 台 L600 提升千斤顶把重达 11000t 的上平台体提升 38m,然后把两组下浮体滑移至平台甲板的下面,完成半潜式钻井平台整个结构的装配工作。整个提升工作用到了 6 个临时支撑塔,在甲板的前面和后边各设置两个支撑塔,在每个支撑塔上面放置 2 台 L600 千斤顶;另有两个圆柱形的支撑塔,放置在甲板的中间,每个塔上面是 8 台 L600 千斤顶。计算机控制系统的精确控制使得千斤顶系统在提升上体平台和下浮体装配过程中都能够准确地同步工作。该建造方法适用于没有船坞、但码头水深条件较好的海工建造场地建造半潜平台。

在以往的工程实践中,半潜式平台总装工作中还出现了一些其他方法,可以参阅相关资料。

5.5.2 半潜式平台制造关键技术

半潜式平台制造的关键技术有:平台总体建造方案、平台建造精度控制技术、重量控制技术、高强度甚高强度大厚度板焊接工艺、特殊涂装工艺、重要设备安装和系统调试技术、大型分段/特型分段吊运方案、高强度甚高强度大厚板滚圆加工技术等。

以下部分中,编者选择了半潜式平台建造中的两项关键技术:特殊涂装技术和重量控制技术,进行简要介绍。

5.5.2.1 特殊涂装工艺技术

随着海上安全事故的不断发生,国际上对海上石油开采设施的安全越来越重视,涂装的防腐规范也越来越严格。深水钻井平台的防腐措施要求十分严格,详细设计的涂装技术要求都是参照挪威石油工业联合会(OLF)和挪威制造业联盟(TBL)起草和发行的 NORSOK 标准来执行的,其中大部分技术要求的严格程度都远高于 2008 年 7 月 1 日起在 500 总吨以上新造船上实施的,IMO

"船舶采用海水压载舱和散货船双舱侧处所保护涂层性能标准(PSPC)"的要求。

1. 平台区域划分及表面处理等级要求

(1)平台腐蚀环境区域划分。根据海上钻井平台的环境条件,海洋平台大部分钢结构部位腐蚀等级属于ISO 12944—5腐蚀环境分类中的C5-M(海洋):环境极其恶劣,阳光暴晒、风雨、盐雾、海浪冲击、环境温度和湿度变化及海洋生物侵蚀速率快等。按照海上钻井平台的环境条件,其腐蚀环境可分为海洋大气区、飞溅区、全浸区和海泥区。

① 海洋大气区

海洋大气中含有海盐颗粒使腐蚀加快,同时受到湿度、温度、风雨及紫外线辐射等的影响,其中甲板部位还受到海水冲击和摩擦,此区域腐蚀相对比较严重。

② 飞溅区

飞溅区是平台结构腐蚀最严重的区域,它经受海洋大气与海水浸渍的交替作用、海浪的冲击、锚链和水面漂浮物体的磨损,以及其他工作辅助船舶停靠的碰撞与摩擦。

③ 全浸区

在海上全浸区腐蚀中,浅海腐蚀可能比海洋大气区更快些,深海腐蚀由于含氧量低所以腐蚀慢些。全浸区有海生物侵蚀,需考虑防污。

④ 海泥区

存在硫酸盐和还原菌等细菌侵蚀,海底沉积物的性质因地域而异。受海水影响小,腐蚀程度较小。

(2)表面处理等级要求。不同区域表面处理的等级不同,分段制造阶段各个区域表面处理等级如表5-3所示。

表5-3 分段阶段各区域表面处理等级要求

区域	分段阶段:焊接区域,车间底漆烧坏和损坏区域
船底至水线以上5m	$Sa2\frac{1}{2}$
上船体主甲板以下至水线以上5m	
上船体主甲板	
直升机平台甲板	
直升机平台下部结构	
上层建筑露天通道及甲板	
空舱	
饮水舱	
泥浆舱及泥浆计量罐(trip)	
泥浆舱、布袋储存舱、泥浆处理舱、泥浆泵舱	
机舱及储藏区域的围壁及天花板	
机舱及储藏区域甲板	
污水、粪便舱、废油、脏油舱	
压载舱、钻井水舱、盐水舱、浮筒泵舱及推进器舱	

2. 玻璃鳞片涂料涂装工艺

环氧树脂玻璃鳞片涂料主要用于飞溅区和潮差区。玻璃鳞片具有大纵横比，并且在一般情况下不会氧化或腐蚀，它们能彻底隔绝湿雾气。作为无机材料，它们在组合和颜色方面能保持一致，并且不像云母那样会分层。不仅如此，用 C 或 ECR 玻璃纤维制成的玻璃鳞片能提供高级的抗化学性，并在大多数的混合物及环境中显现惰性。它有优良的机械性能并通常无害或只是单一的机械尘害，特别是与细纤维及其他填充物相比。

玻璃鳞片是一种 2～4μm 厚的片状玻璃质填料，用它来作环氧树脂防腐蚀涂料中的填料时，在 1mm 厚的截面中可有上百片平行排列的玻璃鳞片与基体平均叠压排列，像片片鱼鳞，形成可达上百层的致密防渗层，使得腐蚀介质扩散渗透到被保护基层的路径变得曲折难行，大大延长了腐蚀介质渗透的路径和时间，提高了涂层的抗渗透性能及耐腐蚀寿命。同时，玻璃又是无机材料，具有天然的耐化学及抗老化性能。

玻璃鳞片涂料是以耐蚀树脂为主要成膜物，以玻璃鳞片为填料，加上引发剂、促进剂等助剂组成防腐涂料。按黏度可分为鳞片涂料、原浆型鳞片涂料和玻璃鳞片胶泥。

与其他涂层相比，玻璃鳞片涂层可提高抗介质渗透性几倍到十几倍。而玻璃鳞片的存在逐渐减少了涂层与底材之间的热膨胀系数之差，明显降低了涂层的硬化收缩率，只有其他材料的几分之一到数十分之一。因此，玻璃鳞片涂料具有耐蚀、抗渗透性好、涂膜收缩率低、固化残余应力小、耐腐蚀、施工简便、易修补等优良性能，有广泛的应用领域。

(1)施工前表面要求

① 钢材表面必须干燥清洁，所有的表面应无磨料、灰尘、油、化学残留物等；

② 结构表面缺陷处理的内容、要求及具体方法按美国防腐蚀工程师学会 NACE RP 0178 的规定进行。

(2)涂装工艺

首先对焊缝、流水孔、加强筋反面等不平整表面或者难以喷涂的地方使用漆刷进行预涂装，而对于自由边等规则表面使用辊筒进行预涂。辊涂时，必须注意施以足够的涂料达到规定的干膜厚度。

其次，使用高压无气喷涂或高压双组分泵喷涂涂料，外部暴露处的钢质舾装件和管路都应进行表面处理并涂装同周围环境一样配套的涂料。

最后进行覆涂。玻璃鳞片涂料覆涂厚度涂料时，如果已超过覆涂最大间隔期，则必须特别注意前道涂料表面的清洁并拉毛（去除表面粉化层），以获得良好的结合力，并且在得到了油漆商的认可以后才能进行喷涂施工。

3. ARC 高含量陶瓷涂料涂装工艺

ARC 高含量陶瓷涂料是由美国 AIG 公司生产的一种高技术涂料产品。ARC 高含量陶瓷涂料采用一种合成技术，由高含量陶瓷粒子增强物与 100%非收缩性基础物合成，具有卓越的抗磨损性和优良的抗冲击性能，现场施工容易成形，具有超强的附着力。

(1)施工前表面要求

保证涂装表面无油、酸、碱、盐等各种污染物。

将涂覆表面采用喷砂处理达到 Sa2 $\frac{1}{2}$级以上和粗糙度 75～125μm，保证无锈、无油、无水、无残留油漆等，喷砂过程使用的压缩空气保证无油、无水。

(2)涂装工艺

刷涂 ARC855EN 作为第一层，第一层涂装后 2h 内，处于未完全固化阶段进行第二层涂装。涂装后，在 25℃环境下，需要 48h 完全固化。

其他涂层与ARC涂层搭接施工时，需要等ARC涂料固化后，对涂装表面进行完全保护后才能进行。

涂层如有破损，需要进行补涂修复。

5.5.2.2　重量控制技术

重量控制是所有浮式生产系统的关键环节。所有浮式平台都有非常严格的重量控制程序，需要对设计、建造全过程进行严格控制。

1.重量控制的意义

重量控制有非常重要的意义，主要包括：通过重量控制可以产生合理的、有竞争力的报价；能够估算可靠的设计建造工时；保证产品的设计性能；确保建造过程的操作安全。

2.重量控制的基本目的

半潜式平台在建造、调试阶段，重量控制有以下的目的：能尽早较准确地预报平台的空船重量，验证基本设计重量估算的准确性；可以优化设计，减轻设计重量；对空船重量进行监控，分析重量变化的原因，及时采取减重措施。

3.重量控制流程

重量结果是基于实际模型、图纸、表格等计算产生；余量是通过经验取值，包括：设备余量、结构余量、建造余量(如焊缝增量、散件余量等)。计算重量和余量相加，构成了平台的控制重量。平台建造过程的重量控制流程见图5-39。

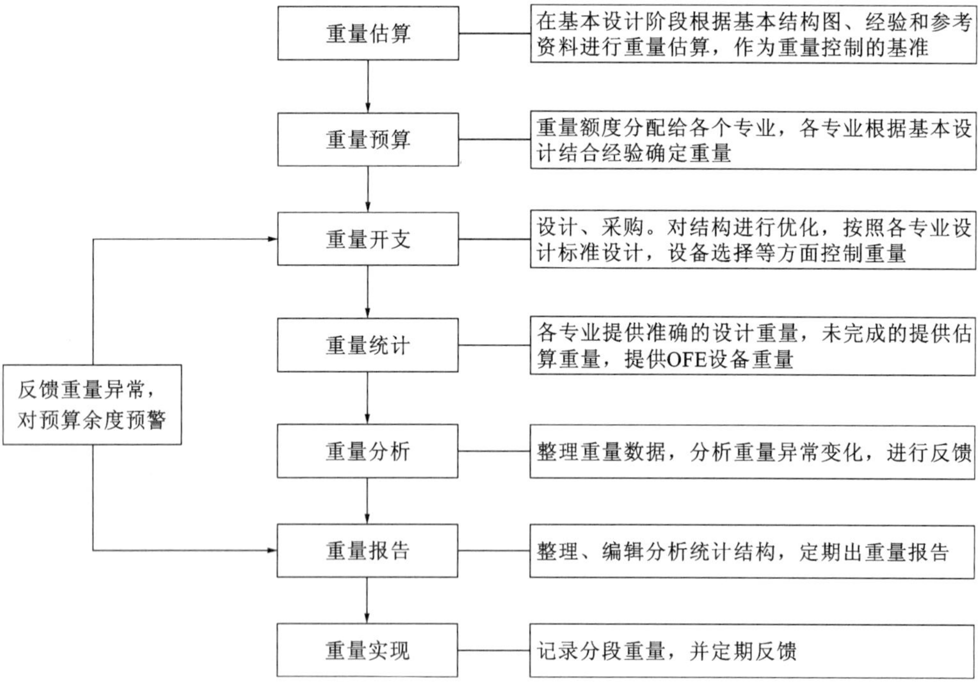

图5-39　重量控制流程

思考题

1.考虑海洋平台的建造方案时应从哪几个方面考虑？

2.导管架平台在建造时可分为哪几个主要组成部分？

3. 导管架平台上部结构制造的工艺流程是什么？有哪几种常用的装焊方式？
4. 导管架平台上部结构如何进行总装？
5. 导管架的制造采用什么方法，需要哪些工装？
6. 滑靴是什么？在导管架平台的制造中有什么作用？
7. 导管架的组装有哪些顺序，分别是如何考虑的？
8. 导管架的管节点有哪些类型，其焊接难点体现在何处？
9. 简述自升式平台的制造工艺流程。
10. 自升式平台的主体结构如何进行总装？
11. 自升式平台的桩腿升降装置如何进行安装？
12. 自升式平台的钻井系统如何安装？
13. 桩腿、齿条弦管组装焊接应注意什么？
14. 第一段桩腿与桩靴之间、桩腿与桩腿之间的搭载应注意什么？
15. 简述半潜式平台的制造工艺流程。
16. 海洋平台的腐蚀环境分为哪几个区？
17. 简述环氧树脂玻璃鳞片涂料的防腐蚀原理。

6 海洋平台分段划分

同常规船舶一样，当海洋平台详细设计进行到一定阶段，平台的基本结构图已经完成时，即可进行分段划分，绘制分段划分图，为及时全面地开展生产设计工作创造条件。分段划分是整个生产设计的前期和基础。

分、总段划分是将详细设计转化成生产设计的重要内容，体现了建造的思想、基本方法和基本原则，反映了建造方法的先进性、流程的合理性以及施工工艺的水平，是指导生产设计、生产管理和现场作业的依据。可以说，分总段划分是影响船舶和平台建造效率的最主要因素之一。

本章将结合海洋平台的特点，介绍平台分段划分的一般性原则，再以自升式平台为例，讨论平台分段划分的原则和方法。

6.1 海洋平台的分段划分特点

平台分段划分是否合理，直接影响产品质量、生产效率、生产成本、发挥企业设备潜力和改善劳动条件等技术经济指标。因此，它受到平台产品特点和企业生产条件等许多因素的影响。根据船舶和平台制造生产实践，沿用了船体分段划分中的一些基本原则，用来指导平台分段划分的工作。这些原则主要包括：

(1)分段重量和尺寸的选择；

(2)生产负荷的均衡性；

(3)平台结构强度的合理性；

(4)施工工艺的合理性。

常规民船划分分段以结构为主要考虑因素，这与产品特点有关。常规民船结构通常约占空船重量的70%～80%，通过结构的快速制作与搭载实现缩短造船周期的目的。民船产品舾装作业量少、作业空间大，可以在船坞阶段投入大量的人力进行作业，而海洋平台的舾装作业量占空船重量的一半以上，往往是民船产品的数倍，作业空间也小很多，只有进行分道作业、舾装安装前移，才能减少船坞的作业量和人员投入，最终实现生产的有序进行。因此，海洋平台建造时，应根据平台的特点和制造技术选择包括分段划分方案在内的合适的建造方案。

根据现代造船模式发展状况，船舶与海工装备建造的发展大致有五种建造模式，见表6-1。

表6-1 五种造船模式

整体制造模式	分段制造模式	分道制造模式	大批量定制模式	敏捷制造模式
铆接技术	焊接技术	成组技术	模块化技术	智能技术
系统导向	系统和区域导向	中间产品和模块导向		模块和产品导向
船体散装 码头舾装 全船涂装	分段建造 先行舾装 预先涂装	分段建造 区域舾装 区域涂装	船体建造、舾装和涂装一体化	动态(虚拟)组合 建造工程仿真 全面模块化和数字化
传统造船模式		现代造船模式		未来造船模式

整体制造模式已成为历史。相较于传统的分段制造模式，分道制造模式和大批量定制模式都属于现代造船模式，它们都是以模块化建造为方向的生产模式，即模块化造船模式。将产品的主要部件以中间产品（模块和大型模块）的形式，安排不同场地，在总装作业之前完成组装，解除了对总装施工场地的限制，并将部分设备调试和改装作业提前至模块阶段完成，不同程度地实现了“空间分道”和“时间有序”，可以节约工时，提高生产效率。而第五阶段的敏捷制造模式则可理解为在全面模块化生产的基础上实现动态联盟的先进造船模式。可见，模块化建造技术是当代乃至未来的海洋工程与船舶建造技术进步的关键。

当前，中国先进船厂的船舶和海工装备制造模式正处于由“分道建造、区域舾装、区域涂装”的分道建造模式，正向它的高级阶段“船体建造、舾装、涂装一体化”的大批量定制模式发展的状态。

模块是具有某种功能和接口、组成系统的独立单元。根据平台产品特点，大多数平台一般可以分为结构性模块和功能性模块两类，以船体结构为主的结构性模块相对简单，由一定的系统和结构组成并形成一定独立功能的功能性模块则较为复杂。模块的划分是模块化建造的关键，需要在模块类型、模块建造方法和模块对接技术的基础上，综合考虑平台结构特点、舾装布置、作业阶段、施工能力等因素，并结合船厂实际建造经验，进行反复的总结和分析，最终形成适应船厂需要的模块化建造方案。

例如，自升式平台主要构件一般包括主船体、悬臂梁、钻台、升降系统、桩腿、生活楼等，主要构件之间既独立又相互关联。通过对总体布置、舱室和结构布置特点的研究，结合建造场地的调研，以生产效率最大化为指导原则，将平台结构整体划分成主船体和特殊结构两大部分。

因此，采用模块化建造为导向的分段划分就是目前建造海洋平台的一种必然选择，在分段划分时，充分考虑模块的大小、模块的形状以及模块之间的对接方式等要素，更好地推进平台建造，提高建造效率。

6.2 海洋平台分段划分一般性原则

6.2.1 导管架平台的分段划分特点

导管架平台的下部结构（Sub structure）包括导管架和钢桩。导管架是焊接桁架结构，制定分段划分方案时应着重考虑这一特点。

1. 由于导管架平台的各组成部分一般都在陆地上分别进行预制，然后拖到海上井位进行安装，因此平台上部结构和导管架之间的划分总是利用其自然接头作为划分位置。

2. 导管架部分可采用分片法或分段法建造，其划分原则主要是利用天然接缝，以片为段。如果采用分片法建造，则在完成各片（即平面分段）装焊的基础上直接将各片翻转竖立（或侧立），再将各片之间的拉筋进行装配、焊接。如果采用分段法建造，同样要先完成各片的预制，然后装焊两片之间的拉筋管，从而形成单体（分段，即环形桁架结构），最后将装配完毕的单体吊运到总装场地进行总装。因此，单片（即平面分段）就是导管架部分最基本的分段形式。具体如何划分，要看制造厂的生产条件。一般而言，只要起重能力和预制场地允许，单片划分得大一些为好，这样可以减少高空作业，实现“高空作业地面做”。

深水导管架建造时，往往要沿导管高度方向将其分为两个或三个分段，分别在陆上预制完毕后再拖到海上进行安装对接，导管上的总段划分位置，一般应在两水平拉筋管中间，这样有利于在海上进行导管对接。

3. 为了确保导管的结构强度和装配质量，在平台的建造规范中对焊缝的相对位置作了许多规定，例如我国《浅海固定平台建造与检验规范》中对环焊缝有如下规定：

① 两个相邻的环焊缝之间的间隔不应小于管子的直径或 1m，取其大者；

② 在任意 3m 长的管段内环焊缝不能超过 2 条。

这些规定在建造中必须严格遵守。由于一个导管架上管件纵横交叉，其中部分管子又是由几段拼接而成的，为了满足这些焊缝位置的规定，在分段划分时就应仔细考虑，确定合适的分段方案。

6.2.2 自升式钻井平台的分段划分特点

自升式钻井平台主要由上部平台结构、桩靴（或沉垫）和桩腿三大部分组成，上部平台结构中包括悬臂梁和升降基础等关键结构。每个部分都有各自的特点，在分段划分时应该分别考虑，制定合理的分段划分方案。

1. 自升式钻井平台桩腿的划分特点

在进行自升式钻井平台桩腿的分段划分时，除考虑起吊能力、制造方便、材料规格等因素外，还必须考虑以下特殊问题。

① 对于桁架式桩腿或圆筒形桩腿，若是由齿条传动进行平台升降的，桩腿环形接缝一般应布置在齿根部位。因为焊缝布置在齿根部位，焊接工作量最小，焊接引起之热变形也最小。另外，焊缝布置在齿根区，其修整精度对平台升降的影响相对较小。

② 如果平台的升降是靠圆柱形桩腿（图 6-1）上的销孔和升降机构上的插销来实现的，则对桩腿进行分段划分时，分段接缝尽可能布置在两排插销孔之间，保证插销孔的制造精度和各排插销孔的间距准确，利于平台的顺利升降。

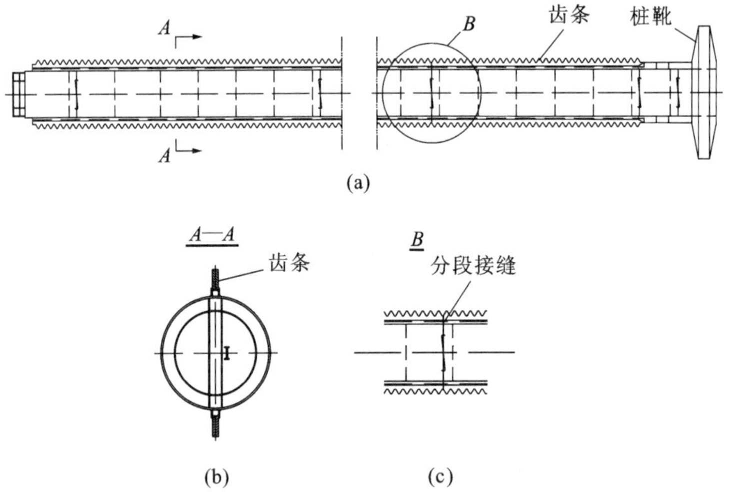

图 6-1 圆柱形桩腿分段划分示意图

(a)桩腿整体；(b)桩腿横剖面；(c)桩腿分段接缝位置示意图

2. 桩靴分段划分特点

桩靴尺度较小，设计时一般沿径向将其进行分段划分，再总装成桩靴整体。

3. 上部平台结构分段划分

上部平台结构即主体结构，其上放置的各种设备和设施在作业时均处在海平面以上。各种自升式海洋平台外形虽然不同，但其上部平台结构却十分相似，因此，制定分段划分的思路也相近。平台壳体的划分，平面分段是主要形式（见图 6-2），原因主要包括以下方面：

(1)平台甲板长宽尺度相近，其平面图形多为梯形或三角形（如三桩腿的自升式平台），不便分为环形总段，见图 6-2(b)。

(2)平台上有大量设备,有的设备(如发电机组、泥浆泵、大型硅整流装置等)经过单元组装后再安装到平台甲板上。因此,采用平面分段式的甲板结构最为方便,有利于设备单元进舱而后再封甲板的总装工作。

(3)由于平台长、宽方向的尺度相近,采用平面分段上船台有利于向多个方向同时作业,可扩大施工面,缩短平台建造周期。

(4)平台甲板多为规则的箱形结构,采用平面分段,可以充分利用平面分段流水线来提高生产效率,缩短分段制造周期。

(5)对于采用双层底结构的上部平台,由于布置在双层底区域的设备较少,因此,一般将双层底区域划分为立体分段。舷侧的深舱部分可分为立体或半立体分段,见图 6-2(a)。

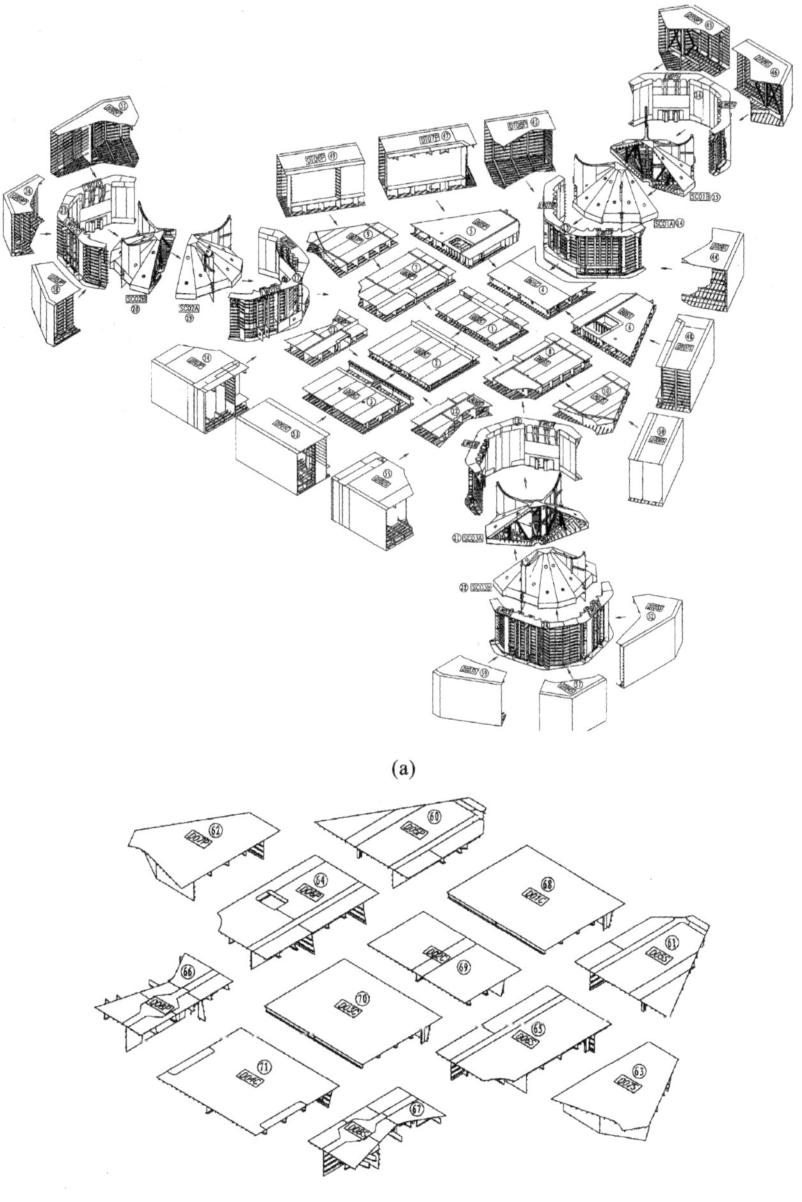

(a)

(b)

图 6-2 自升式平台上部平台分段划分示意图

(a)双层底、深舱等分段划分;(b)主甲板分段划分

6.2.3 半潜式平台的分段划分特点

半潜式平台的分段划分，受总装方案的影响较大。总装方案不同，其分段划分方案差异往往较大。下面介绍一些共同的特点。

(1)上部平台部分的分段划分特点与自升式平台相似，以平面分段为主。

(2)半潜式平台下船体的高度和宽度尺寸一般不大，其内部设置较多纵横舱壁，因而便于形成环形总段，故下船体往往划分为若干总段或半立体段，见图 6-3。

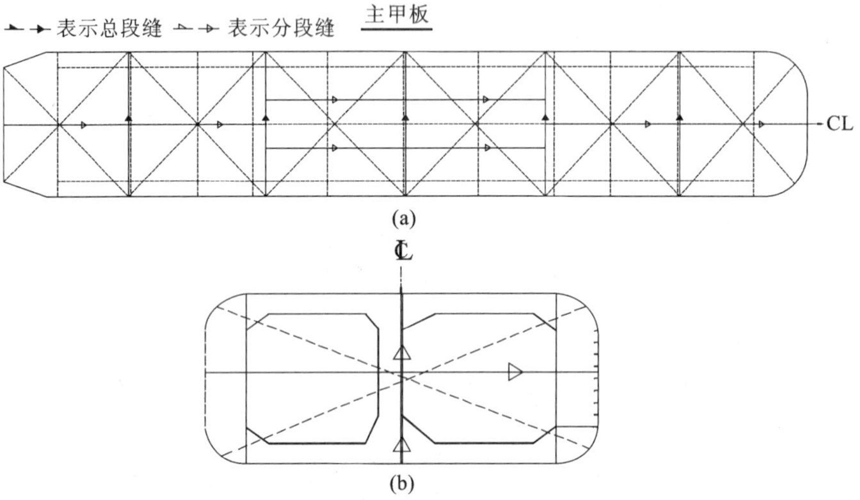

图 6-3 半潜式平台下船体分段划分示意图

(a)主甲板视图；(b)横剖面

(3)立柱一般划分为若干环形总段，分段高度根据起重能力、材料规格、总装方案、预制方法等因素确定。

早期，半潜式平台的立柱多采用圆柱形。由于立柱的直径往往很大(如我国设计建造的“勘探3号”，其立柱直径为 9m，内部结构也相当复杂，若采用整个筒节进行预制的方法，加工和装焊均不方便，故常常沿径向将其分为若干曲面分段)，先完成这些曲面分段的装焊，再进一步组装成环形立体段。新一代半潜式平台的立柱采用简单的圆角方形截面，其分段可以划分为环形总段，或在对称轴附近将其分为两个立体分段，见图 6-4。

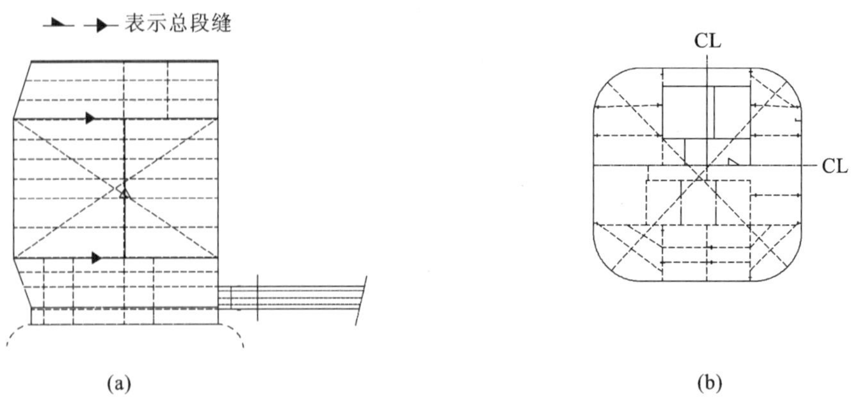

图 6-4 半潜式平台立柱分段划分示意图

(a)侧视图；(b)水平剖视图

(4)水平支撑和斜撑一般也划分为若干环形段进行预制，将其对接成整体后再进行总装。需注意的是，支撑两端的端部一般都划出一段先与平台或立柱进行装焊(图 6-5)，斜撑端部则先与水平支撑装焊。其原因是在管接头处的结构一般都较为复杂，将一小段支撑管预先与平台等主要部分装焊好，有利于改善支撑总装的施工条件，保证装焊质量。

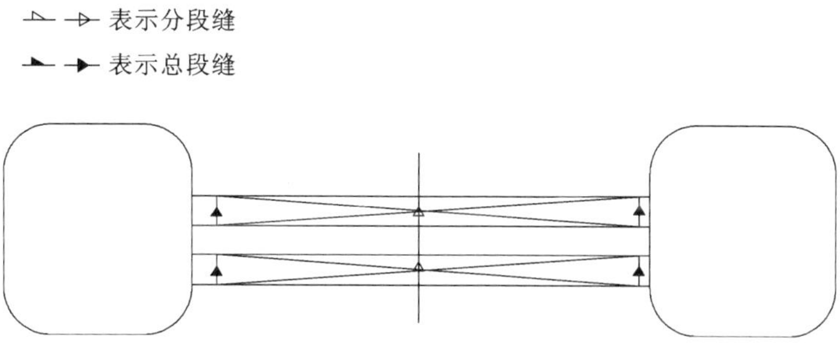

图 6-5 半潜式平台水平横撑分段划分示意图

6.3 自升式平台分段划分方法和原则

对于三桩腿的自升式平台，其上部平台一般为六边形结构，特殊的外形使平台内部形成一些三角形舱室，在分段划分时通常按照结构舱壁取分段缝，很容易出现三角形分段。三角形分段结构较弱，制作、吊装和运输过程都容易出现不利变形情况，精度控制非常困难。

根据平台制造中的经验，以模块化建造为导向的分段划分是一种较好的解决办法，在分段划分时充分考虑模块的大小、模块的形状以及模块之间的对接方式等要素，将有利于提高平台建造效率和质量。

6.3.1 自升式平台模块划分方案

自升式平台主要构件一般包括主船体、悬臂梁、钻台、升降系统、桩腿、生活楼等，主要构件之间既独立又相互关联。通过对总体布置、舱室和结构布置特点的研究，结合建造场地的调研，以生产效率最大化为指导原则，将平台结构整体划分成主船体和特殊结构两大部分。

根据产品特点，自升式平台可以划为结构性模块和功能性模块两类，以船体结构为主的结构性模块相对简单，由一定的系统和结构组成并形成一定独立功能的功能性模块则较为复杂。模块的划分是模块化建造的关键。

主船体是一个大的模块，包括压载舱、机舱、泥浆泵舱、辅机设备间等，其总体质量约占整个平台质量的 70%，是提供动力和储藏功能的区域，同时是特殊结构的支撑体。根据主船体舱室布置特点和建造要求，将其划分成不同的结构型模块和功能型模块。其中首部围井、左围井和右围井的划分主要考虑保证围井形状和井心精度，舾装量较少，可以划分成舱室较为完整的结构模块，建造中重点控制结构制作精度，并可在模块阶段进行大舱密性和总段整体涂装，实现模块的壳舾涂完工程度最大化。对于主船体的其他区域，则以保证系统完整为原则，根据舱室特点，将相邻的舱室划入不同的功能模块，具体划分为机舱模块、泥浆泵舱模块、左右灰罐间模块，如图 6-6 所示。其中机舱模块包括配电板、主发电机、升桩控制设备等舾装件，此模块可以将配电板间和主发电机间做成完整的舱室，包括管系安装和内装作业，为发电机动车创造条件。泥浆泵舱模块以泥浆泵有关的系统为中心组成的模块，包括泥浆泵、相关辅机、管系和泥浆沉淀舱，大量的穿舱件在模块内完成安装，形成完整的系统。

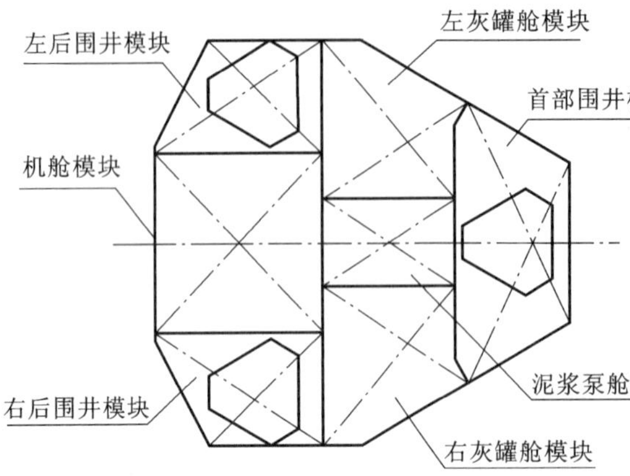

图 6-6 自升式平台主船体模块划分

特殊结构都是分布于主船体之上的独立结构，功能明确，根据其功能和空间布局，分为悬臂梁模块、钻台模块、升降系统模块、桩腿模块、生活楼模块和应急发电机间模块等，图 6-7 是整个自升式平台的模块划分方案。然后再根据船厂运输、吊装能力，将超重模块做进一步的分段划分，最大化保证建造效率。

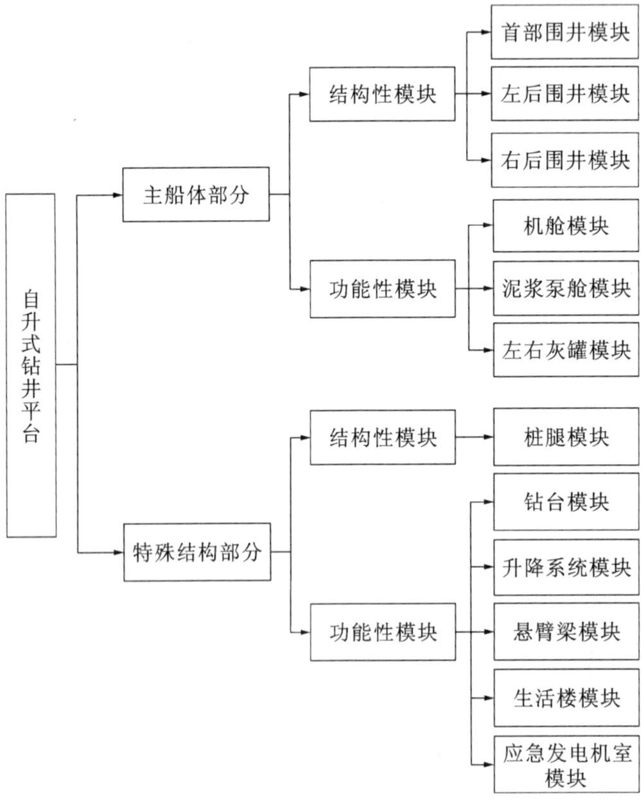

图 6-7 自升式平台模块划分

6.3.2 模块化建造分段划分技术

主船体是自升式平台最大的模块，要实现自升式平台的模块化建造，需要对主船体进行分解，形成多个独立的子模块。分段划分决定了各子模块的形状、完整性和组装便利性，好的模块应具有形状规则、舾装率高、接口施工便利的特点。因此，除了综合考虑平台结构特点、舾装布置、船厂各个作业阶段的施工能力等因素，还需要对模块的大小、模块的形状以及模块之间的对接方式进行研究，确定模块化分段划分原则，实现模块建造的便利化。

自升式平台构造复杂，总体布置和结构形式与普通船舶有很大区别。船舶建造分段划分常规做法是以结构为主要考虑因素，通过结构的快速制作与搭载实现缩短造船周期的目的。而自升式平台舾装占空船质量的一半以上，因此需要综合考虑结构和舾装才能提高建造效率。此外，自升式平台一般为六边形结构，特殊的外形使平台内部形成一些三角形舱室，在分段划分时如果按照结构舱壁取分段缝，容易出现结构不稳定、强度不足的三角形分段，制作、吊装和运输过程都出现变形、精度控制困难等施工问题。基于以上原因，通过研究模块化建造为导向的分段划分方法，确定划分原则和技术要点，可以更好地指导自升式平台模块化建造技术的应用。

1. 主船体分段划分原则

(1)分段划分要面向系统

传统分段划分主要考虑结构建造的便利性和效率，这与船舶产品特点有关，一般船舶钢结构占比为 70%～80%，因此船体结构的建造效率决定了整船的建造效率。而自升式平台结构仅占空船质量的 50%左右，因此在分段划分时要更加注重舾装安装的便利性，例如，在分段大小、分段形状和断缝位置的选择上，要优先考虑此区域的舾装能否在分段阶段安装，在重要舾装件无法避开的情况下，要考虑调整焊缝位置。

(2)分段划分要自上而下考虑

传统分段划分首先以建造能力确定分段长度和重量，以实现场地利用率最高为主要原则。首先，根据船型特点划分环段，确定分段长度尺寸，然后考虑质量限制划分纵向和垂向尺寸，最后考虑整船特殊结构进行个别分段划分调整，这是自下而上的考虑方式。自升式平台结构复杂，分段普遍偏小，建造能力和质量不是主要的限制因素，因而适合采用自上而下的划分方式。即首先考虑整个平台根据功能划分成几大区域，每一区域再根据结构建造特点和舾装、涂装作业需求划成若干分段。这样可以优先考虑模块的功能完整，利于壳舾涂一体化建造，以及实现模块的系统功能。例如，自升式平台一般将主船体划分成围井模块、主发电机模块、电气设备模块和灰罐间模块，其做法是首先像切豆腐一样将几大模块切分好后再做分段划分，划分的过程中要充分考虑模块的完整性以及生产的便利性，最后再确定分段缝的位置。

(3)分段划分要实现标准化

自升式平台结构有一定的相似性，分段形状可以相对统一，这样有利于系列化的建造，工人可以积累作业经验，提高熟练度，减少出错概率。例如，围井分段一般都是从内底到甲板划分成整体式，虽然分段建造稍微复杂些，但是关键点精度控制更加容易，可以确保围井井心的尺寸。

(4)分段划分要兼顾设计和生产

分段划分既要考虑设计上的系统完整，同时也要考虑现场作业的便利性，很多时候这两个方向是矛盾的，需要在分段划分时做充分的沟通，以全局利益最大化确定最终的方案。

2. 主船体分段划分技术要点

(1)以舾装为导向

自升式平台要想实现真正的模块化建造，必须以舾装为导向进行分段化设计。总段缝位置尽可能避开设备和管束集中区，重要的分段缝位置需与舾装专业协商，必要时可调整舾装布置，避免设备跨分段或总段划分缝的情况。自升式平台舱室层高较低，设备顶部可调整空间小，分段划分应充分考虑该类设备的封舱设置。

(2)分段形状划分要点

自升式平台主船体一般为多边形,特殊的形状使得其分段划分时难免出现如三角形分段等不规则分段。生产中曾出现长达 20m 而质量只有 30 多吨的三角形分段,这样的分段自身强度不足,并且很难通过加强解决,极易出现吊装变形,严重破坏结构和舾装精度,影响后续模块化施工。不规则形状的分段也会给吊装和搭载定位带来很多困难,因此分段划分时要重点考虑分段形状的选择。分段形状尽可能划分为封闭结构,如双层底分段;敞开式分段尽可能带有舱壁结构,如甲板分段带横纵舱壁;分段形状应尽可能划为规则的矩形,若无法避免,可以设置成梯形,上下底边长度比不小于 0.5;尽量避免划出不规则或多边形分段。

(3)分段缝位置选择

为推进模块化建造,分段缝位置的选择也与一般船舶划分不同。甲板分段划分缝一般取靠近舱壁位置,可以保持骨材的连续,减少骨材数量,对结构的建造是有利的,这也是船舶建造的常规做法。但自升式平台有很多管子不允许使用法兰对接,这使得一些管子穿出舱壁后要伸出一段以便进行对接焊,超出甲板边缝的管段若按模块化建造需要进行分段安装,则会造成分段搭载干涉,不得不现场修割管子以保证搭载定位,增加大量的返修工作。经过综合分析,参考总布置图设备布置情况,打破常规做法,将甲板分段缝位置优化为伸出舱壁 800~1200mm 处,并酌情给予标准化选择,做到有效保护舱壁上的舾装件,提高舾装的完整性,从而扩大模块化建造的成果。图 6-8(a)为甲板缝按常规划分,大量管子裸露在外面的情况;图 6-8(b)为实施优化后,甲板伸出舱壁,管子等舾装得到有效保护。

(a) (b)

图 6-8 自升式平台分段

(a)优化前舾装安装情况;(b)优化后舾装安装情况

(4)分段编码标准化

分段编码是分段唯一性身份的一种标记,通常采用数字或符号进行编号,是有效开展生产管理的关键技术之一。为了便于使用和管理,分段编号的设计应根据分段类别进行区分,并且进行标准化定义,以便快速识别分段类型。合理的分段编码及其正确使用有利于提高生产效率,避免错误的发生。

另外,自升式平台上大量结构性舾装件,需要自制后进行安装。该类舾装件以舾装编码形式进行自制管理,很难控制进度和质量,因此通常将该类舾装件作为特殊结构进行分段划分并给予特殊的分段编号,如在数字编号的基础上增加一位字母编号加以区别,实现了特殊结构的区分,对设计各专业之间的分工也非常便利。

思 考 题

1. 海洋平台分段划分有哪些主要原则？
2. 导管架平台分段划分要考虑其结构的哪些特点？
3. 自升式钻井平台分段划分的特点是什么？
4. 半潜式平台分段划分有什么特点？
5. 海洋平台分段划分与船舶分段划分有什么相同点和不同点？

7 导管架的海上安装工程

导管架平台的导管架、桩基和上部甲板结构，在陆上预制完毕后，要将它们运送到海上井位进行安装。本章仅介绍钢质桩基式导管架的装船、运输和海上安装工程的相关内容。

钢质桩基式导管架海上施工一般包括：探海、拖运、打桩等工序，施工流程见图 7-1。各工序的工作内容如下：

图 7-1　导管架海上施工流程

(1)探海

探海的主要目的是为导管架顺利就位做准备。探海应着重做好以下工作：海底地形地貌调查、施工区域水深及坐标复测、放置定位漂。

(2)导管架拖运

导管架在陆地建成后，通过滑移或吊装的方式装上浮驳载体，浮驳载体的选择取决于导管架的质量、重心位置及外形尺寸等要素。施工前，应完成拖航稳性的计算、校核。

(3)导管架就位

导管架下水并扶正后，将其安装到井位的过程。

(4)打桩

打桩是钢质桩基式固定平台导管架施工的一道重要工序，打桩通常在导管架就位后进行。

(5)灌浆

钢制桩基式导管架与桩管之间的环形空间内需灌注水泥浆。灌浆工作在导管架就位打桩完毕、调整好导管架与桩管间的间隙后进行，通常灌浆介质为水泥砂浆，人工装填，机械搅拌。

7.1　导管架的装载运输和下水

7.1.1　装船方法的选择

导管架预制完成后，首先需要对其进行装船，然后将其运送至海上指定井位进行安装。目前通常采用的装船方式有两种：吊装起重装船、拖拉滑移装船。吊装起重装船是用起重船将导管架吊装至船上（包括双船抬吊），如图 7-2(a)所示，拖拉滑移装船则是采用多轮滑移拖车滑移装船，如图 7-2(b)所示。

一般情况下在导管架建造前就要根据导管架尺度、质量、重心位置、陆地建造场地条件和可用起重船的技术性能、装导管架的驳船的性能等要素，制定导管架的装船方案。

(a) (b)

图 7-2 导管架装船方式

(a)吊装起重装船;(b)滑移拖车装船

7.1.2 浅水导管架的装载运输和下水方式

目前,浅水导管架的装载运输和下水方式,主要有以下三种。

1.用起重船运载和下水

当导管架尺度较小、质量较轻时,全部工作均可由起重船来完成。导管架总装结束后,承载小车将其拖到码头,起重船将导管架吊装至船上,固定后直接拖运至指定海域的井位上方,再由起重船将导管架吊放到海上定位。当导管架的尺度和质量能满足要求时,起重船可以完成全部作业。这是一种简便易行的方法。

2.采用驳船运输,浮吊下水

当起重船装载能力不足以满足运送导管架时,可以采用大型驳船运送,再用大型浮吊完成导管架的海上定位安装工作。

上述两种方式都要求具备较强的海上起重能力,如起重船和浮吊等。工程实践表明,发展海洋工程装备,海上大型起重设施是非常重要的。我国振华重工自主建造的"振华 30 号",2016 年 5 月 13 日在上海长岛基地交付,以单臂架 12000t 的吊重能力和 7000t 360°全回转的吊重能力在当时位居世界第一,为我国海上施工、打捞救助等事业向深海延伸提供了强有力的装备支撑。

3.采用专用下水驳装载运输和下水

如果导管架本身的质量超过了起重船或浮吊的起重能力,采用专用下水驳进行导管架的装载运输和下水是一种解决方式。

由于存在重量和起重能力之间的矛盾,因此,要求解决导管架"上"和"下"驳船的问题,即:

① 在预制场地,如何将导管架移上驳船;

② 在井位,如何让导管架从驳船上安全下水。

下水驳首先必须解决这两个问题。为此,下水驳采用不同于一般货驳的甲板布置(图 7-3)方案。其主要特点在于:甲板上设有可变间距的滑道来适应不同总装场地上的滑道;甲板首部装有绞车并配有千斤顶;尾部装有纵摇臂;设有合适的压载舱及高速泵;等等。

除了上述甲板布置特点,运送过程中下水驳存在要承受很大的装载重量,以及重心位置高、受风面积大等问题。这些特点决定了下水驳的设计要求:良好的稳性,船体有足够的强度,具备迅速调节压载的能力等。因此,在进行下水驳设计时,必须充分考虑这些技术要求。

采用专用下水驳进行导管架的装载运输和下水,其工艺过程大致分为三个阶段:

(1)导管架上驳

为了方便导管架上驳,要求导管架总装场地设有滑道,完工后的导管架坐落在滑道上,并且要

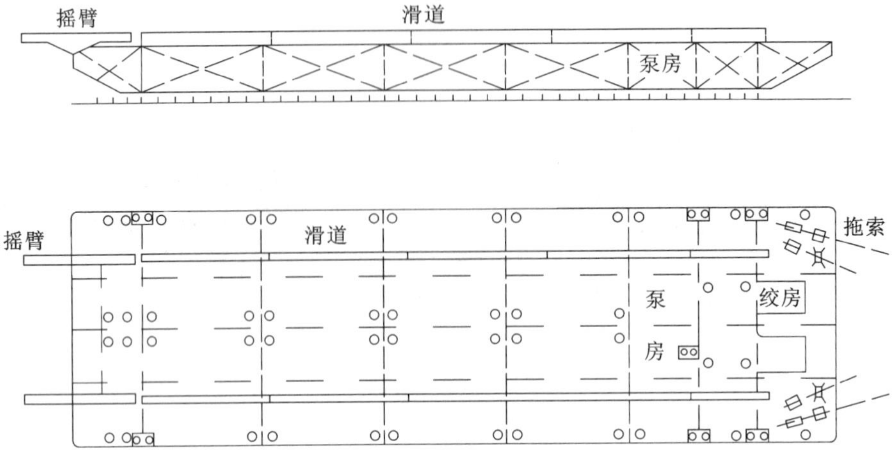

图 7-3 下水驳的典型布置

求总装场地上的滑道和下水驳上的滑道间距及尺寸完全相同，并且衔接良好。

导管架上驳时，下水驳的尾部应紧靠工地，通过调整驳船的压载来使驳船和码头上的滑道位于同一平面。在下水驳与码头的滑道衔接好后，由绞车将导管架缓慢地牵引到下水驳上，待导管架在下水驳上完全就位后，将其固定扎紧，为拖航做好准备，其基本过程如图 7-4 所示。

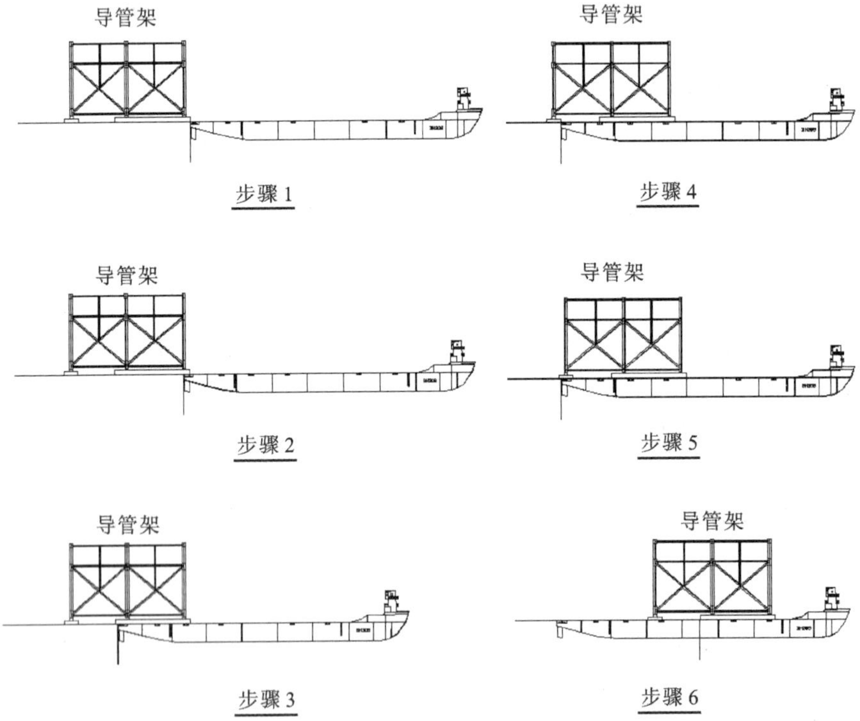

图 7-4 导管架滑移装船过程图示

总装场地及下水驳上的滑道，一般采用水平纵向涂油滑道，其滑道、滑板的结构形式和连接方式以及下水油脂的有关要求，与船舶纵向涂油滑道下水相类似，只是对下水油脂的承压强度要求更高，其静压强一般不得小于 245.2kPa，以保证在导管架重压下不被挤出。

在导管架上驳阶段，有两个问题应注意：

① 进行导管架上驳时，应注意选择合适的潮位时间。

② 导管架上驳时，随着其上驳长度的变化，下水驳的吃水会不断增加，并且有纵倾现象产生。因此，必须不断地对下水驳船进行压载调整，以保证下水驳与总装场地上的滑道处于同一水平面内。

(2)拖航

为了保证下水驳在此阶段的航行安全，在拖航以前，应做好以下几项工作：

① 导管架在下水驳上就位完毕后，应将导管架稳定地固定在甲板上，必要时还可加焊临时支撑，保证航行安全；

② 装载导管架后的下水驳，由于全船重心位置高，受风面积大，故拖航时对稳性要特别重视，确保拖航过程中的稳性安全；

③ 在拖航过程中，为减小拖航阻力和波浪对导管架端部产生的砰击，需要保持一定的尾倾。

(3)导管架下水和就位。当装载导管架的下水驳到达指定井位后，拆除紧固物件，通过调整压载水使驳船保持适当的吃水，并有一定的尾纵倾。再借助液压千斤顶或绞车(或两者同时使用)，推动导管架起滑。随着导管架向船尾滑动，驳船纵倾角度逐渐加大，导管架滑行速度也随之增加。由于下水驳尾端设有纵摇臂，当导管架已离开驳船船体部分的重量对摇臂支点之力矩大于尚未离开部分的重量对摇臂支点之力矩时，摇臂开始转动，使仍位于摇臂上的部分导管架随着摇臂的倾斜而迅速下滑，直至导管架全部滑入水中。待其浮到水平位置后，再用浮吊吊起导管架上部，使其翻转、竖起，然后加压载使其稳定在海底。整个下水和就位过程见图 7-5。

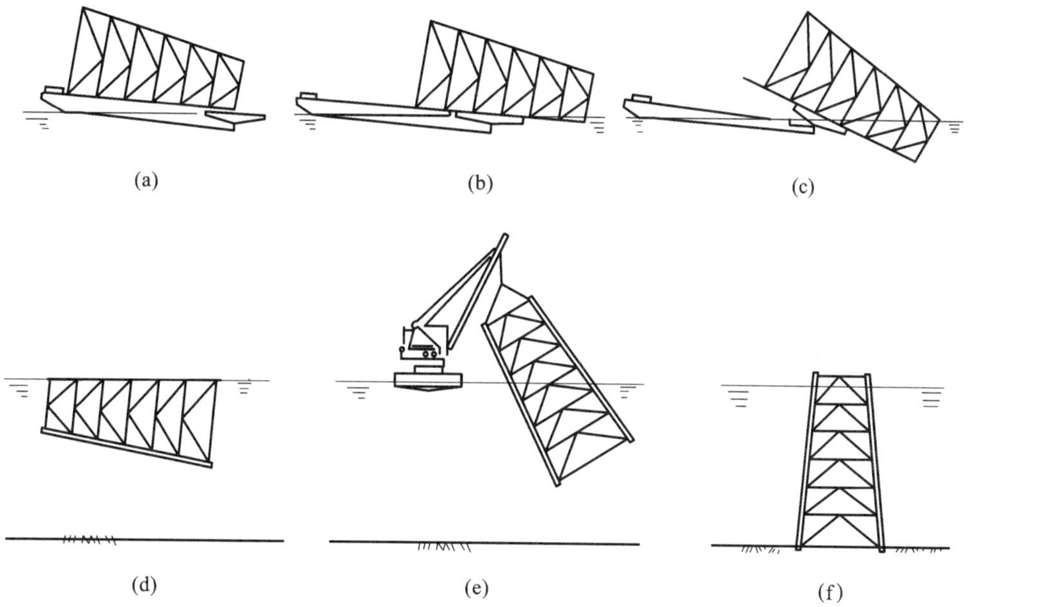

图 7-5 利用下水驳进行导管架在井区下水

(a)压载驳船下水端；(b)沿滑道移动导管架；(c)导管架在摇臂上倾斜；
(d)浮在水中；(e)用浮吊翻转；(f)就位

在这个阶段，应注意以下几个有关的工艺问题：

① 导管架下水时，其重量由两根导管承担。当导管架在摇臂轴心上方倾斜时，载荷便集中在导管架每条腿的一小节导管上，因此需对导管架外部进行局部临时加强。

② 在导管架入水过程中，为减小下水驳的弯曲应力，可通过压载方法使驳船产生纵倾，促使导管入水时间提前、浮力增加快，从而减小驳船承受的载荷。但是，若纵倾太大，浮力增加过快，又会阻止导管架的下滑与脱落，使导管架“挂”在摇臂上，导致发生事故。资料显示，“Oceamc94”导管架进水时纵倾角为 1.5°，“COGNAC”平台进水时纵倾角为 1.75°，而“Muchison”导管架进水模型试

验时，压载水加到4.5%时纵倾角约为2.7°。一般而言，进水时纵倾角度与导管架尺寸、就位点的水深、顶推动力以及润滑油脂的摩擦系数等均有关系。因此，必须事先对下水方案进行研究，开展必要的试验，确定合适的纵倾角度。

③ 当对导管架施加压载使其坐落在海底时，要控制压在海底的重量，使其小于导管架下方海底土壤的承载能力。有时海底土壤为半固态的或松软的，这时应在导管架最低一层水平拉筋上安装防沉板(Mudmat)，以便在打桩前能对导管架起临时支撑作用。

采用下水驳运输和下水，不仅可以省掉大型起重船或浮吊，而且还可以实现远距离拖航，因此成为浅水导管架海上安装的主要方式。

7.1.3 深水导管架的装载运输及下水方式

随着工作水深的增加，导管架的重量急剧增加。当没有合适的专用下水驳时，可采用自浮或分段运输法将导管架送往指定井位。

1. 自浮法

自浮法又可分为两种情况：

(1)采用浮筒(或浮箱)辅助下水和拖航

将导管架在船坞中总装完毕，并在其适当位置增设临时性浮筒，坞内灌水后，导管架与浮筒一起浮起，然后拖航到指定井位，再有步骤地拆除浮筒，使导管架竖立定位。浮筒的作用在于保证拖航中的稳性和浮性。

这种方法不仅可用于深水导管架的装载、运输和下水，对于浅水导管架同样适用。

(2)自浮拖航

所谓自浮拖航，就是待导管架在船坞内总装完毕后，将各导管进行密封；向坞内放水使导管架自行浮起，用拖船将其拖到井位；按预先编好的压载程序自下而上注入海水，使导管架翻转、竖立、就位，其海上就位工艺过程见图7-6。

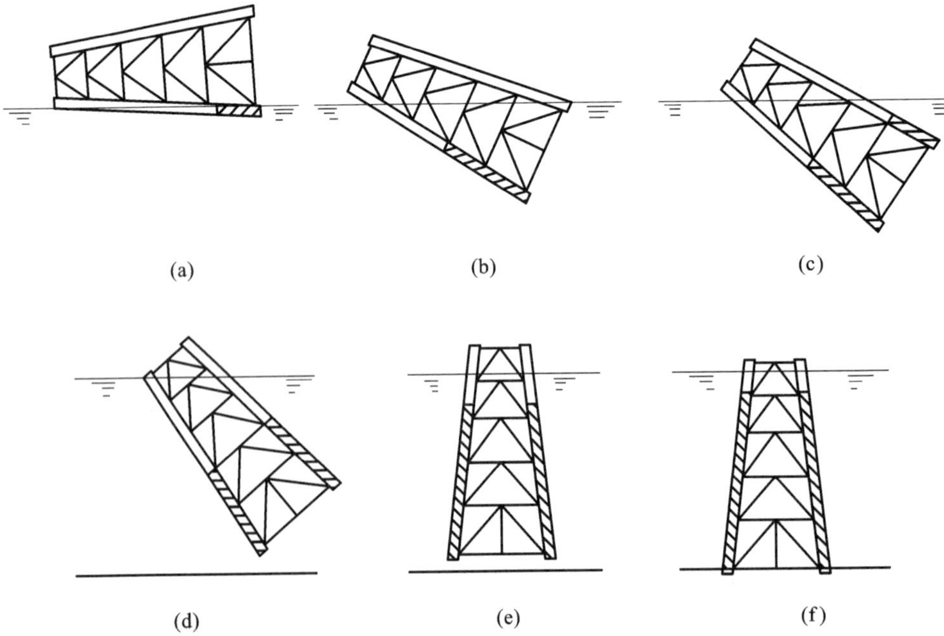

图7-6 自浮导管架海上就位示意图

(a)到达井位开始注水；(b)有控制地注水；(c)对上部腿柱有控制地注水；(d)翻转接近完成；(e)定位；(f)就位

为了提供导管架在下水和拖航过程中所必需的浮力及稳性，自浮导管架的导管直径（至少是在水线面附近位置的导管直径），要比采用浮箱漂浮的导管架之导管直径大得多。由于自浮导管架直径增大，花费的钢材增多，导管的波浪力更大，因而需要更多的结构支撑和钢桩，粗导管内部不仅需要安装加强环，而且需安装纵向加强材，以保证结构的稳定性。为了防止粗导管受到静水压破坏，导管架安装就位后一般要向导管内注水。

由于拖航时的浮性和稳性主要由粗导管提供，为了翻转导管架并满足破损稳性要求，粗导管内应分隔为若干个水密舱室，并配以进水阀、舱内调拨管系和卸载泵等，以便翻转时能按要求迅速进行压载和卸载。因此，在导管架设计时，拖航和翻转过程中的稳性（包括破舱稳性）及拖航阻力等，均应详细计算。

导管架自浮时的翻转、竖立和定位过程是一项难度大、技术性强的海上作业，为了保证这一过程的顺利完成，应事先对整个安装过程进行计算模拟，并制定周密的施工方案，确保安装工作顺利完成。

2. 分段运输法

所谓分段法，就是将整个导管架沿高度方向分为二段或三段，各段分别总装后运至海域指定井位，采用水平或垂直对接，将各段总装在一起，并坐落在海底定位。各分段的装载运输方式与浅水导管架的装载运输方式完全相同，以下水驳载运方式用得最多。

分段法的技术关键是段与段之间的水下对接，这种海上对接安装的难度相当大，在设计时应予以充分考虑。

（1）水平对接

图 7-7 所示为“HONDO”平台导管架海上安装工艺过程示意图。“HONDO”导管架平台安装水深 260m，质量 12200t，有 28 个井口，三层甲板（26m×52m），8 根直径 48 英寸（约 1.22m）主桩，12 根直径 54 英寸（约 1.37m）群桩，1976 年建成。该平台的导管架部分分两段在陆上制造，分段用驳船运送到井区，后滑移下水，两分段在海面漂浮组装连接、压载扶正就位。

导管架分段下水后，通过调节导管内的压载水，而将两段导管架调平，然后将其拉拢，并用法兰将其连成一个整体，最后再通过调整压载水并借助起重船使导管架由水平状态翻转直立，并移到指定的安装位置，具体工艺过程见图 7-7。

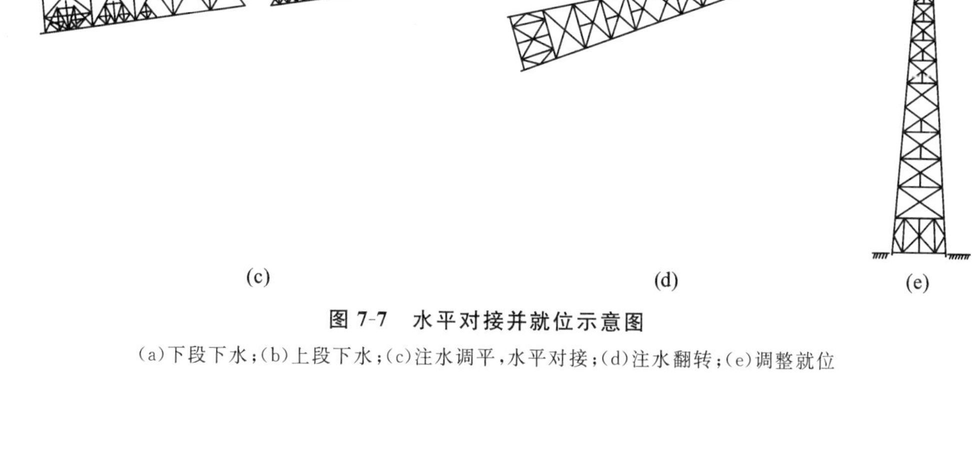

图 7-7　水平对接并就位示意图

(a)下段下水；(b)上段下水；(c)注水调平，水平对接；(d)注水翻转；(e)调整就位为了便于水中对接，在导管对接端部安装法兰，通过法兰来连接。另外，在导管内距法兰一定距离位置设置水密隔板，在法兰与水密隔板之间安装连通管，以便对接时将接头区域的水抽净，再由焊工进行焊接。

(2)直立对接

图 7-8 所示是科涅克(Cognac)号平台导管架的海上安装示意图。Cognac 号平台位于墨西哥湾，水深 312m。导管架包括 24 根直径 48 英寸(约 1.22m)水下群桩，单根桩重 450t，62 个井口，质量 30386t，1978 年建成，该项工程被评为美国 ASCE 协会 1980 年度著名土木工程成果。

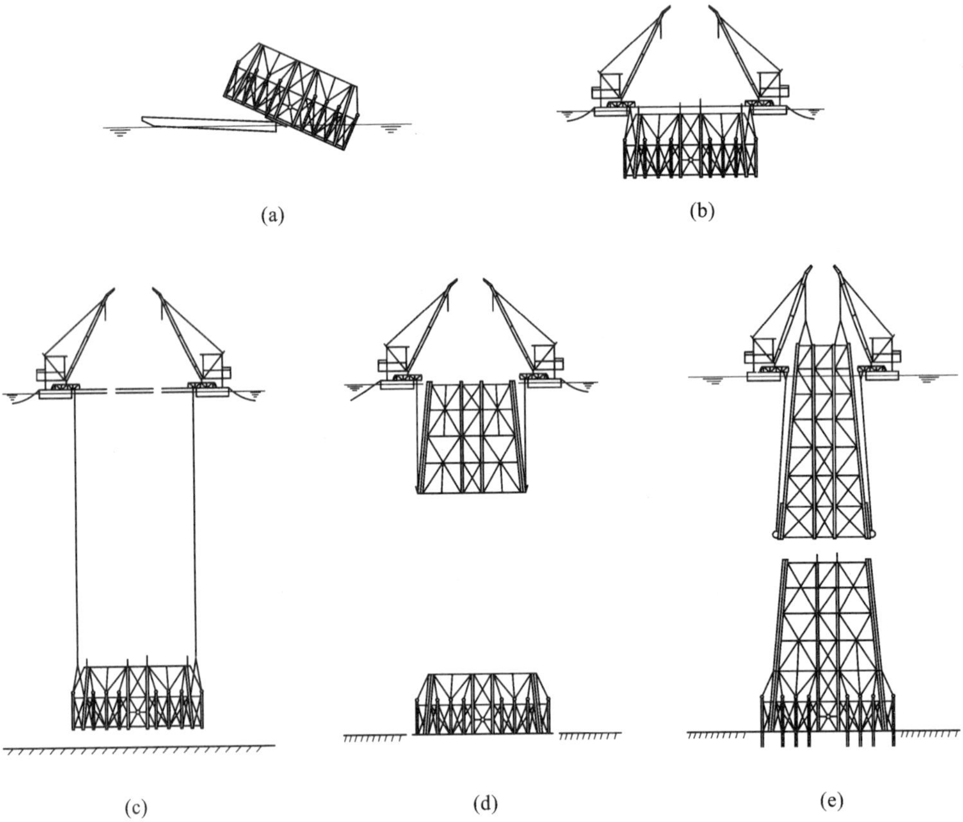

图 7-8 深水导管架直立对接示意图

(a)基础段下水；(b)基础段定位准备；(c)基础段定位打裙桩；(d)中间段安装；(e)安装顶段，灌水泥固桩

其导管架分三段(基础段、中间段和顶段)在陆地上制造。各段分别总装完毕后，通过驳船运输到井位后采用滑移方式下水，通过浮吊协助，由下向上逐段进行直立对接安装。

这种超重超深型导管架，因水深较大，安装过程要通过水下声呐系统和水下录像来监控和指导。

7.2 导管架海上安装

导管架定位以后，要将直径为 1.2～2.1m 的钢桩从导管顶部打入海底泥面以下很深(75～150m)的深度，再在导管与桩壁之环形空间内灌注水泥，将整个导管架固定在海底。

平台导管架一般使用打桩船进行打桩，见图 7-9。打桩船是一种专用的海上工程船舶。

海洋平台桩基承受的载荷十分复杂，主要包括：平台本身的重量、平台钻井时产生的动载荷和

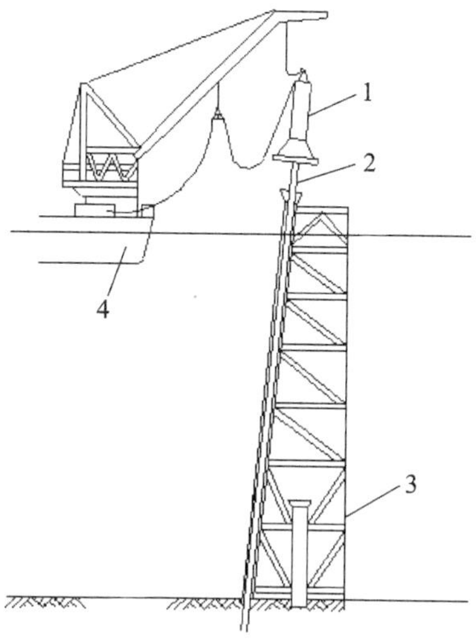

图 7-9　打桩示意图

(1)桩锤;(2)桩;(3)导管架(桩腿);(4)打桩船

复杂多变的环境载荷等,这些载荷远比陆上建筑的桩基承受的载荷更大、更复杂,因此其施工要求比陆上建筑更严格。

导管架依靠桩固定于海底,桩结构有主桩式,即所有的桩均由主腿内打入;也有裙桩式,即在导管架底部四周布置桩,裙桩一般是水下桩。

海上导管架平台的承载能力主要取决于打入海床的钢管桩基础。打入海床的钢管桩穿过松软的可压缩性土层,把来自海洋环境引起的荷载及上部设施和设备荷载传递到更硬或更密实的,且压缩性较小的土层中。对于受压桩,其承载能力主要来自桩身表面所发挥出来的摩擦阻力和桩端阻力。大多数情况下,桩承载能力主要是由桩身摩擦阻力提供,其承载能力随着桩身表面积的增加而增大,因此海上导管架平台通常用深(桩)基础。

7.2.1　桩基分类简介

桩基是用来支承甲板载荷和抵抗环境载荷的结构,应具有承担轴向载荷和水平载荷的承载能力。桩对水平载荷的承载能力,是由桩截面的抗弯强度或容许的水平变位值决定的。桩的轴向承载能力来自桩周围的土壤对桩侧表面所产生的摩擦阻力和桩的底端土壤对桩产生的支承阻力。因此,桩基不仅要承受巨大的轴向载荷,而且还要承受由于环境载荷在泥面附近引起的水平力和最大弯矩。

工程实践中,桩基有多种分类方法,常见的分类依据包括承载性状和施工方法等。下面分别进行介绍。

1. 按照承载性状分类

在导管架平台中,桩按承载性状可分为摩擦型桩和端承型桩。

(1)摩擦型桩

摩擦型桩是指在承载能力极限状态下,桩顶竖向荷载全部或主要由桩侧摩阻力来承受。摩擦型桩又可分为纯摩擦桩和端承摩擦桩两类。前者桩端阻力小到可忽略不计,一般不超过整个荷载的10%,即在极端承载力状态下,桩顶荷载由桩侧摩阻力承受。端承摩擦桩是在外荷载作用下,桩端阻力和侧摩阻力同时发挥作用,如穿过松软地层嵌入较坚实的硬黏土层的桩。

(2)端承型桩

端承型桩又可分为端承桩和摩擦端承桩。端承桩是指在承载力极限状态下,桩顶竖向荷载由桩端阻力承受的桩,如通过松软地层桩端坐在岩层上的桩。外部荷载通过桩身直接传递给岩层,桩的承载力由桩的端部提供,桩侧摩擦阻力小到可忽略不计。摩擦端承桩是指在极限承载力条件下,桩顶竖向荷载主要由桩端阻力承受,小部分由桩侧摩擦阻力承受的桩。

海上导管架平台主要通过桩基来承受上部荷载。打入海床的钢管桩穿过松软的压缩性地层,把海洋环境引起的荷载及上部设施和设备荷载传递到更硬实的土层中。对于受压桩,其承载能力主要来自桩身表面所发挥出来的摩擦阻力和桩端阻力。大多数情况下,桩承载能力主要是由桩身摩擦阻力提供,其承载能力随着桩身表面积的增加而增大。因此,摩擦型桩是近海工程桩基常用的形式。

2.按施工方法分类

导管架平台的桩基(piles)类型及施工方法取决于施工海域的环境条件,通常根据不同的海洋环境条件,按照施工方法的差异,将导管架平台的桩基础大致分为三种:① 打入桩基础;② 钻孔灌注桩基础;③ 钟形桩基础。下面介绍三种桩基础。

(1)打入桩基础

当地面包括厚的土壤沉淀物时,可以采用打入钢桩的方式(Driven Steel Piles)。用锤击方法,把开口钢桩打入海床作为承载基础,称为打入桩基础。为了满足桩的设计深度要求,可以将桩设计成多节,在打桩时随桩的打入进度用焊接的方法把各节桩按施工要求一节一节地焊接起来。当打桩遇阻时,还可以通过清除桩内土塞的方法减少打桩阻力,使桩达到设计深度。若桩的土塞排出后引起承载能力下降,可以采用两级套管桩来提高桩的承载能力,即先打入一级套管桩,然后在套管桩内再打入次一级桩,在两级桩的环形空间采用水泥浆充填。因此,打入桩基础是海洋工程中广泛采用的一种基础形式。

(2)钻孔灌注桩基础(Drilled,cast in situ piles)

当采用打入桩方法无法使桩达到预计土层,或由于打桩扰动土层导致横向承载能力下降时,通常采用钻孔灌注桩方法。钻孔灌注桩是在设计桩位处,通过钻具钻成所需孔径和深度的孔,然后将桩放入孔中,在桩与孔壁的环形空间灌注水泥砂浆。这种桩可以在任何土质条件下按设计要求施工。

(3)钟形桩基础

钟形桩基础是当基础承载力不足时,为了提高基础承载能力而采用的一种桩基形式。

钟形桩是对钻孔灌注桩的发展,它采用爆扩方法使桩端扩大成钟形,然后灌注水泥砂浆或混凝土,以提高桩的承载能力或增加桩的抗拔力。

上述三种桩基础形式中,打入桩施工最简单,费用最低,是海洋工程中首先选用的一种桩基础;钻孔灌注桩和钟形桩一般是在不得已的情况下采用。在实际工程中,主要考虑土质条件、桩的用途、桩的承载能力、地基类型及施工条件等因素,选择合适的桩基础。决策过程中,设计者的经验及对工程全貌的认识是重要因素。

7.2.2 桩的结构

平台导管架的桩一般很长才能打入泥面以下很深的位置。如:我国渤海湾埕北油田的钻井导管架工作水深 16m,打桩深度为泥面以下 55m,桩的有效长度为 77m;美国科涅克平台工作水深 310m,打桩深度为泥面以下 137m。由于平台桩是长度很大、直径为 1m 以上的钢管,因此必须分段预制,在海上进行对接后打入。

平台桩首段的下端要焊接一段比桩身略厚的具有刀口的桩尖，以减少桩尖入泥阻力。其余桩段下端均焊接一段桩舌，其外径等于桩身内径，以便接桩时导向扶正。桩的结构如图 7-10 所示。为了避免打桩时桩头被打卷，每个桩段的上段均焊接一段厚度比桩身略厚的加强段。每个桩段的上端还焊上吊耳以方便吊装，加强段和吊耳在进行后一段桩的对接之前切除。

接桩时，将后一桩段的桩舌插入前一段桩身的孔内，通过焊接使其成为一整体，然后继续打桩，边打边接，直到打到设计深度为止。

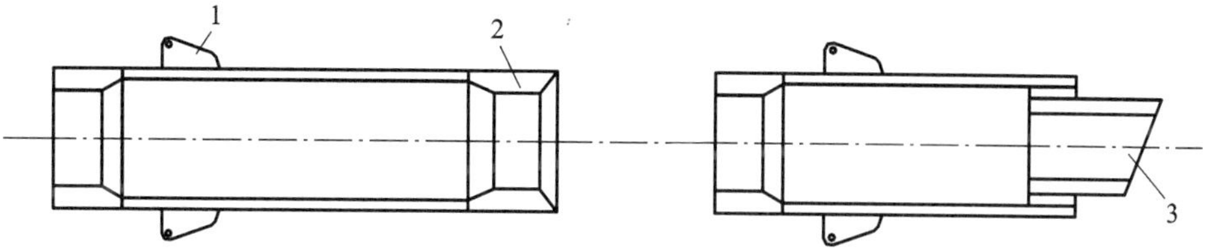

图 7-10　平台桩的结构

1—吊耳；2—桩尖；3—桩舌

7.2.3　打桩工艺

7.2.3.1　打桩概述

打桩是钢质桩基式固定平台导管架施工的一道重要工序，打桩通常在导管架就位后进行。常用的打桩设备主要有两种：振动锤和冲击锤。振动锤结构简单，操作方便，经久耐用，造价低。它采用变频调速技术，控制沉桩速度，既降低了对电网的冲击，又有效地保护了设备。振动锤能带桩作业，能拔桩，过载能力强。冲击锤结构简单，操作方便，经久耐用。它与振动锤比较，不能带桩作业，不能拔桩，但由于受力集中，冲击时纵向力大，横向力小，可使施工时减小拒锤概率，增强贯入能力。

7.2.3.2　打桩工艺

1. 海上单节桩施工程序

单节钢管桩施工主要有取桩、插桩、接桩、打桩四个步骤。

(1)取桩

从运桩驳船上取钢管桩通常要用到专用取桩器。首先根据单节桩的管径和质量选择合适型号的取桩器，取桩时先将取桩器顶部钢缆挂上浮吊吊钩，然后将取桩器插入钢管桩顶部，再通过液压系统驱动起桩器四周液压吸盘，使起桩器牢牢抓住钢管桩顶部内壁。这时浮吊起钩，慢慢将钢管桩一头吊起，直至完全竖直。

在进行施工设计时应计算钢管桩在整个取桩过程中的各个阶段的弯曲状态。

(2)插桩

浮吊吊装单节钢管桩插入导管架桩腿中或前一节桩中，在此过程中取桩器的液压管从空中自然垂荡到浮吊甲板液压泵站，需注意保护。

(3)接桁

插好的桩需要与前一节桩焊接，架子工需要事前在接桩处搭好脚手架，焊工在用测量定位工具将两节桩位置定准后开始焊接程序，直至焊接检验完成，两节桩完全焊成一体。

(4)打桩

打桩过程分为取锤、插锤、打桩、收锤四个步骤。

液压打桩锤一般平放于甲板，浮吊挂好锤顶钢缆后也有一个慢慢吊起直至锤竖直的过程，此过程中应注意保持锤底不滑动。

插锤是指将液压打桩锤下部套筒套上桩顶的过程，需注意在此过程中保护好液压打桩锤的液压管和控制电缆。

打桩开始阶段先用小能量试打，注意每次击打的贯入度，防止溜桩。稳定打桩阶段除及时记录击打能量、频率、桩贯入度外，还要注意浮吊吊钩降下跟进桩锤的下落速度。当上节桩沉至预定位置后即可停桩，准备进行下一节桩施工。

在最后一节桩的击打过程中，当采用设计要求的击打能量、频率击打桩达到某贯入度一段时间后，即可停桩，完成整根桩的沉桩工作。

一般最后两节桩管上需安装应力片等感应器，以监测沉桩受力情况，以防将桩打坏。之后浮吊起钩将桩锤从桩顶吊起放回甲板。

每节桩打入前后都需测量整个导管架水平位置在允许范围内。

2.整个导管架沉桩施工程序

导管架一般为多腿多桩形式，且整根桩一般长达上百米，需分节打入，此时需对整个导管架的沉桩工作编制计划，按程序分批将桩打入。

分批分节沉桩程序编制原则是整个导管架受力尽可能平衡，导管架位置偏差尽可能小，并在浮吊设备能力允许范围内尽可能保证安全施工，提高效率。

如果多腿导管架在将所有桩的前两或三节桩打入后导管架整体测量结果超出偏差范围，则需进行导管架整体调平工作。调平通常可借用浮吊配合调平千斤顶实现。

3.隔水套管打入施工程序

隔水套管一般数量较桩要多，管径较小，采用较小型号液压打桩锤打入。

隔水套管的打入程序类似单节桩，可以连续施工直至整根隔水套管完全打入后，再打另外一根，不必考虑互相顺序，也不必考虑对导管架位置的影响。

7.2.3.3 打桩工艺要求

打桩的施工质量直接影响平台的寿命和耐久性，打桩过程中必须遵循以下原则：

(1)每根桩都应完好无损地打至或接近设计贯入深度，所有现场施工的结构连接均应符合设计要求。

(2)应尽量避免在打桩作业开始后，再对导管架进行调平，以免桩内产生过大的弯曲应力。

(3)为使导管架保持平衡，应按程序进行打桩。同时桩的各个分段应编好标记，并标明贯入深度线，以便于作业和记录。

(4)桩在起吊和插入时，应注意保护桩尖不受损坏。

(5)打桩时应尽量使打桩锤与桩的中心线保持在同一直线上，以免发生偏击、桩锤与桩下沉速度失调、桩身弯曲过大等现象。应尽量减少打桩中的停顿次数和间歇时间，以免由于土层阻力增大而增加打桩的难度。

(6)所有的桩，均应按设计要求贯入到规定的入土深度。入土深度的误差，应控制在允许的范围内。

(7)接桩时，采用导向装置以便于上下桩段的穿入和对中。导向装置的安装应紧凑而均匀，同时导向装置在接口焊接前应能承受上桩段的全部重量。

7.2.3.4 打桩精度控制及处理办法

1.防偏问题

受海底地形地貌、海底地质、导管架重量及偏心程度的影响，导管架在放入水中后及在打桩施工过程中，经常会出现偏斜问题，为此，应针对不同情况，采取不同处理方法解决。具体如下：

(1)导管架偏心

为保证导管架吊起后构件水平，可通过调节索具的长度或调节吊耳位置的办法找正。

(2)海底倾斜

为防止导管架落入水中后倾斜，可采用2艘浮吊施工，即以一艘浮吊吊导管架，另一艘浮吊以打桩的方式来完成导管架的就位、打桩工作。

(3)海底淤泥较多

打桩时，应先将所有第一节桩插入锁定后再逐一打桩。

(4)施工海域路途远、水深

施工期间构件应加固牢靠，应选择连续好天气的气象条件下进行施工，以确保施工的安全可靠。

施工路途较远及海底淤泥较多时，若不能及时打桩或打入深度过小，使得导管架放置时间过长，海流对导管架底部进行冲刷后易造成导管架倾斜。首先在制定海上作业时间时，应注意气象变化，选择连续数日的好天气，进行导管架出海就位等作业。

其次，在施工时，为防止导管架倾斜以及桩管与导管贴紧、互相挤压，造成导管架倾斜，在打桩过程中，应对导管和桩管同心度进行控制。

2.拒锤判断及预防

拒锤是振动锤打桩施工中常见的现象。拒锤的出现对项目工程的质量、工期及成本控制会产生重要的影响。拒锤的主要原因是由于地层地质的影响，其次是由于多数导管架是斜腿式，打桩时在受到桩锤重力和自身重力的作用下，桩与导管之间存在很大的压力，以至于巨大的摩擦力使接触面产生热量，发生黏连，导致拒锤。但在冲击锤施工过程中，由于冲击力与桩插入的中心线在一条线上，受力集中，远远大于桩与导管之间的摩擦力，所以拒锤现象很少发生。例如，在埕岛海域打桩施工时，振动锤打桩拒锤发生率占20%，但冲击锤拒锤发生率几乎为零。下面对拒锤现象进行讨论。

(1)拒锤判断

拒锤现象多数发生在振动锤打桩施工期间，主要判断的因素有两个：贯入击数和变频器频率及受电流影响的下沉深度。

① 从地质资料上判断振动打桩锤是否适应土质环境。主要是依据地层的贯入击数是否大于或等于30。只要贯入击数值大于或等于30，土壤不液化，桩管就不下沉，因此，通过查阅桩管的入泥深度与相同深度的地层的贯入击数是否大于30，即可判断打桩过程是否发生拒锤。

② 从桩锤在打桩过程中的运行情况来判断。正常运行时，桩锤的振幅为200～300mm，频率为25～30Hz。但是，如果变频器频率为45～48Hz，电流为450～480A，连续打桩20～30mm，桩管不下沉就视为拒锤。

(2)拒锤预防

为了预防出现拒锤情况，应采取必要的预防措施。

① 根据平台导管架出海施工的总体安排，提前对井区附近的海域进行调查、复核。

调查内容包括：水深的变化情况、海底泥面的性质、海底地貌，以及导管架位置是否有障碍物，如钢丝绳、钢管、水泥块等。

② 导管架就位，并确认导管架处于平衡状态后，才能进行打桩。如发现倾斜必须先将导管架调平，再进入打桩工序。

③ 根据桩管的设计入泥深度，确定打桩的分组数量、顺序，合理分配每节桩管的长度。

④ 应准确计算出导管架就位打桩的时间，选择合适的气象周期进行施工，保证打桩工序有足够的连续作业时间，一次到位。

⑤ 在编制施工组织设计时，必须掌握详细的地质资料，剖析地质状况，确定打桩方案，计算出沉桩到位所需用的激振力，选用合适型号的桩锤。

7.2.4 桩的承载能力及其提高方法

钢桩打入地下后，其承载能力取决于土壤对桩壁的摩擦力 R_f 和土壤对桩尖的支承力 R_g 的大小，见图 7-11。根据静力平衡条件，桩的承载能力 P 应为：

$$P = R_f + R_g$$

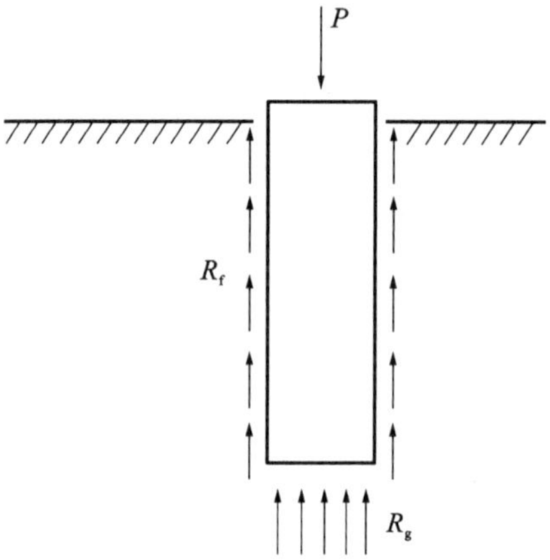

图 7-11 土壤对桩的阻力

对于松散的土壤、淤泥或是薄壁桩，土壤对桩尖的支承力 R_g 可以忽略不计。而土壤对桩壁的摩擦阻力 R_f 与土壤的性质、桩壁的插入面积有关。

因此，在打桩时要严格控制打桩负荷及其沉降量，避免桩承载能力被破坏的现象发生。当桩打到一定深度以后，若再增加插入深度，并不能提高其承载能力，或因地质条件不佳打桩发生困难时，可采用以下办法进行弥补：

(1)打插入桩，见图 7-12(a)。就是在第一段桩内打入一根较小尺寸的插入桩，并在两桩之间的环形空间内灌注水泥浆，以便将两者固定，两桩的桩顶也焊在一起。这样桩的承载能力等于两桩承载能力之和。显然，通过打插入桩，能提高桩的承载能力。

(2)采用灌注桩，见图 7-12(b)。当土质太硬或遇到岩石地层而不能打桩或打桩困难时，可先用钻孔法钻出一较大直径的孔，然后在大孔内插入一根较小直径的钢桩，再在桩外壁与孔壁间灌注水泥浆，使桩固定在土壤中以承受载荷。

在同等土质条件下，灌注桩的承载能力比插入桩的承载能力低。

(3)采用钻孔桩，见图 7-12(c)。在打桩途中因阻力过大而不能再打深时，可在桩管内钻一个比桩小的导向孔，其孔径一般取 $D/2\sim(D-100)$mm(D 为桩的直径)，然后再将桩打入孔内。当打桩受阻时，再钻孔，直到将桩打到设计深度为止。当钻孔孔径较小、钻孔深度亦较小时，桩柱主要靠打击力下沉，因此其承载力与普通打入桩相同。

(4)采用沉桩，见图 7-12(d)。这种方法是钻一不确定尺寸的孔，当某一层段地质较硬时钻孔较小，另一层段地质较软时钻孔较大。因为所钻之孔不规则，桩的承载能力往往不易预测，因此在海洋平台的打桩施工中较少采用这种方法。

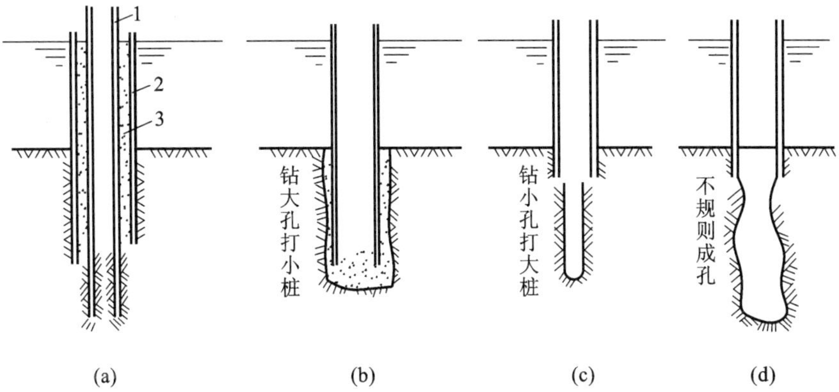

图 7-12　提高桩承载能力和克服打桩困难的方法

(a)插入桩；(b)灌注桩；(c)钻孔桩；(d)沉桩

1—插入桩；2—初始桩；3—水泥浆

7.2.5　灌注水泥浆简介

打桩工程结束后，要在钢桩和导管内壁之环形空间内灌注水泥浆，以便将导管架与钢桩固定在一起。

在陆上预制导管架时，应将灌注水泥浆所需要的泥浆灌注管线和注、排水管线装焊在导管上，打桩排水后可以通过这些管线向环形空间内灌注水泥浆。泥浆灌注管线既可接在导管架桩腿顶部，亦可接在其底部。桩腿顶部还应装上进气管线和排气孔，以便灌注泥浆时控制环形空间内的空气压力。

水泥浆一般由普通硅酸盐水泥和海水调成，采用灌注泵进行灌注。

(1)灌浆时管内空气控制压力计算

导管架桩腿虽然插入泥面一定深度，但因水深引起的巨大的海水压力，仍会使海水从导管底端渗透到桩腿内，从而影响泥浆灌注工作。因此，环形空间内必须保持与桩外相等或稍大一点的压力，才能正常进行灌注施工。该压力称为管内空气控制压力。

(2)泥浆灌注工艺

对工作水深较浅的导管架，其泥浆灌注量较少，灌注工艺也较简单。一般将泥浆灌注管线接在桩腿底部、排气口接在桩腿顶部，在常压下采用连续注入方式进行灌注。当排气口泥浆开始外溢时，堵上排气口，然后进行固化养护。

若工作水深较大，则其灌注工艺较为复杂。现以国外某 90m 水深导管架为例，介绍其泥浆灌注工艺。整个灌注过程分三步完成：

① 预注泥浆封底。灌注前先调节环形空间内的空气压力，然后关闭空气管线阀门，再通过泥浆注入管线用灌注泵预注 $1m^3$ 的水泥浆封底，在管内空气压力作用下，注入的水泥浆将填满环内底部的缝隙，然后固化 6～12h。此时若环内空气压力提高，则预注封底是成功的，否则应检查海底泥线处是否有泥浆渗漏现象。

② 灌注第一段。第一段灌注高度取为 50m，灌注泥浆量为 $9m^3$，分 9 次灌完，每次 $1m^3$。

在每次灌注前，都要调节环形空间内的控制压力，关闭排气口后再灌注 $1m^3$ 泥浆，然后固化 6～12h。如此循环，直至灌完 $9m^3$ 为止。此灌注过程中，应始终保持海底泥线位置上管内管外压力相等，以保持平衡状态。

灌注过程中，若发现在灌注某 $1m^3$ 泥浆后环内气压没有升高，则说明对应段泥浆有渗漏现象，应进行检查，并及时处理。

③ 灌注第二段。第二段灌注高度约 40m，泥浆量为 $8m^3$。此次灌注，与试水时的灌注方法相同，即打开排气口，使导管与大气相通，采用连续灌注方法进行灌注。最后进行固化养护。

泥浆灌注工程结束后，即可开展后续海上安装工作，从而完成整个平台导管架的海上安装工程。

思 考 题

1. 导管架的海上安装工艺流程是什么？
2. 浅水导管架的装载运输和下水采用哪些装备？
3. 采用导管架专用下水驳进行浅水导管架下水时有哪些关键的工艺问题？
4. 深水导管架的装载运输和下水采用哪些常用方法？
5. 导管架平台的桩基有哪些类型？
6. 导管架平台桩的结构是怎样的？
7. 简述打桩的施工工艺流程及要求。
8. 如何保证打桩的精度？
9. 导管内水泥浆的灌注工艺有何特点？

参 考 文 献

[1] 孔祥鼎,夏炳仁.海洋平台建造工艺学[M].北京:人民交通出版社,1993.

[2] 中国船级社.海上移动平台入级与建造规范(2005)[S].北京:人民交通出版社,2005.

[3] 中国船级社.浅海固定平台建造与检验规范(2004)[S].北京:人民交通出版社,2004.

[4] 徐兆康.船舶建造工艺学[M].北京:人民交通出版社,2000.

[5] 应长春.船舶工艺技术[M].上海:上海交通大学出版社,2013.

[6] 王国栋,尚成嘉,刘振宇,等.海洋工程钢铁材料[M].北京:化学工业出版社,2017.

[7] 李良碧.船舶结构疲劳强度与焊接残余应力[M].上海:上海交通大学出版社,2014.

[8] D.拉达伊.焊接热效应——温度场、残余应力、变形[M].熊第京,等译.北京:机械工业出版社,1997.

[9] 陈建民,娄敏,王天霖.海洋石油平台设计[M].北京:石油工业出版社,2012.

[10] 张万鹏.浅谈钢质桩基式导管架的海上安装及注意事项[J].中国海洋平台,2008(4):52-56.

[11] 王建龙.浅谈浅海桩基导管架式采油平台的施工安装[J].海洋技术学报,2006,25(3):116-121.

[12] 朱海荣.海上导管架平台打桩技术初探[C]// 中国航海学会救捞专业委员会2009年年会暨救捞发展论坛,2009.

[13] 廖学勇.超厚板数控火焰切割[J].焊接与切割,2015(6):64-66.

[14] 孙留寇,罗广明,刘欢云,等.150 mm 超厚板切割技术的研究与应用[J].焊接技术,2016(9):129-131.

[15] 小奈弘,刘继英.冷弯成型技术[M].北京:化学工业出版社,2008.

[16] 仉志强.特厚板弯曲成形理论与三辊弯卷成形工艺研究[D].太原:太原科技大学,2014.

责任编辑/ 陈　硕
封面设计/ 芳华时代

武汉理工大学出版社
http://www.wutp.com.cn
E-mail:1029102381@qq.com

地 址/ 武汉市洪山区珞狮路122号
邮 编/ 430070
电 话/ 027-87384729 87391631
传 真/ 027-87165708

ISBN 978-7-5629-5681-5
9 787562 956815 >
定价:38.00元